KB260690

코리아니티

코리아니티(Coreanity)는 한국인 다수의 정서적 기상도며 문화적 DNA다.
그것은 한국인의 생활 속에 살아 작동하는 일상적 취향이다. 코리아니티 경영은
'한국적 특수성의 보편화'와 '세계적 보편성의 한국화'라는 두 물결의
합류를 통해, 세계적이면서 한국적인 매력을 창조해내는 것이다.

휴머니스트

구본형의 글로벌 경영 전략

코리아니티

병학에게

그대는 깊은 애정으로 내 책들을 가장 먼저 읽어주었다. 이 책도 다른
책들과 마찬가지로 고려대 연구실에서 그대가 읽어주기를 기다릴 것이다.
이 책이야말로 그대의 조언이 절실히 필요하다. 부디 쾌유하라.
그때처럼 다시 함께 설악을 넘고 싶구나.

2006년 여름, 나는 보름 동안 호주에 머물렀다. 호주 교민사
회의 요청을 받아 세 차례에 걸쳐 강연과 워크숍을 진행하기
위해서였다. 강연회의 개회사를 맡은 시드니의 한국총영사는
자신이 부임한 이래 '한국 교민들이 이렇게 많이 모인 적은 없
었다'고 말했다. 성황의 이면에는 모임을 준비한 사람들의 영
향력과 세심한 준비가 있었다. 그러나 더욱 중요한 이유는 이
민사회의 고독과 향상에 대한 열망이었다. 교민들은 서로 모
이고 싶었고, 외로움을 달래고 싶었고, 서로 돕고, 도움을 받고
싶었던 것이다. 무엇보다 경제적으로 이민사회의 중하위권에
머물고 있는 고단한 현재에 대한 격려와 한국인이라는 공동체

적 자부심이 절실했기 때문이었다. 모든 이민 가정은 모두 다른 이유로 한국을 떠나왔다. 그러나 자신의 뼈와 심장 속에 깊이 들어박혀 있는 ‘무엇’ 인가가 그들을 모이게 했고, 서로 그리워하게 했고, 서로에게서 자신과 닮은 ‘그것’ 을 확인하려 했다.

세계의 경제가 하나가 되는 세계화가 거대한 물결임에는 틀림이 없다. 경제가 정치보다 훨씬 강력하게 영향력을 발휘하게 되리라는 것도 확실하다. 그러나 전 세계가 보편화되면 될수록 사람들은 의식적이든 무의식적이든 더욱더 문화적 정체성에 의존하게 된다. 우리가 어느 나라 국민이든, 어디에 살든, 모든 사람들에게 중요한 것은 뼛속에 들어 있는 ‘그 사람’ 이다. 어디에 있든 사람들은 그들의 언어, 그들의 가족, 그들의 문화유산, 그리고 이런 모든 것을 하나로 묶어주는 문화적 정체성에 기대어 살아간다. 그것은 모순처럼 보인다. 그렇다. 삶의 다른 국면들과 다름없이 이 대목에서도 우리는 세계적 보편성과 차별적 특수성이 공존하는 모순의 장 속에서 살아가고 있는 것이다.

정체성이란 우리가 지금 머무는 정신적 현재를 의미한다. 정체성은 과거로부터 오랫동안 흘러온 것이지만, 과거에 고착된 것이 아니다. 정체성 역시 물처럼 흐르는 것이다. 따라서 같은 문화적 강물 속에 잠겨 흐르는 사람들은 서로가 서로에게 자연스럽게 기대하고 예측할 수 있는 감정적 공감대를 공유하게 되는 것이다. 한국인들은 한국인들의 문화적 공감대를 가지고 있고, 미국인들은 미국인들의 문화적 공감대를 가지고 있고, 일본인들이나 중국인들 역시 그들의 문화적 공감대들을 가지고 있다. 한국인들의 문화적 공감대를 나는 '코리아니티(Coreanity)'라고 부른다.

코리아니티는 미국인들의 아메리카니티, 일본인들의 재패니티(Japanity), 또는 프랑스인들의 프랜치니스(Frenchness) 등과 비교하여 그 자체로 열등하지도 우월하지도 않다. 그것은 그저 우리의 일상적이고 공통적인 문화적 취향일 뿐이다. 다행히 나는 21세기적 특성이 코리아니티와 대단히 궁합이 잘 맞는다는 것을 알게 되었다. 한국이 코리아니티를 잘 활용한다면 21세기에 가장 많이 성장하고 번영하는 최고의 국가 중 하나가 될 수 있으리라고 믿게 된 것이다.

나는 이 책에서 '무엇이 코리아니티인가'라는 질문에 대답해보려고 애썼다. 그리고 이 책이 나온 지 일 년이 지나서 다시 내가 정의한 코리아니티가 적절했는지 돌아볼 시간을 가지게 되었다. 나는 아직 자신이 없다. 더 오랫동안 더 많은 탁월한 사람들에 의해 연구되어야 할 일이다. 특히 다른 문화권 속에 던져져 날마다 문화적 충돌이 일어나는 세계화의 여울 속에서 하루를 보내야 하는 이민사회가 당면한 현재를 바라보면서, 이질적 문화의 갈등과 어울림에 대한 고충의 상징성을 절감할 수 있게 되었다. 그리고 무엇보다도 빨리 이 작업이 심도 있게 이루어져야 한다는 것을 깨달았다.

나는 우리가 스스로를 폄하하는 것이 얼마나 부당한 것인지 알고 있다. 그것은 우리의 골수를 비게 하고, 마음이 무너져내리게 하고, 결국 행동을 제약하고, 성과를 무디게 한다. 중요한 것은 우리의 문화적 DNA이며, 공감대인 코리아니티를 적절하게 규정하고 활용함으로써 문화적 차별성을 바탕으로 하는 범세계적 경쟁력을 얻어내는 것이다. 한국의 선진적 활로는 더 이상 우리 것을 버리고 선진의 것을 따라가는 추종이어서는 안 된다. 추종과 모방은 선도국으로 진입하는 탈이류의 문턱에서 버려야 할 첫 번째 품목이다. 미래로 가는 길은 우리의 문화적 특별함을 차별적 강점으로 특화하여 세계적 동의를 얻어내는 데 있다. 이것이 문화적 리더십이다. 따라서 코리아니티의 건강한 발현 없이는 선진의 대열에 합류할 수 없는 것이다. 문화적 차별성이 곧 경제와 비즈니스의 프리미엄이며 번영의 활로이기 때문이다.

모방과 추종을 넘어 선도의 자리로

1

성공한 자의 찡그린 얼굴!

승자의 대열에서 밀려나 사회 전체가 정체 국면을 맞고 있는 한국을 상징하는 표현이다. 한국은 '시간과의 경쟁'을 통해 압축적으로 성장했으며, 특히 선진 발전의 모델을 모방하고 추격해 왔다. 한국인은 좋은 학생이었고, 추격은 매우 성공적이었다.

그러나 지금 한국은 외환위기 이후 '잃어버린 8년'의 정체 속에 빠져 있다. 이것은 깊은 늪이다. 한국이 제2의 추격을 만들어냄으로써 지속적으로 성장할 수 있는 방법은 무엇일까? 이 물음에 대한 답은 역설적이게도 제2의 추격 자체를 폐기하라는 것이다. 왜냐하면 현재의 답보와 위기는 모방과 추종으로 이루어진 '추격 모델'의 산물이기 때문이다. 이제 제2의 추격은 없다. 한국은 추종자가 올 수 있는 마지막 자리에 와 있다. 한국이 지속적으로 성장할 수 있는 길은 추종자의 위치에서 벗어나 선도자의 자리로 옮겨가는 것뿐이다.

추종을 통해서는 리더의 자리로 진입할 수 없다. 어떤 리더도 다른 사람을 닮으려고 애쓰지는 않는다. 모방은 리더의 속성이 아니다. 닮으려는 자, 그가 바로 추종자인 것이다. 스스로 역할모델이 되는 것만이 리더십을 쥐고 지속적인 성장으로 가는 길이다.

'새 길 트기(path breaking)'라고 부르는 경영 실험에서 우리가 활용할 수 있는 차별화의 원천은 우리의 것을 파괴하는 것이 아니라, 우리의 내면적 유산을 적극적으로 활용하는 것이다. 문화적 유산을 활용함으로써 세계화의 쌍둥이인 '에스닉 붐(ethnic boom)', 곧 토속성 열풍을 창조해내자는 의미이다. 나는 세계를 유혹하는 이 부드러운 힘을 '코리아니티(Coreanity)'라는 영문 신조어로 표시하려 한다. 코리아니티는 다수의 한국인이 공유한 문화적 동질성을 뜻한다. 코리아니티는 이데올로기가 아니라 한국인 대다수의 생활 속에서 작동하는 일상적 취향이다. 일상에서 지키면 편안하고 지키지 않으면 불편하며 의외가 되는 가치체계와 공유의식 그리고 일반 정서, 나는 이 복잡한 덩어리를 코리아니티라고 부른다. 비유적으로 표현하면, 코리아니티는 한국인 다수의 정신적 기상도이며 문화적 DNA다. 코리아니티의 번역어는 '한국성(韓國性)'일 것이다.

2

코리아니티 경영은 한국인이 가진 문화적 차별성을 브랜드화하여 문화적 프리미엄을 얻어내는 일이다. 그러려면 '한국적 특수성의 보편화'와 '세계적 보편성의 한국화'라는 두 물결의 합류를 통해 '세계적이면서 한국적'인 매력을 창조해내야 한다. 이 모순적이면서도 재미있는 개념을 설명하기 위해 예를 들어보자.

백남준은 세계인이다. 그는 새천년이 시작되던 즈음에 세계 문화의 시발점인 뉴욕에서 최첨단 레이저 아트를 선보였다. 그는 새로운 예술을 넘어 새로운 예술양식을 창조했다. '지구촌 민주주의 건달'이라는 별명과 비디오 아트라는 선진적 테크놀로지 때문에 나이보다 훨씬 젊은 사람으로 종종 오해받고 있지만, 백남준은 칠순을 넘긴 노인이다. 그는 1932년 여름, 서울의 종로구 서린동에서 태어났다. 김용옥은 그를 이렇게 표현한다. "백남준은 고전적인, 어쩌면 조선인의 화석 같은 순

한국인이다. 일찍 한국을 떠났기 때문에 서구 문물에 빨리 개명된 것이 아니라, 일찍 한국을 떠났기 때문에 오히려 한국적 순수성을 더 잘 보전한 고전인인 것이다.”

코리아니티는 세계인 백남준의 예술을 이해하는 핵심이다. 이것이 바로 그가 ‘남을 모방하는 것’을 넘어 자신의 고유한 예술 영역을 가지고 있는 이유다. 세계인 백남준 속에는 한국인 백남준이 들어 있다. 이것이 그가 가진 경쟁력의 비결이다.

코리아니티는 백남준의 정신과 육체에 녹아들어 특화된 차별성이 되었고, 비로소 경쟁의 공간을 넘어 아무도 들어오지 못하는 독자적인 세계를 만들어 놓았다. 가장 훌륭한 전략은 싸우지 않고 번영하는 것이다. 남들이 감히 들어올 수 없는 특수성, 이 특수성의 보편 가치화가 바로 우리가 가야 할 ‘세계화(globalization)’의 전략 방향이 되어야 한다.

한국을 떠나 다른 나라에서 세계인이 되는 데 성공한 백남준·윤이상·이응로 등은 일찍이 ‘세계적 시야’를 확보하는 데 성공했으며, 남의 것을 추종하는 대신 세계적 기준을 내면으로 끌어들여 자신의 문화적 뿌리와 만나게 하는 데 성공했다. 영광은 리더의 것이며, 전적으로 자신의 차별성을 활용한 자의 것이다.

‘세계인이면서 순 한국인’이라는 이 창조적 모순을 기업과 경영의 세계에도 똑같이 적용할 수 있다. 우리는 세계적 시야를 확보하는 동시에, 한국의 문화적 프리미엄에 기초한 차별성으로 세계적 리더십을 발휘해야 한다. 문화 없는 상품은 삼류이며, 차용한 철학으로는 혼신의 경영이 불가능하다. 생활 속에 녹아 있는 정서와 취향이 소거된 직원과 함께 즐거운 경영을 한다는 것은 어림없는 일이다. 또한 즐겁지 않은 일에서 성과를 내고 최고가 되기란 매우 괴롭고 어려운 일이다. 즐기지 못하면 최고가 될 수 없다. 최고가 아니라는 것, 적어도 선진 대열에 합류하지 못한다는 것, 그것이 현재 한국이 안고 있는 고뇌다.

3

한 국가가 '단절'을 통해 독자성을 보존하던 시대는 지났다. 그러므로 '외국 것에 오염되지 않은 자족적이고 자율적인 한국'이란 허상에 불과하다. 마찬가지로 '단일한 공간과 시간을 가정하는 세계시민'이라는 말 역시 과장된 용어일 뿐이다. 한나 아렌트가 지적한 대로 세계시민이란 어느 곳에도 없는 사람들이다. 사람과 물자, 사상과 지식이 끝없이 오가는 시대에서 독자적 특수성은 고립된 '섬'이 아니라 '십자 교차로'에 의해 만들어진다. 서로 활용해야 하며, 갈등과 화해를 통해 서로를 완성해가야 한다.

세계화는 이미 우리가 익혀야 할 가장 중요한 개념 가운데 하나가 되었다. 한국은 모방과 추종의 시간 압축적 추격에서 벗어나 한국적 세계성이라는 모순을 우리 안에서 조화시킬 수 있어야 한다. 그리하여 모방 대신에 융합적 가치를 창조함으로써 선도의 자리로 나아가야 하고, 인류의 위대한 다양성에 기여하는 훌륭한 이웃이 되어야 한다. 이 같은 목적을 이루려는 실험이 바로 내가 말하는 '코리아니티 경영'이다.

4

내가 한국인이 가지고 있는 문화적 차별성을 굳이 코리아니티라는 새로운 이름으로 부르고, 여기에 바탕을 둔 경영에 열정을 갖는 것은 몇 가지 이유와 염원이 있기 때문이다.

하나, 한국은 현재의 저성장 장벽을 뛰어넘어야 한다. 저성장은 일시적 현상이 아니다. 달려오던 성장 모멘텀이 약화된 이유는 그동안 우리의 동력이었던 추격 엔진이 수명을 다했기 때문이다. 모방과 추종 모델은 한국만의 독자적 브랜드 파워를 가지지 못하게 만들었다. 미국 제품을 사용하면 아메리칸 드림에 동참한다는 느낌을 준다. 독일제 상품은 평생 사용할 수 있다는 견고함의 이미지를 가지고 있다. 일제는 정교하고 섬세하다. 프랑스 상품은 그들의 멜랑콜리한 삶의 일부를 일상으로 가져온다는, 평범한 사람들의 사치와 연결된다. 그러나 우리에게는 세계인이 인식하는 문화적 브랜드가 없다. 오히려 우리는 '분단과 공격성 그리고 불안정성'이라는 부정적

이미지 속에서 코리아 디스카운트를 당하고 있다. 이것이 우리가 이류의 문턱에서 몸부림치는 이유다. 한국인이 가지고 있는 문화적 차별성을 경영의 바탕으로 활용해야 하는 이유는 단 하나, 우리의 정신적 유산을 활용하여 새로운 문화적 프리미엄과 브랜드 이미지를 창조해내기 위해서이다.

둘, '코리아니티 경영'이라는 언어를 선택한 것은 '한국적 경영'이라는 말이 풍기는 폐쇄적 의미를 가능한 한 줄이기 위해서이다. 코리아니티 경영은 한국의 전통문화에 기초한 과거의 정체성에 연연하는 경영이 아니다. 그것은 세계의 정신과 문화에서 배우되 지금처럼 일방적으로 우리 것을 버리는 것이 아니라, 우리 것을 차별화하는 기저로 활용하여 세계적 보편성과 매혹을 재창조하는 것이다. 코리아니티 경영은 우리 것을 바탕으로 세계적 동의를 얻어내려는 창조적인 섞임 경영이며 즐거운 비빔 경영이다.

셋, '과거에서 나왔지만 미래를 지향한다'는 의미에서 'Korea-nity' 대신 'Corea-nity'로 표시했다. 과거의 한국성이 아니라 미래의 한국성을 표시하는 새로운 문화 기호로 쓰고 싶었기 때문이다. 또한 세계인들에게서 코리아 대신 종종 꼬레아라고 불림으로써, 미국 일변도에서 벗어나 문화적 다양성과 유연성을 담아내는 새로운 그릇으로 'Coreanity'가 훨씬 낫다는 생각을 했기 때문이다.

우연히 나는 '-cor-'라는 말이 라틴어로 심장 혹은 마음을 뜻한다는 것을 알았다. 예를 들어 격려한다는 뜻을 가진 'encourage'는 심장 또는 마음을 준다는 의미이다. 'courage' 라는 단어 역시 용기는 심장으로부터 솟아나는 것이라는 어원을 가지고 있다. 그런 점에서 'Coreanity'는 역동성과 거친 생명력으로 뜨겁게 뛰는 한국인의 심장 소리를 담기에 좋은 문화 기호라고 생각한다.

그리고 객담 하나. 2004년 기준으로 GDP, 무역교역량 등으로 표시되는 양적 지표에서 한국은 세계 11위가 되었다. 공교롭게도 K는 알파벳에서 열한 번째다. 이류의 선두인 '넘버 11'을 넘어서 10위권 안으로 진입하고 선진의 자리로 가기 위해서는 K를 버려야 하지 않을까? 과거의 Korea를 버리고 새로운 Corea를 채택함으로써 선두그룹으로 주파하는 것은 멋진 일이다. 타도 Korea, 건설 Corea! 아마도 이 거칠고 공격적인 문구가 이 책을 쓰고 있는 내 마음일 것이다.

CORE

1부

코리아니티 문화경영

1장

왜 코리아니티인가?

"내가 누리고 있는 언어는 다른 사람들에게서 배운 것이다. 내가 쓰는 몸짓도 내가 창안한 것이 아니다. 내가 내세울 수 있는 능력, 기능, 재치 등은 무엇이든 사회적 유산에 의해 길러진 것이다. 심지어 나의 꿈조차 내가 만들지 않은 세계, 내가 완벽하게 차지할 수 없는 세계에 뿌리내리고 있다."

— 모리스 메를로퐁티

문화, 모방할 수 없는 경쟁력

사우스웨스트 항공사의 직원들은 남들보다 많이 일하지만 월급은 조금 적게 받는다. 그런데도 그곳은 미국인들이 가장 일하고 싶어 하는 기업 가운데 하나로 꼽힌다. 직원들은 활기차고 자율적이며, 자신의 일을 즐기고 애사심이 강하다. 사람들은 그 항공사를 훌륭한 기업이라고 말한다. 그 비결이 무엇일까?

그들의 경영모델은 간단하다. 그래서 크고 작은 항공사들이 사우스웨스트의 경영전략을 모방하려 했다. 뱅가드, 리노, 키위에어 같은 신생 항공사는 사우스웨스트를 벤치마킹하며 따라했다. 그러나 모두 실패했다. 콘티넨탈, 유나이티드 같은 몇몇 메이저 항공사들도 사우스웨스트의 경영모델을 차용했지만 모두 실패했다. 이는 사우스웨스트 항공사가 아무도 모방할 수 없는 자사만의 경쟁력을 갖추고 있기 때문이다. 그 경쟁력이란 바로 그들의 정신과 문화이다. 이 회사의 최고경영자인 허브 켈러허는 다음과 같이 말한다.

내가 관심을 갖는 것은 눈에 보이지 않는 무형의 자산이다. 그것이
바로 경쟁사들이 도저히 모방할 수 없는 우리만의 경쟁력이다. 내가
가장 걱정하는 것은…… 우리만의 독특한 애사심, 곧 기업문화나 정
신을 잃지 않을까 하는 것이다. 그 정신을 잃는다면 우리의 가장 소
중한 경쟁력을 잃어버리는 것과 마찬가지다.

1997년, 캐논의 기업 가치는 소니의 5분의 1에 지나지 않았다.
그러나 그들은 2003년, 소니를 제치고 일본의 대표 기업으로
진입했다. 소니가 실적 악화로 30대 직원들에게까지 명예퇴직
신청을 받기로 결정했을 때, 캐논의 미타라이 후지오 사장은
오히려 '종신고용제'를 재천명했다. 캐논의 직원이면 누구나
고용이 보장되었다. 그러나 승진과 높은 보상은 자신의 능력
과 재능을 계발한 전문가들에게만 주어졌다. 캐논은 특허를
경영의 핵으로 이해하고 있다. 5만 건이 넘는 특허를 보유하고
있으며, 해마다 1만 건 이상의 특허를 출원하여 미국과 유럽에
기술을 판매하는 회사가 되었다. 그리고 '회사는 버려도 사람
은 절대 버리지 않는' 회사의 대명사가 되었다. 캐논은 일본식
방법을 버리지 않음으로써 위기를 극복하고 도약한 대표적 사
례다. 미타라이 후지오 사장은 "공동운명체의식으로 회사 전
체가 단결하는 것이 바로 캐논의 경쟁력이다"라고 말한다.
　프랑스는 자신들의 삶의 방식을 수출한다. 그것은 화려한
문화전통, 포도주, 향수, 보석과 액세서리, 가죽제품, 의상, 코

냐과 샴페인 등으로 상징된다. 이는 아름다움을 생산하고 소비하는 산업이다. 이들 산업이 차지하는 규모는 프랑스 경제의 약 10퍼센트에 이르고 있다. 프랑스의 경쟁력은 바로 '프랑스식 삶의 방식'에 있는 것이다. 외국 제품을 살 때, 우리는 자연스럽게 연상되는 그 나라의 브랜드 이미지를 함께 구매한다. 즉 미국 제품에서는 아메리칸 드림, 일본 제품에서는 정교함, 독일 제품에서는 견고함을 사는 것이다.

성공한 기업이나 국가들은 이처럼 자신만의 정신과 문화, 매력과 차별성을 무기로 삼았다. 그렇다면 우리에게 그 무기는 과연 무엇일까? 다수의 한국인을 규정하는 '코리아니티'란 무엇일까? 우리는 '우리'라는 퍼즐과 수수께끼를 풀어야 한다. 내면적 자산인 코리아니티를 명료하게 찾아내어 계발하고 보완하고 강화하고 활용할 수 있어야 비즈니스 영역에서 특화할 수 있기 때문이다.

달라도 너무 다른 동양과 서양

당신은 음주단속을 하는 경찰이다. 차들이 길게 늘어섰고 당신과 다른 동료가 각각 한 차선씩 맡아 음주측정을 하고 있다. 한 운전자에게 다가가 측정을 하려고 하는데, 열린 차창 너머로 술 냄새가 확 퍼져 나왔다. 다행히 만취한 상태는 아니어서 사고의 위험은 적었지만 스티커를 발부해야 하는 수준이라는 것을 직감했다. 그런데 측정기를 들이대는 순간, 낯익은 얼굴의 그 운전자가 당신의 고등학교 동창생이라는 사실을 알았다. 주위는 어두웠고 당신의 동료는 반대편 차선에 있어서 이곳을 보기가 어렵다. 마음만 먹으면 누구의 눈치도 보지 않고 간단히 이 친구를 보내줄 수 있는 것이다. 당신이라면 이 친구에게 스티커를 발부할 것인가, 아니면 조용히 보내줄 것인가?

한국인의 절대 다수는 친구의 경미한 음주운전을 한번 눈감아주는 쪽을 택하는 경향이 두드러진다. 그러나 미국인들은 대체로 친구에게 스티커를 발부하는 쪽을 선택한다. 그동안 이 같은 현상은 준법정신이 희박하고 공사 구별이 철저하지 못한 한국인이라는 자기 비하의 맥락으로 이해되었다. 하지만 그것은 인간관계의 가치를 중심으로 형성된 매우 자연스러운 문화 현상일 따름이다.

미국은 다양한 민족이 이질적인 문화를 들고 들어와서 함께 사는 나라다. 이런 나라에서 질서를 유지하는 유일한 길은 법을 엄격히 지키는 것이다. 그러나 동양의 여러 나라, 특히 한국은 단일한 민족이 오랫동안 같은 문화적 관습 속에서 살아왔다. 그렇기에 법 말고도 사회 질서를 유지하는 여러 기준과 준거가 존재한다. 법치가 아닌 덕치의 아름다움이 강조되어 왔고, 이에 근거한 도덕률이 생활의 밑바닥에 깔려 있다. 예를 들어 대대로 살아온 한 마을에서 누군가가 실수를 했을 때, 그것을 법에 의거해서 풀기보다는 새로운 기회를 주어 갱생할 수 있도록 배려하는 것이 우리의 여유요 미덕이었다.

미국 문화는 보편주의가 강하다. 따라서 법은 누구에게나 공평하게 적용되어야 한다. 그러나 동양인들에게는 특수주의가 강하게 작용한다. 그 사람과 나의 '관계'에 따라 법 적용의 정도와 수준이 달라질 수 있는 것이다. 우리의 이러한 문화 정서는 그동안 '패거리의 서로 봐주기와 부패'로 쉽게 연결되면서 서구인들, 특히 미국인들로부터 투명성에 대해 의심받아온 것이 사실이다. 그러나 한국과 중국의 오래된 전통은 백성을 형(刑)과 예(禮)로 다스리는 것이다. 여기서 형은 최소한의 사회 질서를 유지하기 위한 수단이며, 예는 좀더 본질적으로 '인간관계를 인간다운 것으로 만듦으로써 사회 질서를 세우려는 우회적 접근'으로 인식되었다.

특수주의의 전통은 이미 오래전에 사라져버린 옛날이야기가 아니다. 아직도 중국의 판사들은 법을 추상적인 실체가 아니라, 각 개인에 따라 달리 적용해야 할 융통성 있는 것으로 인식하고 있다. 각 개인의 상황과 사연에 맞게 적용될 수 없는 법은 비인간적이며, 질서 유지의 훌륭한 수단이 절대 될 수 없다는 것이다. 중국에서 '법이란 과학이 아니라 예술'이다.

여기 닭과 소와 풀이 있다. 이 세 가지 가운데 유사성을 갖는 둘을 골라 한 쌍으로 묶어보라. 또한 판다곰, 원숭이, 바나나가 있다. 이것들 역시 유사성을 갖는 2가지를 골라 한 쌍으로 묶어보라.

소와 풀, 원숭이와 바나나를 한데 묶었다면 당신은 동양인이거나 적어도 동양적 사고가 지배하는 교육 및 사회적 경험을 쌓아왔을 가능성이 높다. 닭과 소, 판다곰과 원숭이를 한 쌍으로 묶은 사람은 오랫동안 미국식 교육을 받았거나 미국식 삶을 경험했을 가능성이 높다. 소와 풀, 원숭이와 바나나를 한 쌍으로 묶은 다수의 한국인들은 지금 이 글을 읽으면서도 왜 닭과 소를 하나로 묶고 판다곰과 원숭이를 하나로 묶는지 의아하게 생각할 것이다. 그 이유는 간단하다. 닭과 소는 둘 다 동물이고, 판다곰과 원숭이도 역시 동물이다. 미국인들은 같은 분류 체계에 속하는 것들을 유사한 관계로 인식하는 경향이 있다. 반대로 동양인들은 소가 풀을 먹고, 원숭이가 바나나를 먹기 때문에 이들을 유사한 관계로 인식한다.

이 간단한 조사는 심리학자 리처드 니스벳이 한국인을 포함한 동양의 연구진들과 함께 실시한 것이다. 미국인들은 세상을 조직화하는 방법으로 범주를 정하고, 그 범주를 지배하는 보편적 규칙을 찾아내는 데 익숙하다. 그러나 동양인들은 범주와 무관하게 사물들 간의 '관계'에 치중하는 경향이 있다. 이러한 경향은 우리 삶의 구석구석에서 흔히 엿볼 수 있다.

한 직장인이 있다. 그는 15년간 한 회사에서 열심히 일했고, 때로 공로가 인정되어 상을 받기도 했다. 그러나 유감스럽게도 최근 얼마 동안의 업무성과는 불만족스러운 상태다. 회사는 불만족스러운 업무성과를 이유로 그를 해고해야 할까? 아니면 그의 전체 경력을 고려하여 가급적 회사의 책임을 다해야 할까?

조금 고민이 되는가? 그러나 당신이 한국인이라면 가능한 한 회사가 그를 도와줄 방법을 강구해야 한다는 쪽을 택했을 가능성이 높다. 네덜란드 암스테르담에 있는 국제경영연구센터가 세계 각국의 경영자 1만 5,000명을 대상으로 조사한 결과에 따르면 싱가포르, 일본 등 동양 문화권에 속하는 나라의 경영자들 다수가 직원의 전체 경력을 고려해야 한다는 입장을 표했다. 스웨덴, 프랑스, 이탈리아 같은 유럽의 경영자들도 대개 그렇게 생각했다. 그러나 미국과 캐나다의 경영자들은 대부분 업무성과가 떨어지는 직원이라면 해고해야 한다는 선택을 했다.

이 세 가지 질문은 모두 사회적 가치에 관한 것이다. 곧 한 사람이 자신을 둘러싼 다른 사람이나 조직과의 관계를 어떻게 인식하는지를 묻는다. 한국인들은 관계 지향적이다. 개인의 가치가 독립적으로 결정된다기보다는 다른 것들과의 관계 속에서 적절하게 규정된다는 생각을 가지고 있다. 반면에 미국인들은 개인이 독립적이며 조직과 사회에서 분리되어 그 자체로 정체성을 유지할 수 있다고 믿는다. 따라서 집단보다는 개인, 관계보다는 고유한 본질을 우선 가치로 받아들인다. 서로 다른 역사와 문화에서 비롯한 이 같은 가치관의 차이는 개인의 성공과 좌절에도 아주 다른 풍토와 풍광을 만들어낸다.

문화적 패러다임에 깔려 있는 기본 가정

MIT 슬로언 경영대학원의 행동정책학 교수인 에드거 샤인(Edgar H. Schein)은 문화적 패러다임에 깔려 있는 기본 가정으로서 다음의 5가지 요소를 들고 있다.

첫째, 자연(환경)과 인간(조직)의 관계에 대한 가정이다. 예를 들어 자연과 인간의 관계를 지배와 복종의 관계로 보는지, 아니면 일치와 조화의 관계로 보는지에 따라 문화의 성격이 결정된다는 것이다.

둘째, 실제와 진실의 본질에 대한 가정이다. 즉 언어와 행위의 진위 여부에 대한 것이다. 예를 들어 옳고 그름에 대한 객관적 기준이 있다고 믿는 것과 상황에 따라 옳고 그름이 달라진다고 믿는 것은 매우 다른 문화적 특성을 만들어낸다. 이 가정 속에는 시간과 공간에 대한 가정도 포함된다.

셋째, 인간 본성에 대한 가정이다. 예를 들어 인간은 선한가, 악한가? 인간은 독립적인가, 조직에 의존적인가 하는 가정의 차이가 문화의 차이를 결정한다는 것이다.

넷째, 인간 활동의 본질에 대한 가정이다. 즉 인간이 갖추어야 할 올바른 자세는 무엇인가에 대한 것이다. 예를 들어 능동적이어야 하나, 수동적이어야 하나? 자기계발적인가, 운명적인가에 대한 가정의 차이가 문화를 결정한다는 것이다.

다섯째, 인간관계의 본질에 대한 가정이다. 예를 들어 삶이란 경쟁적인가, 협동적인가? 개인적인가, 집단적인가에 대한 가정의 차이가 문화의 차이를 만들어낸다는 것이다.

물론 이것은 문화의 특성을 구성하는 본질적 요소들에 대한 분류 방법 가운데 하나일 뿐이다. 문화의 내용과 수준은 훨씬 더 복잡하고 다양하게 해석될 수 있다. 하지만 에드거 샤인의 정리를 참고하여 경영에 영향을 줄 수 있는 요소들에 대한 주요 문화권의 문화적 패러다임을 비교함으로써, 코리아니티의 차별적 위치를 분명히 이해하기로 하자.

한 나라가 겪어온 역사 그리고 그 속에서 형성된 문화에 따라서 사람들은 서로 다른 가치를 지향한다. 우리에게 코리아니티(Coreanity, 한국성)가 있다면, 미국인에게는 아메리카니티(Americanity, 미국성), 프랑스인에게는 프랜치니스(Frenchness, 프랑스성), 일본인에게는 재패니티(Japanity, 일본성)가 있을 것이다. 이 특수성이 주는 대표적 이미지들을 간략하게 조명하면서, 이질성의 간격과 차이를 국가와 문화의 차원에서 대비해 보자.

나는 서양이라 불리는 곳에서 두 나라를 선택하였다. 하나는 미국이고 다른 하나는 프랑스이다. 미국을 선택한 이유는 그 나라의 객관적 중요성과 압도적인 영향력 때문이다. 큰 그림으로 보면 미국은 영국과 함께 읽힌다. 그러나 프랑스는 같은 서구에 속한 나라이지만 영미와 매우 다르다. 프랑스를 선택한 이유는 그 나라가 문화적 영향력이 클 뿐 아니라, 서양 속에 존재하는 두 나라의 특수성 차이를 극적으로 대비해 볼 수 있기 때문이다.

　동양에서는 한국과 일본을 선택했다. 아마도 서양인들은 이 두 나라를 동북아의 같은 문화권에 속한 비슷한 나라로 인식할지 모른다. 그러나 한국과 일본의 차이는 미국과 프랑스만큼이나 크다. 일본을 택한 이유는 문화적·경제적 영향력 때문이다. 여기서 중국을 별도로 다루지는 않았다. 그 이유는 큰 그림 속에서 미국과 영국이 함께 읽히듯이, 중국은 한국 및 일본과 함께 '동양'으로 읽힐 수 있다고 생각했기 때문이다. 중국을 별도로 다루기보다는 동양 문화의 원류로서, 한국과 일본이라는 빵 전체에 버터처럼 녹아 있는 문화적 힘으로 읽으려 한 것이다.

고독한 영웅 vs. 무리 속의 나

미국—위대한 개인이 조직을 구한다

미국의 대중문화는 끊임없이 영웅을 만들어낸다. 개인은 위대하다. 그들은 외로운 대머리독수리처럼 홀로 있는 사람들을 칭송한다. 허먼 멜빌은 《백경 Moby Dick》에서 '홀로 있는 사람'을 이렇게 묘사한다.

홀로 있는 자를 보면 경이롭고 위대하며 고뇌에 차 있다. 그러나 군중 속에 있는 사람을 보면 그들은 불필요한 복제품에 지나지 않는 대중일 뿐이다.

미국인들은 다른 사람이나 환경에 의해 영향을 받기보다는 개개인 스스로 결정하고 책임지는 사회적 전통 속에서 살아간다. 미국의 개인주의는 외적 조건이 아니라, '자신에 의한 성공'이라는 내부 지향적 개인주의를 특성으로 한다. 물론 개인주의가 반드시 이기주의를 의미하지는 않는다. 그것은 자기희생적으로 나아갈 수도 있다. 중요한 것은 무엇을 택하든 그것은 순전히 개인의 자유로운 선택이며, 그에 따르는 결과 역시 책임감 있게 받아들여야 한다는 점이다.

기업도 유능한 개인에게는 다른 나라에서 상상도 하지 못할 만큼 최고의 대우를 해준다. 이는 미국 경제의 성공에 견인차 역할을 했다. 그러나 회사에 기여하지 못하는 개인은 재교육의 기회조차 가지지 못한 채 도태되고 낙오된다. 미국인들에게 공동체에 대한 개인의 충성심이나, 개인에 대한 공동체의 배려는 중요하지 않다. 이 같은 극단적 개인주의는 공동체를 무시하는 상처를 남겼고, 조직은 개인의 성공을 위한 도구로 이용되기에 이른다. 조직 역시 낙오한 직원을 쉽게 그리고 냉정하게 잘라내는 데 익숙하다. 경제 구조에서도 GNP의 3분의 2가 개인의 소비로 충당된다. 미국인들은 개인의 경제적인 이익이 사회적 관심보다 중요하다고 믿는다.

애덤 스미스의 《국부론》은 공교롭게도 미국의 독립과 함께 세상에 나왔다. 그것은 미국의 경제적 자유에 대한 공식 선언을 의미할 뿐 아니라, 경제학자들의 최초의 독립 선언이기도 하다. 개인은 자기의 이익을 추구할 뿐이지만, 결과적으로는 그것이 선순환 과정을 거쳐 공동의 이익에 기여한다. 따라서 인간의 이기심은 훌륭한 자원이다. 바로 이것이 미국의 가치가 되었다. 애덤 스미스는《국부론》에서 다음과 같은 유명한 말을 남겼다.

양조장 주인, 빵가게 주인, 정육점 주인이 먹을거리를 제공하는 것은 여러분, 곧 고객을 위해서가 아니라 자기 자신을 위해서이다. 공급자는 단지 자신의 이익을 고려하며, 비록 자신의 의도는 아닐지라도 소비자인 여러분에게 봉사하는 보이지 않는 손에 의해 이끌린다. 공급자가 당신에게 봉사하기를 원하지 않는다는 것이 항상 해로운 것은 아니다. 공급자가 자신의 목표를 추구하는 것이 오히려 여러분에게 이익을 주려고 의식적으로 노력할 때보다 종종 더 나은 봉사를 낳기 때문이다. 고객을 위한다고 주장하는 사람들이 오히려 그보다 나은 봉사를 하지 못한다.

조직과 개인의 관계에서도 위대한 영웅이 조직을 구한다. 게리 쿠퍼의 〈하이눈〉에서 〈람보〉를 거쳐 〈슈퍼맨〉, 〈매트릭스〉에 이르기까지 할리우드 영화는 외로운 영웅의 이야기를 즐겨 다룬다.
  극단적 개인주의와 대중적 영웅의 나라 미국에서는 종교도 '내 안의 신'을 찬양한다. 신학자 리처드 니부어(Richard Niebuhr)는 오래전 미국의 기독교에 대해 다음과 같이 말했다.

미국의 기독교는 십자가를 지지 않은 예수의 도움으로 죄 짓지 않은 사람들을 심판 없이 하나님의 왕국으로 인도하는, 화내지 않는 유일신을 숭배한다.

미국인들은 비극적인 종교를 좋아하지 않는다. 미국에서 전통적인 가톨릭은 신도가 없어 문을 닫는 교회가 되어가고 있다. 교회는 기업이 되었고, 유능한 목사들은 교회를 키우기 위해서 자본을 동원한다. 예를 들어 마이클 벡위스(Michael Beckwith)가 창시한 아가페 교회 같은 신흥종교들이 생겨났다. 이들은 예수의 고통과 죽음을 거의 표현하지 않는다. 다만 자신 안에 들어 있는 신성을 찬양한다. 개인은 모두 유일하며, 개인이 모두 신의 모습이라고 기도하고 찬양한다. 미국에서 개인은 절대적인 것, 바로 신이다.

프랑스, 일본―개인보다는 집단이 우선이다

프랑스는 미국이나 영국과는 매우 다르다. 개인보다 집단에 우선순위를 두는 관계 중심의 공동체의식이 강하게 지배하는 나라가 바로 프랑스다. 학문의 영역도 이러한 관심의 차이를 잘 보여준다. 예를 들어 독립된 개인을 다루는 심리학보다는 사회적 맥락 속에서 개인을 다루는 사회학이 발달하였다. 사회학의 아버지로 일컬어지는 오귀스트 콩트(Auguste Comte)가 프랑스인이라는 사실은 우연이 아니다.

개인의 이익은 일반 이익에 종속되어야 한다. 이 원칙은 기업에서 특정인 또는 특정 집단의 이익이 기업 이익보다 우선시되어서는 안 된다는 것을 의미한다. 가정의 이익은 가족 개인의 이익보다 우선시되어야 하고, 국가의 이익은 특정 시민이나 시민 집단의 이익보다 더욱 존중되어야 한다. 무지, 야망, 이기심, 게으름, 나약함이 개인의 이익 앞에서 일반의 이익을 흐리게 해서는 안 되기 때문이다.

이 인용문을 읽으면서 여러분은 아마 계몽주의 사상가 루소를 연상했을 것이다. 개인들의 상충되는 의견을 넘어선 일반 의지에 대한 루소의 주장은 프랑스의 전통적 가치관으로 계승되어 왔다. 실제로 위의 주장을 한 사람은 프랑스의 기업이론가인 앙리 페롤이다. 그의 경영이론은 '개인의 이익을 집단의 이익에 종속시킬 것'을 기본 원칙으로 한다.

일본은 가장 집단적인 나라다. 개인은 없고 조직이 존재할 뿐이다. 일본은 지구상에서 가장 권위적인 위계질서를 가지고 있지만, 이것은 서구적 시선으로 해석하는 구시대의 독재와는 다르다. 아마에(노인에 대한 애정 어린 의존), 센파이-고하이(선후배, 형제간의 유대), 나니와부시(의리와 인정)는 일본의 인간관계를 이해하는 데 중요한 개념들이다. 그들에게 개인적 관계는 계약적인 의무감 이상이다. 능력이 뛰어나지 못한 사람은 제거의 대상이 아니라 돌봐줄 대상이다. 노인은 우리가 겪을지도 모르는 '오류를 이미 경험하여 지혜를 가지고 있는 사람'이기 때문에 공경해야 한다. 오래된 지혜를 낡고 쓸모없는 것으로 비웃는 서구와는 달리, 일본인들은 실수를 통해 지혜를 배워야만 다시 실수하지 않는다는 점을 중요하게 생각한다. 지도자가 가져야 할 덕목인 아마에 정신도 자식이 잘못했다고 하여 의절할 수 없는 것처럼 잘못을 고칠 수 있도록 도와주는 것이 중요하다는 생각에 바탕을 둔 것이다. 혼다 소지이로는 이렇게 말한다.

나의 실수는 같은 이유에서 기인한 것은 아니었다. 그러나 나의 성과는 일련의 실수와 실패에 대한 후회에서 나온 것이다.

한국—'우리'와 '나' 사이의 넘나듦이 가능하다

한국인들은 대개 '우리'와 '나' 사이에 있다. '우리'라고 부르지만 늘 '나'를 생각하는 것이 한국인이다. '우리 마누라'라고 부르지만 그건 '내 마누라'를 뜻한다. 이것은 위선이나 양다리 걸치기가 아니다. 한국인들은 조직 속에 자신의 자리가 있다고 생각한다. 그것을 이름(名) 또는 격(格)이라고 불렀다. 말하자면 군주는 군주다워야 하고 신하는 신하다워야 한다. 마찬가지로 경영자는 경영자다워야 하고 직원은 직원다워야 한다. 이래야 비로소 이 사회나 조직이 가장 이상적인 관계에 있는 것이다. 이러한 조직 속의 자리, 곧 이름에 알맞은 자기 자리를

‘격’이라고 부른다.

그러나 한국인들에게 이 자리는 고정적인 것이 아니라 ‘넘나듦이 가능한 유동적인 것’으로 해석된다. 한국인들에게 일탈과 파격은 바로 멋이다. 멋이란 파격으로 새로운 어울림과 조화를 만들어내는 것을 의미한다. ‘우리와 나’는 대립되는 것이 아니라, ‘우리이면서 나’일 수 있는 것이다. 이 파격과 일탈이 만들어낸 새로운 어울림이 바로 멋이다. 멋은 한국인이 가진 미의식의 핵심 개념이다.

단기성과주의 vs. 장기적 안목

인간에 대한 가정과 함께 가장 중요한 문화적 가정 가운데 하나는 시간을 어떻게 이해하는가이다. 《시간 박물관 A Story of Time》이라는 책은 다음과 같은 농담으로 시작한다. 이 우스갯소리는 성 아우구스티누스가 그의 책 《고백》에서 시간의 미스터리에 도전하면서 인용한 구절이다.

[질문] 하나님은 천지를 만들기 전에 무엇을 하고 있었을까?
[답] 그렇게 심오한 수수께끼를 파고드는 자를 위해 지옥을 만들고 있었다.

아우구스티누스 이전에도 철학자들은 시간을 연구하였다. 아리스토텔레스는 시간을 '운동을 계측할 수 있는 척도'라고 여졌다. 그의 생각을 나중에 스토아학파가 계승했다. 스토아학파는 시간을 '만물의 운동 속에 내재하는 간격'이라고 정의한다. 언뜻 이상한 착상이라고 여겨질지도 모른다. 그러나 그들의 이야기를 들으면 사람들이 시간을 재기 위해 시계추를 이용하게 된 이유를 명확히 이해할 수 있다. 추가 한 쪽에서 다른 쪽으로 움직일 때, 그 간격 사이에 시간이 존재하는 것이다. 따라서 그 한 번의 운동을 시간의 단위로 쓰면 시간을 잴 수 있을 것이라는 생각은 아주 자연스러운 착상이었다. 만물의 운동과 시간을 연결시키는 사고는 천체의 운행을 시간의 측정 기준으로 삼도록 하는 데 기여했다. 천체의 이동과 회귀를 통해 연, 월, 일을 시간의 기준으로 사용할 수 있었던 것이다.

사람들은 문화권에 따라 시간을 직선적으로 이해하기도 하고 순환적으로 이해하기도 한다. 예를 들어 유대교, 크리스트교, 이슬람교처럼 신의 천지창조에서 모든 것이 시작되는 문화권에서는 시간의 직선적 성질이 우세하게 작용한다. 그러나 신을 인간 세계와 분리하지 않는 문화권에서는 시간의 순환적 성질이 우세하다. 다시 말해서 달의 차고 기욺, 낮과 밤의 연속, 계절의 변화 같은 순환적 개념이 지배적이다.

그런가 하면 시간은 전혀 물리적이지 않을 때도 있다. 《성경》에서 여호수아는 "오오, 태양아 멈추어라" 하고 외친다. 태양과 별들이 멈추어 섰지만 시간은 '계속 흘렀다.' 이때 흐른 시간은 무엇일까? 아우구스티누스는 이것을 의식의 시간 혹은 영혼의 확장이라고 가정한다. 뒷날 베르그송은 의식의 시간을 계량적 시간에 대비시켜서 '내적 지속성'이라고 말했다. 지루하면 시간이 길게 느껴지고, 즐거우면 짧게 느껴진다. 이처럼 의식의 시간을 잴 때 우리는 비계량적인 내적 척도를 사용한다.

아무것도 변하지 않는 세상이라면 시간은 멈춰 있으며, 누구도 시간의 제약을 받지 않을 것이다. 또한 아주 느리게 변하는 세상에서는 시간도 천천히 흐르는 것처럼 인식된다. 이때는 느긋함이 세상을 살아가는 지혜다. 그러나 모든 것이 빠르게 변하는 세상에서는 누구도 가만히 멈춰 서 있을 수 없다. 모두 달려야 한다. 변화의 시대를 사는 사람들에게 주어진 기본 가정은 '나는 바쁘다. 그러므로 존재한다'이다.

미국인의 시간, 일본인의 시간

시간은 나라에 따라서도 다르게 인식된다. 시간이 가장 빨리 지나는 것처럼 인식되는 나라는 아마 미국일 것이다. 미국은 바쁜 나라이고, 미국인들에게 시간이란 빠른 속도로 사람들을 태우고 달리는 '무엇'이다. "시간과 흐르는 물은 아무도 기다려 주지 않는다"는 속담은 벤저민 프랭클린의 "시간이 곧 돈이다"라는 경구와 맥을 같이한다. 시간은 지나가면 돌아오지 않기 때문에 절대로 낭비할 수 없는 것이다.

이렇게 시간을 과거에서 출발하여 미래를 향해 흘러가는 강물처럼 직선적으로 파악하는 미국인들의 시간 인식은 미국식 경영관을 탄생시켰다. 스톱워치와 '시간 - 동작 연구'를 노동에 도입한 것도 미국인들이다. 단기성과에 따라 경영자에게 보상하는 성과 지향적 보상 형태도 미국식이다. 그뿐 아니라 미국인들은 식사시간마저 일에 털어 넣기 위해 패스트푸드를 만들어냈다. 점심시간에도 햄버거를 입에 물고 일하는 야심찬 젊은이들을 보는 것은 미국 사회에서 흔한 일이다.

그러나 일본인들에게 시간은 '친구'와 같다. 시간은 순환한다. 밤낮의 순환, 계절의 순환 그리고 생명의 순환. 그들의 종교관에는 지옥과 천당이라는 최후의 심판에 따른 단절이 없다. 일본 불교에는 전통적 불교가 가진 금욕주의가 없다. 그래서 스님들도 결혼한다. 그들도 불교의 윤회설을 믿지만, 환생을 깨닫지 못한 자들이 겪는 끝없는 순환으로 보는 게 아니라 오히려 생명에 대한 경외와 사랑으로 인식한다. 불교는 변형되었고 신도주의(神道主義)가 그들을 지배한다. 죽은 낙엽이 땅을 비옥하게 하듯, 죽은 자들은 계속 현세로 돌아와 살아남은 자들을 돕는다. 그래서 자연과 함께 산다는 것은 죽은 조상과 함께 산다는 것을 의미한다. 인간과 동물의 영령들은 다시 인간 세계로 돌아온다. 미야자키 하야오의 〈센과 치히로의 행방불명〉이나 〈이웃집 토토로〉는 가장 일본적인 주제를 가장 일본적인 소재로 다룬 작품이라고 말할 수 있다.

일본인들은 시간을 동시성과 순환성을 가진 것으로 믿는다.

시간이 과거에서 미래로 흘러가는 것이 아니라, 과거·현재·
미래가 내 안에 공존하고 있다. 따라서 미래는 우리가 알 수 없
는 무엇이 아니라, 이미 과거와 현재 속에 존재하는 것이다. 이
는 미래를 매우 모호하게 보는 미국인들의 생각과 다르다. 미
국인들은 수천 가지의 원인이 미래에 무엇을 만들어낼지 모르
기 때문에, 미래의 가치를 늘 현재의 가치로 환산하여 계산하
는 버릇이 있다. 그래서 미국인들의 투자에는 미래를 위해 현
재의 이윤을 포기하는 경우가 없다. 그들에게 중요한 것은 '현
재의 가치(net present value)'이다. 그 한 예로 미국에서는 일
본과 달리 교육자들이 낮은 보수를 받는다는 점을 들 수 있다.
미국의 교직자들은 공공기금에서 보수를 받는데, 이는 뒷날
학생들이 지불해야 할 조세로 간주된다. 교육은 당장 효과를
줄 수 없는 상품이기 때문이다.

그러나 일본인들은 현재에 뿌려진 씨앗이 미래에 반드시 커
다란 나무로 자라서 다시 많은 씨앗을 뿌릴 것이라는 믿음을
가지고 있다. 그래서 10년, 20년을 계획하고 세대와 세대를 넘
어선 장기적 관점과 순환적 관점을 중요하게 생각한다. 강철,
마이크로칩, 공구, 광전자, 전자통신, 로봇, 광섬유 같은 분야
가 일본을 대표하는 산업으로 성장한 이유도 바로 여기에 있
다. 이런 장기적 안목은 일상의 다른 영역에도 그대로 적용된
다. 예를 들어 일본인들은 독도 영유권을 주장할 때도 처음에
는 전혀 근거 없는 소리에서 시작하여, 서서히 오랜 시간을 두

고 지분거림으로써 조금씩 논란의 대상으로 만들어 놓았다.

　시간을 흘러가는 물로 보는 미국인들은 순서에 따라 단계적으로 일을 진행한다. 반대로 시간의 동시성과 순환성을 믿는 일본인들은 연속성 속에 동시성을 강화한다. 도요타의 시스템은 이 같은 문화적 차이를 뚜렷이 보여주는 사례라고 할 수 있다.《도요타 생산 시스템 Toyota Production System : Beyond Large Scale Production》의 저자 다이치 오노는 이 생산체계를 '통합적인 이어달리기가 반복되는 것'으로 정의한다. 이는 미국인들에게 익숙한 콘베이어 벨트 위의 기계화된 연속 생산방식과 차별화된다.

　도요타의 생산체계에서도 연속적으로 흘러가는 중심 생산 라인이 뼈대를 이룬다. 중심 라인을 따라 제작이 이루어지는 과정마다 주요 세부 단계들이 적절한 시점에서 사전 정보에 따라 동시에 진행된다. 예를 들어 5단계를 거쳐 만들어지는 엔진 제작을 생각해 보자. 엔진은 메인 라인과 별도로 제작된다. 메인 라인의 여섯 번째 과정에서 엔진이 장착된다면, 그 5단계 전인 '작업 과정 10'(작업 과정은 마치 로켓을 발사할 때 카운트다운하듯 작은 숫자가 뒤의 공정을 나타낸다)에서 엔진 제작에 대한 정보가 흘러든다. 이때부터 별도의 세부 공정을 거쳐 엔진이 제작되고, 메인 라인의 6단계에서 엔진이 장착되는 것이다. 메인 라인이 연속적으로 흘러가는 것과 동시에 별도의 엔진 제작 공정이 이루어지다가 '작업과정 6'에서 서로 결합하는 방식으로 연속성과 동시성을 함께 구사하는 것이다.

일본인들의 동시화를 이해하려면, 공항에서 비행기를 타기 위해 길게 줄서 있는 모습을 떠올리면 좋다. 차례차례 절차가 진행되는 것은 시간의 연속적 흐름을 보여준다. 그런데 순서대로 진행되는 중에 심사대가 하나 더 열리면서, 초조하게 기다리고 있는 9시 30분 서울행 승객들만을 위한 특별 서비스가 병행된다. 이것이 동시화다.

동시화 시스템이 가능하려면 한 사람이 여러 작업 과정을 이해하고 필요한 도구를 익숙하게 활용할 수 있어야 한다. 도요타의 작업자들은 적어도 3가지 기계를 운전할 수 있다고 한다. 바로 이 점이 일본인들이 생산성을 높인 방식이었다. 실제로 제조 과정이 비교적 단순한 제철, 제지, 의류 산업에서는 미국 공장과 일본 공장의 노동시간이 비슷하다. 그러나 그보다 10배쯤 복잡한 200개 이상의 제조 단계가 필요한 자동차 엔진 제조의 경우, 미국 기업은 일본 기업에 비해 60퍼센트 이상의 시간을 더 쓴다고 한다. 그리고 1,000단계 이상의 과정이 필요한 자동차 제조에서 미국은 일본보다 거의 배 이상의 노동시간을 사용한다. GDP 기준으로 세계 1, 2위를 다투는 미국과 일본이 이렇게 서로 다른 방식을 통해 발전해 왔다는 점은 매우 흥미롭다.

그러면 프랑스인들은 시간을 어떻게 인식할까? 그들에게는 과거가 현재나 미래에 비해 중요하다. 이 점에서 프랑스는 매우 특이한 나라다. 그것은 그들의 사유체계가 역사적 시각을 통해 모든 것을 조망하기 때문일 것이다. 따라서 현재와 미래는 과거와 분리되지 않는다. 그들에게 현재와 미래는 프랑스의 과거라는 나무에서 계속 피어나는 꽃과 같다. 그들의 사유체계는 늘 역사적 맥락에서 현재의 쟁점으로 옮겨온다. 프랑스인들이 영어로 말하는 것을 불편해 하는 이유도 유별나게 민족적 자존심이 높기 때문이라기보다, 그들이 공유하고 있는 풍부한 '역사적 맥락을 전제하지 않고 불쑥 낯선 언어로 현재와 미래를 생각해야 하기 때문'일 것이다.

반면 한국인의 시간 인식은 이중적이고 혼합적이다. 여유와 느림의 나라이기도 하고, 빨리빨리의 나라이기도 하다. 가마솥의 나라이기도 하고, 냄비의 나라이기도 하다. 모순을 버무리는 능력이 탁월한 한국인들은 시간 역시 이중적 모순의 조화로 이해했다. 한국인은 생활 깊은 곳에서는 동양적이다. 날 때부터 십간십이지(十干十二支)가 지배하는 운명을 가지고 태어난다. 12년마다 같은 띠의 해가 돌아오고, 젊은이들도 인생 전체를 어떻게 살지 점쳐보는 것을 즐긴다. 세상에서 가장 조급하고 서두르는 한국인들은 역설적이게도 시간을 길게 보고 그

누적 효과를 믿는다. 이것은 경영에서도 장기적 관점을 고려하게 한다. 예를 들어 철강과 조선업의 성장은 과거에 장기적 안목으로 행한 투자의 성과라고 할 수 있다. 반도체 산업 역시 대단한 위험 부담을 감당하면서 오랜 시간 동안 투자한 결과이고, 자동차 산업도 예외가 아니다.

1960년도 이후, 식민지 수탈과 전쟁 그리고 분단 속에서 산업의 기반을 전혀 가지지 못한 한국이 성장 전략으로 채택한 것은 정부 주도 아래 토착 산업의 기반을 건설하는 일이었다. 한국은 일본의 경제발전 전략과 흡사한 과정을 거쳤지만, 일본보다 국내 산업이 훨씬 취약했기 때문에 재원의 대부분을 대외차관에 의존할 수밖에 없었다.

하지만 싱가포르처럼 외국인 직접투자를 통해 재원을 충당하지는 않았으므로, 주요 산업에 대한 통제력은 한국인들의 수중에 있었다. 한국 정부는 은행들을 국유화하고, 대출 결정을 전적으로 산업정책의 틀 속에 종속시켰다. 다시 말해 국가가 전략 산업을 설정하고, 이 과업을 맡을 기업 집단을 선정하여 그들을 적극 지원하고 보호해 준 것이다. 이른바 '정부-재벌-금융' 사이의 강력한 연계가 한국 경제 시스템의 핵심이었다. 이 과정에서 1980년대 이후 재벌들은 고위험 장기 프로젝트의 주요 담당자로 확고하게 자리 잡았다. 이것은 성공의 신화이기도 했고, 성장의 한계이기도 했다.

점진적 개선 vs. 파격적 혁신

가이젠의 나라, 일본

집단주의적인 일본인들은 작은 변형, 곧 개선을 지속적으로 강화하는 경향이 있다. 하지만 지나치게 집단주의적이면 개인의 창조성과 상상력, 모험심은 설 자리를 잃게 마련이다. 따라서 일본의 경영자들은 질서를 깨뜨리지 않는 범위 내에서의 작은 개선을 독려해 왔다.

일본인들은 일상에서 우연히 찾아오는 작은 아이디어가 낳은 좋은 결과를 놓치지 않는다. 예를 들어 그들은 '마흔세 살의 경리직원이 검은 재킷을 입고 거리를 질주함으로써 사람을 두렵게 하는 것'을 표방하는 할리 데이비슨 같은 대형 모터사이클을 만들어내지는 않는다. 그러나 혼다의 50시시 저용량 스쿠터는 '온순하고 깔끔한 사람들'에게 판매되었다. 처음에는 아주 적은 수요를 예상했지만 예상치 않은 호응을 얻었다.

이처럼 일본인들은 작은 변화를 무수히 시도해 보다가, 그 중 고객의 호응을 얻는 것에 대해서는 핵심적인 변화를 일으킴으로써 개선을 강화한다. 이러한 접근법은 최초의 변형이 사소하고 작은 것이기 때문에 위험 부담을 줄일 수 있다는 장점이 있다. 일본인들은 마치 아주 작은 변화를 거듭하면서 계속 진화하는 생물체 같다. 창조적 혁신이나 혁명이 아니라 아주 서서히 진화의 과정을 거치는 셈이다.

일본인들은 팔리면 생산하고 안 팔리면 생산을 중지하는 경영방식이 아니라, 안 팔리는 이유를 끊임없이 개선함으로써 더 좋은 제품을 만들어낸다. 일본인들에게 과거란 '뒤집어엎어야 할 것'이 아니라 '조금씩 고쳐 써야 할 것'이다. 일본인들에게 혁명과 이노베이션은 없다. 일본은 오랜 시간에 걸친 가이젠(개선)의 나라다. 일본의 이러한 정서는 교육을 중요시하는 가치와도 일맥상통한다. 그래서 일본에서는 교육자가 존경을 받고 보수도 좋다. 가르침과 배움이 장기적 전망으로서 경제와 공존하기 때문에 교육에 많은 투자를 하는 것이다.

다중성의 나라, 프랑스

반면에 프랑스는 모순과 대립을 즐기는 나라다. 프랑스인들은 서양인들 가운데 특이하게도 모순의 공존을 잘 견딜 뿐 아니라, 그것이 삶의 일상적 모습이라고 생각한다. 예를 들어 고용

인은 피고용인을 줄이려 하고, 피고용인은 한 푼이라도 더 받
으려고 한다. 고용자는 조금이라도 일을 더 시키려고 하고, 피
고용인은 근무시간이 끝나면 퇴근하고 싶어 한다. 프랑스인들
은 이 태생적 갈등을 잘 이해한다. 그들은 정치적으로 나토
(NATO)에 속해 있지만 군사적으로는 독립적이다. 미국 전투
기들이 리비아를 공격할 때도 자국의 영공을 지나도록 허락하
지 않았고, 미국이 이라크를 공격할 때도 그들의 패권주의를
비난했다. 또한 1980년대 서방 경제가 자유시장주의와 통화
주의로 방향을 틀 때, 그들은 사회주의자 대통령과 수상을 선
출하였다.

가장 공화주의적이고 세속적인 나라 가운데 하나인 프랑스
는 국민의 80퍼센트가 명목상 가톨릭 신자이고, 격렬한 봉기
와 혁명의 나라이면서도 서구 민주주의 국가 가운데 가장 권위
적이고 불평등하다. 빈번한 도전과 전복을 거치면서도 프랑스
처럼 강력하고 집중화된 정부를 유지한다는 것은 유례없는 일
이다. 프랑스인들에게는 개인의 자유에 대한 열렬한 신념과
더불어 지도자에 대한 강력한 지지가 공존한다. 개인의 자유
가 무엇보다 중요하지만 동시에 공동체주의를 지향하는 프랑
스 문화의 특성은 '모순과 갈등을 통한 번영'에 있다. 이를 톨
레랑스, 곧 '관용의 문화'라고 부를 수도 있을 것이다.

그러므로 프랑스는 쉽게 범주화할 수 없는 다중성을 가지고
있다. 평소에는 모순을 품고 견디지만 어느 선을 넘으면 폭발

한다. 프랑스의 근대사는 모순과의 공존 그리고 참을 수 없는 시점에서의 폭발 및 단절의 역사였고, 이 저항의 역사에 지식인들이 대거 참여했다. 그래서 프랑스는 지식인들의 지위, 곧 관념을 변화의 수단으로 사용하는 저술가들의 지위가 세계에서 가장 높다. 이는 지식인들의 영웅적인 참여의 역사가 있었기 때문이다. 지식인들이 참여를 선도함으로써 사회적 존경과 신망을 받아온 전통은 기업으로도 이어졌다. 프랑스의 기업에서 가장 존경받는 직무는 계획, 연구개발, 전략 같은 지적인 작업들이며 이는 매우 자연스러운 문화적 귀결이다. 그들은 프랑스적 삶의 방식을 파는 산업과 지식 집약 산업에 국가적 힘을 기울이고 있는데, 이것이 바로 프랜치니스의 강점이며 차별적 매력이다.

미국의 이노베이션과 일본의 가이젠

미국은 점진적 개선의 나라가 아니다. 미국은 '연결되지 않는 것을 연결함으로써 얻어지는 창조력'에 의한 이노베이션의 나라다. 여기 유명한 사례가 있다. 미국인들은 1980년대 일본의 급추격에 당황하면서 한때 그들로부터 가이젠의 정신을 배우려 했다. 일본이 1950년대 이후 미국인 에드워드 데밍의 조언에 따라 품질 혁명과 비용 절감에 성공했기 때문에, 미국은 자국인이 제시한 방법론을 일본에서 역수입하려 한 것이다. '일본을 배우자!'는 떠들썩한 캠페인이 벌어졌고, 관계자들이 일본을 배우기 위해 급파되었다. 그러나 미국은 일본의 가이젠을 적용하는 데 실패했다. 그것은 전혀 미국적인 것이 아니었기 때문이다. 한국도 오랫동안 일본식의 퀄리티 서클과 전사적 퀄리티 운동을 전개해 왔다. 하지만 노력만 많이 들 뿐이지 결과는 신통치 않았다. 당연한 일이다. 개선은 한국적 진보의 방식이 아니다.

한국인의 멋과 파격

한국인은 기질적으로 점진적 개선을 선호하지 않는다. 한국적인 멋은 기본적으로 데포르마시옹의 미의식이다. '허술하다'와 통하는 교묘한 변형인 것이다. 멋이란 평범하고 정상적인 것에서는 느껴지지 않는다. 조지훈은 멋을 '정상적인 상태에서 약간 벗어나되 그것이 전체적인 조화를 해하지 않을 때 느껴지는 그런 소극적인 것이 아니라, 정상에서 벗어나 조화를 깨뜨림으로써 오히려 새로운 조화를 이룩하는 적극적인 것'이라고 정의했다. 멋은 새로운 조화를 추구하는 파격의 변형력이며 에너지인 것이다. 그래서 때때로 한국 경영의 모습이 공격적인 기업가 정신으로 가득 차 있는 것처럼 보이는 것이다. 실제로 한국 기업의 경쟁력 가운데 가장 높은 점수를 받은 요소는 '개혁에 대한 요구'와 '기업가 정신'인 것으로 나타났다.

멋과 관련하여 가장 중요한 특징이 바로 '비정제성(非整除性)'이다. 예를 들어 일본이나 중국의 건축은 각 부분의 세부 비례가 완수(完數)로서 비례 분할이 가능하고 대칭적이다. 그러나 한국의 전통 건축물은 이와 다르다. 같은 원형 건물이라도 일본이나 중국의 것은 절반만 실측하면 나머지 절반은 실측하지 않아도 된다. 그러나 한국의 건물은 그렇지 않다.

멋은 정상을 벗어나는 것이다. 가야금도 산조가 있어 변형이 이루어지며, 시조도 음수율이 잘 맞지 않는다. 판소리의 악보는 구전되기 때문에 선생에 따라서, 부르는 사람에 따라서 버전이 다 다르다. 문학도 이와 마찬가지다. 우리 시가의 대표격인 정형시조는 3장 6구 45자의 음수율이지만 시조가 완성된 지 얼마 되지도 않아서 엇시조, 사설시조가 생기기 시작하였다. 2002년 월드컵의 구호인 '대~한민국'도 엇박자다. 멋은 규제를 벗어나는 것이며 구속을 뛰어넘는 것이다. 그러나 그것은 방만함이 아니라 또 하나의 중심을 가지는 새로운 통일을 이룬다. 이것이 한국 문화의 상상력과 창의성을 보여주는 가장 중요한 힘이다.

한국인은 경영의 영역에서도 자연스럽게 '경영의 멋'을 만들었다. 정주영의 '소 떼 경영'은 정치가 쌓아놓은 옹벽의 틈새에 앞으로 그 벽을 무너뜨릴 감동의 꽃씨 하나를 뿌리내리게 했다. 정문술의 경영에는 '떠날 때 떠날 줄 아는' 탈속의 멋이 있다. 안철수의 경영에서는 돈의 세계에서도 '우리에게 중요한 것'을 따르는 순수한 멋이 느껴진다. 문국현의 경영에는 노사갈등을 상생으로 이끌어낸 '인간경영'의 멋이 있다.

보편주의 vs. 특수주의

미국식 보편주의의 장점과 한계

미국인들은 먼저 표준을 만들고 그 다음에 통제한다. 잡다한 인종과 문화가 뒤섞인 미국에서는 그것들을 망라하고 포괄할 수 있는 커다란 바구니가 필요했다. 그리고 그것은 누구나 인정하고 따라야 할 보편적 규칙이어야 했고, 원칙은 오차 없이 지켜져야 했다. 이는 경제와 경영에도 그대로 반영되었다. 그들은 규격제품을 생산해냈고, 대량생산 체계를 만들어냈다. 예를 들어 포드자동차는 누구나 탈 수 있는 저렴한 가격의 검은색 자동차 모델 T를 찍어냈다. 각각의 요소는 완벽하게 표준화되었고, 반대로 전체를 분해하기도 쉬웠다. 미국인들은 부분으로 분해 가능하고 무한히 복제 가능한 보편적 생산에 몰두했다. 대량생산과 대량판매를 가능하게 한 이 같은 기계론적 인식은 기계의 시대에 미국을 번영의 길로 이끌었다.

보편화를 추구하는 미국의 문화는 부국을 이루는 데 기여한 훌륭한 자산이었다. 그들은 자연과학을 이상화하고, 그것을 산업에 열정적으로 활용했다. 그리고 공학, 생산, 안전, 재정, 회계, 법 등 경영에 절대적 영향을 미치는 다양한 사회·경제적 활동을 규범화함으로써 세계 전체를 이끄는 스탠더드의 역할을 맡았다. 예를 들면 테일러주의는 작업장의 전체 삶을 공학적 원칙 속에 담으려는 시도였다. 즉 시간-동작 연구와 기계적 시간화 운동을 통해 최고의 작동방법을 과학적으로 찾아내려는 것이었다. 미국인들에게 경영관리의 체계는 하나의 과학이며, 인간은 그 과학의 대상이었다.

현상을 따져서 원인을 파악해내고 이를 이론화하는 데 미국인들처럼 뛰어난 경우는 없다. 영미 경험주의의 전통은 이론적 분석과 보편화에 훌륭한 정신적 터전이 되었다. 그들은 경영의 세계 역시 보편적 규범에 따라 관리할 수 있다고 믿었다. 그래서 경영학이라는 학문적 체계를 가지게 되었다. 한국인이나 독일인, 일본인들은 미국인만큼 경영능력이 없어서가 아니라 모든 일을 보편적 체계의 틀 속에 집어넣을 수는 없다고 믿기 때문에 경영을 학문으로 체계화하는 데 미국인들보다 뒤질 수밖에 없었다.

미국인들의 보편주의는 이처럼 분석적 경향이 있다. 그들에게 기업은 기계적 조합, 곧 'corporation'이었다. 한국인, 일본인, 프랑스인 그리고 라틴계 사람들이 일반적으로 조직을 유기체로 생각하는 것과는 대조적이다. 기계론적 조직은 생명의 파괴 없는 분해가 가능하지만, 유기체론적 조직은 생존하기 위해서 연결된 상태로 남아 있어야 한다. 기업은 부를 생산하는 이익집단(Gesellschaft)이며 보편법칙에 따라 작동하는 기계라고 인식하는 미국인들의 기업관에서, 한 기업이 경쟁을 통해 다른 기업을 파괴하는 것은 정당하다. 주주에게 더 많은 부를 창출해 주기 위해 부실기업을 해체하고, 무능한 경영자를 교체하고, 늙고 무능한 직원을 유능하고 젊은 인적자원으로 바꾸는 것이 현명한 경영이다. 그들에게 인간은 나사와 부품에 불과하다. 그것을 바꿔주면 기업이 더 잘 돌아갈 수 있다는 것이다.

그러나 미국의 보편주의는 개별 특수성을 간과하는 폐단을 낳았다. 보편성은 개념이며 서류상의 전략과 구상이다. 보편주의에 대한 집착은 사람들로 하여금 현장에서의 직접적인 경험과 생산 및 거래의 현장에서 일어나는 구체적 현실에 무관심하게 만들었다. 미국 MBA 졸업생들의 머릿속에는 접해보지도 않은 상황을 해결할 수 있는 훌륭한 방법들이 가득 차 있다. 그리고 그들은 졸업과 동시에 컨설턴트, 재정분석가, 나아가서는 경영자의 길로 질주한다. 그러나 현장은 끊임없이 변하고 고객의 요구는 급격하게 다양해지고 있다. 이는 곧 양적 우월성이 질적 다양성과 차별성을 무시함으로써 어려움을 겪을 수밖에 없음을 의미한다.

미국의 위대한 성공은 보편화로부터 시작했지만, 미국의 실패는 그 보편주의가 한계에 도달할 때 일어날 것이다. 보편주의자들은 전 세계가 단일화, 일반화, 법률화되기를 바란다. 반면에 그 대칭점에 서 있는 동양의 특수주의자들은 세상이 유일하고 예외적이며 서로 정신적으로 연계되기를 바란다.

일본의 ‘지독한’ 특수주의

일본인들은 기업을 생명을 가진 유기체로 인식한다. 기업은 마치 나무와 같아서 그 속의 주체들이 선배와 후배의 관계로 묶여서 성장하고 발전해간다는 것이다. 그들은 함께 모여 조직화했을 때 홀로 존재하는 개인보다 더 큰 힘을 발휘할 수 있다고 믿는다. 따라서 일본 기업은 가장과 가족의 친밀성을 가진 공동사회(Gemeinschaft)적 특성을 가지고 있다. 일본인들은 피고용자의 전체적 인격(열정, 욕망, 꿈 그리고 평생직장이라는 소명감)을 활용하는 편이 훨씬 더 효과적인 인사방침이라고 믿는다.

협력과 경쟁은 일본식 게임의 룰을 이해하는 데 매우 중요한 개념이다. 일본인들은 이 둘 사이에서 묘한 조화를 이끌어낸다. 승패가 결정되면 승자는 패자를 파멸시키지 않는다. 패자는 생존할 뿐 아니라 승자에게서 배운다. 패배가 재빨리 교육으로 전환되기에 패자에게도 이익이 된다. 소니의 모리타 아키오는 다음과 같이 말한다.

경쟁과 파괴 사이에는 섬세한 구분이 있다. 중국인은 다른 사람의 밥그릇을 깨서는 안 된다고 말한다. 일본인은 훌륭한 경쟁자가 파멸해서는 안 되다고 인식한다.

일본은 안과 밖의 구분이 확실하다. 그들은 내부에서 결속하고 협력하여 외부와 경쟁한다. 이 점은 조직의 안팎에서 모두 치열한 경쟁에 시달리는 다른 문화권들과 구별되는 분명한 차이다. 이는 또한 일본이 단결된 모습으로 비춰지는 이유가 되기도 한다. 일본인들은 이런 방식 덕분에 협력과 경쟁이라는 모순에 시달리지 않는다. 개인들은 협조하고 조직은 경쟁할 뿐이다. 그러므로 협조의 질이 경쟁의 강도를 증대시킨다. 그들의 협조와 경쟁은 시간과 장소에 따라 다르게 나타나기도 한다. 학교에서는 개인들끼리 치열한 경쟁을 통해서 재능을 계발한다. 그러나 직장에서는 서로의 재능에 따라 동료와 협력 관계를 유지한다. 이렇게 아무런 모순도 없이 학교의 경쟁이 직장의 협력으로 이어진다. 일본인들은 경쟁과 협력 사이를 유연하게 오갈 수 있는 것이다. 협력과 경쟁을 통해 서로가 고양될 때 이를 '주화'라고 부른다.

일본의 이러한 특성은 경영 세계에도 그대로 드러난다. 미국에서 기업은 주주의 것이며, 직원들은 얼굴도 모르는 주주를 위해 이윤을 창출해야 한다. 그것이 기업의 목적이다. 반면에 일본의 경영자들은 직원들이 추구하는 것과 주주가 추구하는 것이 조화를 이루기를 바란다. 주가 상승과 배당금 증가가 곧 임금 상승 및 생산성 증가로 이어진다는 사실을 서로 인정하기를 바라는 것이다.

일본인들은 상황에 따라 변한다. 그들은 보편적 원칙에 따라 행동하지 않기 때문에 불투명하고 믿기 어려운 점이 있다. 일본인들에게 가치는 늘 같은 것이 아니다. 그것은 상황에 따라 가변적인 '무엇'이다. 일본인들에게는 객관적 진실도, 객관적 가치도 존재하지 않는다.《비즈니스 위크》의 공동 편집자를 역임한 윌리엄 홀스타인(William. J. Holstein)은 이렇게 말한다.

일본에 대해 조금이라도 아는 사람들은 그들이 '다테마에(원칙)'에서 '혼네(본심에서 우러나오는 말)'로 서서히 옮겨간다는 것을 알고 있다. 다테마에는 진정으로 신뢰하지 않는 사람을 다루는 방법으로, 외교적 혹은 공식적 관계를 말한다. 후자는 잘 아는 사람과의 관계를 말한다. …… 상황적 윤리의 개념은 이보다 더욱 복잡하다. 어떤 한 상황에서 특정한 행동이 적합하다면, 다른 상황에서는 다른 행동이 적합하다는 식의 사고가 일본인들에게는 지극히 당연한 것이다. 그들은 상황의 변화에 쉽게 적응한다.

상황 논리가 일본인들의 전형적인 행동양식임을 보여주는 유명한 사건이 있다. 1974년 여름, 일본은 호주산 설탕을 장기적으로 공급받기로 계약했다. 당시 일본은 국제 원유가의 급등으로 어려움을 겪고 있었다. 그런데 계약 기간 동안에 설탕 값이 폭락했고, 일본은 계약에 따라 국제시장 가격보다 비싸게 설탕을 사와야 했다. 이러한 상황은 1976년부터 1977년 사이에 일본과 호주의 설탕 분쟁으로 진행되었다. 일본은 계약 당사자의 상호이익과 두 국가의 관계가 당장의 이익보다 중요하다는 입장을 토대로 즉각적인 재협상을 요구했다. 반대로 호주는 '계약은 계약이다'라는 입장을 견지했다. 이 분쟁에 대한 일본인들의 관점을 다음과 같다.

계약은 계약이다. 그러나 소비자가 곤경에 빠져 있을 때는 장기적 관점에서 소비자에게 배려를 베풀어야 한다고 믿는다. (〈일본경제 The Japan Economic Newspaper〉)

이 사례에서 우리는 법의 형식적 측면(letter of law)을 중시하는 영미식 문화와 법의 내용(spirit of law)를 중시하는 일본 문화의 차이를 엿볼 수 있다. 영미 문화권에서는 조건을 명확히 규정할수록 이기적 집단이 그들에게 유리하게 해석할 소지가 줄어든다고 보는 반면, 일본인들은 조건이 모호하고 해석이 다양할수록 상호관계가 지속적으로 발전하고 성숙한다고 가정한다. 일본인들은 특수하고 가변적인 상황에 따라 적절하게 대응함으로써 서로의 관계가 성숙한다고 믿는 것이다.

보편주의보다는 특수주의를 택함으로써 무수한 다양성을

인정하는 일본인들에게는 '조화'가 가장 중요하다. 그들은 '아니오'라는 말을 잘 하지 않는다. 사안보다는 관계를 중요시하기 때문이다. 그들의 공손한 겉모습 역시 관계 지향성을 보여주는 처세술이다.

벽돌공과 석공

그러면 미국과 일본은 왜 이렇게 다른 길을 걸어왔을까? 앞에서 이야기한 것처럼 미국은 20개 이상의 서로 다른 민족이 공존하는, 내적으로 매우 이질적인 나라다. 따라서 미국에서는 보편주의와 법률지상주의가 질서를 부여하는 가장 중요한 기준이 될 수밖에 없었다. 또한 다양성을 하나로 묶어서 기업의 목적을 위해 활용할 수 있는 효율적인 방법은 규격화와 과학적 관리였다. 그러나 미국의 표준화와 단일성은 자유와 개성에 적대적인 분위기를 만들어냈다. 특히 제조업에서 생산직 직원들은 대체로 열정과 기술을 쏟아 붓지 않았다. 시키는 일을 해야 하는 밥벌이의 지겨운 반복 때문이다.

이와 달리 일본은 매우 동질적인 사회이다. 이 동질성은 질식할 만큼의 정체였고, 끔찍한 정돈과 질서였다. 따라서 그들은 아주 미세한 편차 내에서 질적인 다양성을 인정하고 권장함으로써 작은 변화를 추구하고 다양한 제품을 만들어내는 원동력으로 삼았다. 동질성 속에서 꽃 하나, 돌 하나가 다 다르다는

다양성을 찾아내려는 시도는 미시적 관점의 특수주의가 작동
된 모델이다. 일본은 각 개인에게 다양한 기술을 익히라고 고
무한다. 그리고 작업조가 다양한 기능을 가진 개인을 계속 새
로운 자리에 배치함으로써 열정을 쏟아 부을 수 있게 한다. 개
인보다는 소집단이 스스로 새로운 작업 절차와 방식을 개선해
가는 것이다. 소니의 모리타 아키오는 미국과 일본의 공장 체
제를 '벽돌공과 석공'으로 비유했다. 미국인들은 미리 규격화
되어 있는 벽돌을 이용해서 표준적이고 단일한 제품을 만들어
낸다. 모양, 크기, 기능이 서로 다른 규격화된 벽돌을 쌓아올림
으로써 '집'이라는 제품을 만드는 것이다. 반대로 일본인들은
다양한 모양의 돌을 다양한 목적과 필요에 따라 다듬어 서로
조화를 이루며 쌓아간다.

　일본인들의 이 같은 특징은 보편적 진리나 규칙에 익숙한 미
국인들과 북서부 유럽인들에게는 매우 당황스러운 일이다. 특
수한 상황이나 집단 내에서 통용되는 논리가 늘 보편적 원칙을
압도하기 때문이다. 일본인들에게는 다양한 가치기준이 공존
한다. 그리고 상황에 따라 그들은 적절한 기준을 꺼내든다. 이
런 의미에서 일본인들은 매우 반지성적이고, 또한 매우 다각
적인 시선을 가지고 있다.

일본인들에게 진리란 '순응' 하는 것이다. 늘 상대적이며, 타협 가능
하다. …… (그들에게는) 강한 지적 전통이 없다. 힘을 가지고 법을

집행하는 자들을 비굴하게 추종한다. 도덕성 부재에 대한 용인과 찬양이 인과관계처럼 얽혀 있다. …… 종교와 사상의 체계를 발전시켜 온 문명국가들은 사회·정치적 상황을 초월하는 진실과 진리의 존재를 인정하고 받아들인다.

독일의 언론인이며 일본에 오랫동안 체류하여 일본을 깊이 알고 있는 카렐 볼페렌(Karel van Wolferen)의 지적이다. 전쟁과 유대인들에 대한 죄악을 깊이 사과하고 반성하는 독일인들과 달리, 일본인들은 중국에서의 대학살과 한국을 식민통치로 점령한 데 대해 사과하는 것을 꺼리며 위안부 문제에 냉담하다. 그것은 일본인들이 객관적 진실에 무게를 두지 않기 때문이다. 제국주의가 성행하던 당시에 일본이 조선을 지배한 것은 상황에 어울리는 일이었고, 국익에 충실한 전략이었다고 판단하기 때문이다.

문화들 사이에 우열이 없다는 문화상대주의적 관점에서 봐도, 일본의 정신적 자세와 시선은 이웃과의 공존 가능성을 위협하는 치명적 약점이다. 프랑스의 인류학자 레비스트로스(Claude Levi-Strauss)는 이렇게 말했다. "문화상대주의는 한 문화가 다른 문화의 활동에 대해 '저속하다'거나 '고상하다'고 판단할 절대적 기준이 없음을 인정한다. 그러나 각 문화는 자체의 활동에 대해서만큼은 그런 판단을 내릴 수 있고, 또한 내려야 한다. 왜냐하면 한 문화의 구성원은 그 문화 안에서 관찰자일 뿐 아니라 행위자이기 때문이다.” 그러나 일본의 지식인들은 이런 지적 전통을 가지고 있지 못하다. 일본인들이 객관적 진실과 진리를 받아들이는 이론적 인식 수준은 야만적이라고 불릴 만큼 빈곤하다.

프랑스식 ‘법의 정신’

프랑스인들은 법 자체보다는 법의 이면에 존재하는 정신을 존중한다. 몽테스키외는 《법의 정신》에서 전체 제도는 법률의 이면에 숨어 있는 ‘살아 있는 원리’에 의해 지배된다고 주장했다. 그리고 이러한 정신은 기업경영에서도 그대로 살아 움직이고 있다. 앙리 페욜(Henri Fayol)의 말을 들어보자.

나는 원칙이라는 단어에서 ‘완고함’이라는 함의를 제거하고 사용하기를 원한다. 원칙이란 유연한 것이고 모든 필요에 적용할 수 있는 것이다. 상황의 변화는 그 상황에 의해 파생된 규칙을 바꿀 수 있다. 나는 이것을 상황의 법칙(the law of situation)이라고 부른다.

하나의 원칙도 상황에 따라 달리 해석할 수 있다는 의미다. 프랑스에서는 경영진에게 권한이 고도로 집중되어 있다. 그들은 권한을 가지고 있기 때문에 원칙과 규칙을 해석할 수 있는 힘도 있다. 따라서 원칙과 규칙을 깨지 않는 범위 내의 유연한 해석을 통해서 융통성을 발휘한다. 그들은 비공식적인 채널을 작동하는 것에 대해서 부끄러워하지 않는다. 그것은 막후 조정의 기술이며 지혜일 따름이다. 은밀한 영향력을 발휘하는 것은 부끄럽거나 불공정한 것이 아니라 지혜이며, 인간의 복잡한 특성을 아우르는 관용이며, 엄격한 법이 해결할 수 없는 사회적 공존의 따뜻함이다.

프랑스식 법의 정신을 가장 잘 표현한 문학작품은 아마도 빅토르 위고의《레미제라블》일 것이다. 독자들을 멜랑콜리한 감동으로 끌어들였던 도입부의 한 장면을 잠시 떠올려 보자. 장발장은 주교가 은식기를 주었다고 거짓말을 했고, 주교는 값비싼 촛대를 더 얹어주며 그의 거짓말을 진실이라고 증언해 주었다. 경관과 마을 사람들이 돌아간 뒤에 주교는 장발장에게 이렇게 말한다.

나의 형제여, 이것을 기억하십시오.
당신은 이 속에서 고귀한 계획을 보아야 합니다.
당신은 이 촛대를 정직한 사람이 되는 데 사용해야 합니다.
순교자들을 증인으로
열정과 피로
신은 당신을 어둠 속에서 구했습니다.

주교는 법이라고 하는 보편주의에 대해 거짓말을 하였지만,

인간적 매력으로 다시 살아난다. 그는 인간의 보편주의를 넘어서는 신의 보편주의 속으로 장발장을 초대할 수 있는 특별한 법적 해석을 통해서 장발장의 영혼을 구하려 했다. 사실 엄격한 법이 지배한다고 해서 정의롭고 안전한 사회가 되는 것은 아니다. 아이러니하게도 중범죄율은 미국이 프랑스보다 훨씬 더 높다. 한 자료에 따르면 인구 10만 명당 중범죄 건수가 미국 225건, 프랑스 87건이다. 우리는 이 자료를 통해 사회적 배려 없이 법적 통제만으로는 범죄 문제를 해결할 수 없을 것이라는 추측을 할 수 있다.

'법 없이' 살고 싶은 한국인들

한국인들에게 법은 만인을 위한 보편 기준이 아니다. 프랑스인들과 마찬가지로 한국인들에게 법은 유연하게 적용해야 할 무엇이다. 나는 이 책을 준비하던 중에 제57회 제헌절을 맞았다. 한 신문에 1948년 제헌국회의원에 당선되어 헌법기초위원장을 지낸 동암 서상일에 대한 기사가 실린 것을 보았다. 보성전문학교 법과를 졸업하고 1909년 김동삼, 윤병호 등과 함께 대동청년단을 조직해 만주 등지에서 독립운동을 한 동암은 대한민국 헌법 제정에 중추적인 역할을 맡았던 인물이다. 동암의 넷째 딸로 유일한 생존자인 서태주 씨는 아버지를 이렇게 회고했다. "양심과 정직을 목숨처럼 생각한 분이다. 아버지는 대한민국을 굳건한 나라로 만들기 위해서는 올바른 법을 세워야 한다고 믿으셨다. 아버지의 꿈은 대한민국을 법 없이도 사는 정직한 사회로 만드는 것이었다."

이 인터뷰 기사에서 나는 묘한 역설적 코리아니티의 깊이를 느꼈다. 한국인들은 법치국가를 이상으로 생각한 적이 없다. 우리가 만들고 싶어 한 사회는 '법이 필요 없는 사회'였던 것이다. 이것이 유가의 덕치주의 이상이었고, 우리의 오래된 가치관이었다. 법이 지켜지지 않아서 불투명한 사회가 되는 것이 아니라, 그보다 먼저 지켜야 할 도덕과 윤리가 깨어지기 때문에 오탁한 세상이 되는 것이다.

한국인들의 윤리의식과 진리에 대한 판단 기준을 들여다보기 위해서는 전통적 지식계급이었던 선비의 정신 자세를 살피는 것이 마땅하다. 선비들에게는 마땅히 지켜야 할 당위적 가치가 존재했다. 유가 이념에 바탕을 둔 성리학적 미덕들이 그 역할을 했으며, 학인(學人)으로서 선비는 지행합일을 중요한 덕목으로 생각했다. 동양적 가치가 '관계'라는 맥락 속에서 끼리끼리 봐주는 부패로 쉽게 빠질 수밖에 없다는 주장은 이 대목에서 설득력을 잃는다. 선비정신은 스스로 '수치를 아는 것'이다. 수치를 아는 사람은 부패할 수 없고 타락을 묵인할 수 없다. 이것은 우리가 물려받은 가장 훌륭한 정신적 유산이다. 자부심 강한 호학의 선비들은 지금의 한국인들에게 훌륭한 역할모델이 될 수 있다.

수직적 작용 vs. 수평적 작용

가장 동양적인 유럽 국가, 프랑스

프랑스인들은 집단 내에서 매우 권위적인 경영자의 지위를 만들어냈다. 이것은 자유와 평등을 혁명 이념으로 삼은 프랑스인들에게 잘 어울리지 않는 모순이다. 그러나 이런 모순은 그들의 생활 속에 상존하는 대립과 갈등이며 자연스러운 일상이다. 프랑스 역사는 위기의 순간마다 위대한 지도자들의 위엄과 카리스마로 빛난다. 혁명과 단절이라는 프랑스의 문화적 특성은 시대마다 그 위기에 맞서는 위대한 지도자를 갈망해온 것이다. 이것이 바로 프랑스가 유럽 나라들 가운데 가장 전체주의적이고 위계적인 문화를 이룬 원인이다.

프랑스는 과대망상마저도 위대한 인물의 특성이라고 받아들이는 나라다. 드골은 이렇게 선동한다. "나는 일생 동안 프랑스에 대해 이런 생각을 해왔다. 내 가슴속에서 프랑스는 요정 이야기에 등장하는 공주와 같았다……. 평범함은 프랑스의 국가적 특징이 아니다……. 위대함이 없는 프랑스는 프랑스가 아니다.”

개인에 우선하는 내부 지향적 공동체주의는 강력한 권위와 힘을 가진 엘리트 경영자를 만들어냈다. 그들의 힘은 수직적인 위계에서 나온다. 그리고 가족적 분위기 속에서 직원들을 보호하고 배려한다. 프랑스에서는 자신이 속한 회사가 그 사람의 사회적 지위를 대변한다. 따라서 한 기업에서 기술자로 일한다는 것은 단순히 기계를 고치거나 물건을 만들어내는 데 그치는 것이 아니라, 그 일을 통하여 훌륭한 사회인으로서의 역할을 다하는 것이다. 이와 같은 직업적 자부심은 일을 통해 국가의 비전에 기여하고 있다는 자부심과도 연결된다. 이는 한국의 정서와 매우 비슷하다. 예를 들어 포스코에 다니는 직원들은 대개 국가 기간산업에 종사한다는 생각을 가지고 있으며, 일종의 애국심이 직업에 대한 자부심을 높이고 있다.

프랑스에서 주주의 영향력은 미국에 비해 미미하다. 경영자들의 권위에 영향을 줄 수 있는 주식의 공개매입을 선호하지도 않는다. 그리고 선거는 사장에 대한 모독이다. 그들은 아래로 권한을 위임하는 데 매우 인색하다. 권위를 행사하는 것은 프랑스 경영자의 당연한 자격이며 권리로 인정된다. 따라서 프랑스의 경영자들은 조직 내에서 권위의 위기가 존재한다는 생각에 가장 민감하게 반응한다. 특히 미국을 중심으로 시도되고 있는 매트릭스 조직처럼, 한 사람이 업무에 따라 2명 이상의 상사에게 보고 책임을 갖는 조직구조에 대해 매우 혼란스럽고 바람직하지 않다는 견해를 가진 경영자들이 영국이나 미국에 비해 월등히 많다.

그렇다고 해서 프랑스 경영자들이 직원 위에 군림하는 것은 아니다. 그들은 대부분 풍부한 감정의 소유자이며, 위계가 가지는 공식성을 밀접한 인간관계로 보완한다. 이것도 한국이나 일본의 경영자들이 가진 의식과 비슷하다. 인간은 '관계' 속에서 행동하기 때문에 완전히 독립적으로 행동하는 것은 불가능하며 또한 바람직하지도 않다. 인간은 서로 다른 사람에게 영향을 주기 때문에 인간관계의 조화야말로 사회생활의 가장 중요한 목표이다. 이런 점에서 볼 때 프랑스는 가장 동양적인 유럽 국가라고 말할 수 있다.

고맥락 사회와 저맥락 사회에 대한 이론으로 유명한 에드워드 홀이 프랑스 어느 지방에서 인터뷰한 한 경영자의 이야기를 음미해 보자.

나는 그들의 행복에 대해 책임을 느끼고 있다. 건실한 경영과 적정한 이윤을 바라지만 그것은 수단에 불과하다. …… 판매가 줄고 재고가 늘면 나는 이런 생각을 한다. '우리 직원들이 주 40시간 대신 주 32시간을 일하겠구나. 로베르는 겨울 전에 완공하려고 했던 작은 집을 이루지 못하겠구나. 19킬로미터 떨어져 살고 있는 자클린은 지금까

지 소형차를 타고 새벽 5시까지 일하러 왔는데, 이제는 쌀쌀한 새벽
에 자전거를 타고 와야겠구나. 모리는 파리에 가서 공부하는 아들의
학비를 보내지 못하겠구나…….' 나는 이런 생각을 하다가 견본 상
자를 집어들고 벌떡 일어나 고객과 담판을 짓기 위해 파리로 달려가
곤 했다. 로베르가 새 집을 완공할 수 있도록, 자클린이 차에 기름을
빵빵하게 넣고 다니도록, 모리가 아들을 공부시키기 위해서. 내가 많
은 주문을 받아 돌아올 때, 나는 내 직업의 궁극적인 목표를 이루었
다는 기쁨을 느낀다.

실제로 프랑스 경영자들은 미국 경영자들보다 직원들의 생활
에 훨씬 더 깊이 접근해 있다. 유럽경영대학원 INSEAD의 앙
드레 로랑이 국가 간의 문화적 다양성에 따른 경영의 차이를
밝히기 위해서 실시한 설문조사에 따르면, 프랑스 경영자들은
'권위를 유지하기 위하여 직원들과 일정한 거리를 유지하는
것'에 대해 미국의 경영자들보다 훨씬 더 부정적으로 보고 있
다. 그들의 권위는 마치 한 가정의 아버지나 형이 가지고 있는
것과 비슷하며, 경영자는 가족처럼 직원을 돌보고 배려해야
한다고 믿는 경향이 강하다.

일본의 중간조정경영

일본인들은 힘을 추종한다. 그들은 한국인들처럼 뒷전에서 남

을 험담할 때, 그 사람은 나쁜 사람이다 또는 나는 그 사람을 좋아하지 않는다고 말하지 않는다. 대신에 그는 힘이 없다, 그는 영향력이 없다고 말한다. 좋다 나쁘다, 옳다 그르다 대신 일본인들은 힘이 있다 없다라고 이야기한다. 그들에게 힘과 영향력은 옳은 것이다. 일본 총리가 토니 블레어에게 "나는 부시 행정부를 향하여 꽁지가 빠져라 꼬리를 흔드는 강아지이다"라고 한 농담 속에는 강한 진심이 담겨 있는 것이다.

일본의 조직은 위계적이다. 그들은 권력이나 책임을 가진 사람들을 공개적으로 비난하거나 도전하는 것을 꺼린다. 상대방의 사회적 지위를 나타내는 언어를 사용하고, 지위 높은 사람들을 차별적으로 대우하는 것을 당연시한다. 직장 내의 위계도 많다. 하지만 흥미로운 점은 그러면서도 권위주의의 폐단이 적다는 점이다. 그것은 조직에서 위, 아래 그리고 중간의 역할이 다르기 때문이다.

미국 경영은 조직 면에서 수평적으로 보이지만, 아래로부터의 경영 참여에 인색하며 위로부터의 통제와 관리라는 방법을 선호한다. 그러나 일본인들은 아래와 위의 역할을 구별한다. 노나카 이쿠지로는 이것을 '중간조정경영(middle-up-down management)'이라고 부른다. 중간관리자가 위와 아래로부터 정보를 통합하고 조정하는 중심 역할을 한다는 것이다. 실제로 최고 경영층은 조직의 최하층 현장에서 무엇을 하는지 잘 모른다. 최상층과 최하층에서 제기되는 관점을 통합하는 임무를 맡은 것이 중간간부다.

노나카에 따르면, 중간간부의 역할은 하층에서 나오는 다양한 귀납적 사례와 의견 그리고 상층에서 나오는 가치와 정책적 연역을 중재함으로써, 모순된 요구를 조화시키고 혼란으로부터 질서를 바로잡는 것이다. 현장의 목소리를 받아들인다는 것이 일본 기업의 커다란 장점이다. 이것은 하나의 기업 문화여서 새로운 경영진이 들어서도 바뀌지 않는다. 위로부터의 장기 계획과 밑으로부터의 업무 제안이라는 체계는 최고경영자와 하부 직원 사이를 매우 긴밀하게 연결해 준다. 일본의 위계질서는 상부로부터의 단순 지시 체계가 아닌 것이다. 경영자는 직원의 제안을 받아들여 폭넓은 가치와 정책을 만들어내고, 직원은 현장에서 이를 충실히 이행함으로써 서로 공명한다. 이러한 공명이 가능한 것은 경영자들이 하부에 상당한 권한을 위임하고 있기 때문이다.

수직적 권위주의를 폐기하라

한국인에게 가장 취약한 대목은 바로 힘이 작용하는 방향이 지나치게 수직적이라는 점이다. 한국의 산업화 과정에서 권위주의적 리더십이 어느 정도 긍정적으로 작동했다는 점은 권위주의 청산을 더욱 어렵게 만든다. 특히 일제 강점기와 군사독재 시기는 한국인들의 수직적 경직성이 강화되는 결정적인 환경과 조건을 제공하였다. 하지만 정치적·사회적 민주화의 물결 속에서 개인들은 자유에 대한 목소리를 높여왔고, 인터넷 확산을 통해 한국은 가장 빠르게 수직적 경직성을 깨고 수평적 정보 전달을 구가하는 대표적인 나라로 바뀌고 있다. 이것은 한국인들이 타고난 권위주의자가 아니라는 반증이다.

그러나 한국인들은 '얼굴이 있는 관계'를 가정하는 조직 속에서 여전히 자유롭지 못하다. 그래서 코리아니티가 가지고 있는 반(反) 21세기적인 가치 가운데 대표적인 것 하나를 들라면 나는 '수직적 권위주의'를 꼽겠다. 이것은 관계 중심적인 코리아니티를 수직적으로만 작동하게 만들어버린 고질적 패턴이다. 나는 '수직적 권위주의'라는 부정적 특성을 청산하는 것이 코리아니티 논의의 가장 절박한 교정 과제라고 생각한다.

권위는 존중하고 훌륭한 에너지로 활용하되, 권위주의는 반드시 극복해야 한다. 수직적 권위주의는 도처에서 수평적 속성들이 자생해 나오려는 힘을 꺾고 부러뜨림으로써 조직을 과거의 반복적 증식 속에 빠뜨렸다. 그러나 미래는 과거를 통해 축조되는 것이 아니다. 우리는 모방과 추격의 시대가 아니라 도전과 창조의 시대를 살고 있기 때문이다. 이 점이 바로 코리아니티 경영이 과거의 정체성 위에 바탕을 둔 한국적 경영이 아니라, 한국인의 잠재력과 문화적 DNA에 바탕을 둔 미래경영이어야 하는 이유다.

2장

코리아니티 핵심 5가지

"특수한 생활 조건과 관련된 조건의 산물인 미적 성향은 동일한 조건의 산물인 모든 사람들을 함께 묶어주는 반면, 그 밖의 다른 사람들과는 구분시켜 준다. …… 왜냐하면 취향이야말로 인간이 가진 모든 것, 즉 인간과 사물 그리고 인간이 다른 사람들에게 인식될 수 있는 모든 것의 원리이기 때문이다. 이를 통해 사람들은 스스로를 구분하며, 다른 사람들에 의해 구분된다."

—피에르 부르디외

한국적인, 너무나 한국적인

100년 전 한국의 모습

100여 년 전인 1901년 12월, 서른 살의 나이로 조선에 온 젊은 이가 있었다. 조르주 뒤르크라는 프랑스인인 그는 여행을 마친 뒤에 《애처롭고 부드러운 한국》이라는 책을 썼다. 그리고 그가 한국에서 보았던 인상적인 몇 장면을 프레데릭 불레스텍스라는 사람이 《착한 미개인 동양의 현자》라는 책에 다시 소개했다. 그 가운데 몇 가지를 뽑아 정리해 본다.

• 한국인들에게는 황인종 특유의 찡그린 인상이 없다. 찡그린 얼굴은 일본인들의 지나치게 예의바른 가식적 웃음과 중국인들의 잔인한 웃음 이면에 숨어 있는 본래 모습이었다. 그러나 한국인에게는 찡그린 얼굴이 없다. 한국인들은 긍정적이고 솔직하고 인간적인 면모가 돋보이는, 진정한 사람의 얼굴을 가지고 있다. '자연인'

이라는 이미지가 바탕을 이룬다.

• 가진 것이 없어도 한국인은 행복하다. 즐거움이란 날마다 축제 분위기가 나는 서울의 거리 어디서나 찾아볼 수 있다. 어슬렁거리는 활보, 아이들이 질러대는 즐거운 소리, 들판의 흙 냄새와 소나무 냄새, 가볍게 거닐며 이따금 던지는 농담, 천연색 나비처럼 알록달록한 긴 웃옷이나 빛나는 흰색 옷에서 배어나는 쾌활함, 눈에 어려 있는 즐거움, 환한 색상, 삶의 햇살에서 한국인의 행복한 모습을 엿볼 수 있다.

• 한국인들은 구름 속에서 산다. 한국인을 상징하는 동물은 대체로 조류가 많다. 쓸쓸하지만 넉넉한 발걸음의 왜가리, 느리면서도 맑고 큰 새 학은 그 걸음걸이의 리듬과 흰색으로 인해 한국인을 상징하는 대상이 되곤 했다. 이 세련되고 꿈을 꾸는 듯한 가난한 민족에게 사악함이란 찾아볼 수 없다.

• 장례식은 밤에 치러진다. 한국의 장례식은 눈에 띄게 화려하고 극적이며 강력한 힘이 묻어난다. 어둠 속에서 지렁이처럼 빛나는 횃불을 밝히고 야밤에 사자를 묻으러 가는 가족의 울부짖음은 시민들의 심금을 울리는 장대한 볼거리다.

• 긴 결혼식 행렬이 한낮의 서울 거리를 지난다. 마치 한 줄기 빛처

럼. 신부는 축제의 중심인물이지만 장님에 귀머거리에 벙어리다. 신부가 앞을 보고, 귀가 들리고, 말문이 트이는 것은 오로지 신랑에게 달려 있다. 여인의 새로운 삶은 은둔자의 삶이며, 아주 가끔 베일을 써야 외출이 허락되고, 결코 목소리를 높이는 법이 없는 순종적인 삶이 되어야 한다.

• 아침마다 아이들이 발소리를 요란하게 내며 학교에 간다. 막노동꾼이라도 아이들이 한글을 배울 수 있도록 물심양면으로 지원한다. 서민층의 아이들도 양반가의 자제들과 같이 나란히 학교 의자에 앉는다. 의복은 다르지만 배우려는 열의는 모두 대단하다. 선비에 대한 존경심은 배우고자 하는 열의를 한층 더 북돋운다.

21세기 한국의 모습

조르주 뒤르크가 조선을 다녀간 뒤 100여 년이 흘렀다. 그 사이 수없이 많은 외국인들이 한국을 다녀갔다. 그 중에서 한 젊은 미국인의 눈에 비친 한국의 모습 몇 장면을 들여다보기로 하자. 2002년에 출간된 스콧 버거슨의 《발칙한 한국학》에 나오는 것들을 정리한 내용이다.

• 한국 여성들은 결혼한 뒤에 사나운 곰으로 변해버린다. 한국은 아마 성(性, sex)이 셋인 유일한 나라 같다. 남성, 여성 그리고 아줌마.

• 세계에서 가장 오래된 문명을 가진 나라 가운데 하나지만, 한국인
들은 열렬히 새것을 좋아한다. 출고한 지 5년 이상 된 차들은 서울
거리에서 흔하게 볼 수 없다. 그리고 다들 새 아파트를 좋아한다.

• 한국은 예의를 강조하는 나라다. 그러나 길거리에서 사람들은 서
로 밀치고 발을 밟기도 하며 큰소리로 떠들기도 한다.

• 유교적인 나라라서 노인 공경이 사회의 공식 규범이다. 그러나 실
상은 딴판이다. 패션, 출판, 엔터테인먼트, 여가 산업 등은 모두 젊
은이들을 겨냥한다. 한국은 젊은이들의 세상이다. 젊은이들은
'세상을 다 가져라' 라는 주문을 받는다.

• 한국 문화의 기본 정서는 한(恨)이라는데, 일상생활에서 그런 무
거운 감정은 존재하지 않는 것 같다. 가벼움과 경박함이 그 자리를
대신하고 있고, 지나치게 진지한 것은 촌스러운 구닥다리로 금기
시되고 있다.

• 한국 예술의 멋은 자연스러움에 있다는데, 한국은 가짜와 인위적
인 것들의 천국이다. 이태원이나 동대문시장에 가면 가짜 명품이
판을 치고, 한국 여성들은 엄청나게 진한 화장을 하며 성형수술을
한다. 그러지 않았다면 지금의 반만큼도 예뻐 보이지 않았으리라
는 것이 공공연한 비밀이다. 한국 여성들에게 자연미란 말도 안 되

는 이야기다.

- 한국 사람들은 남들과 똑같이 구는 것을 '쿨' 하다고 생각한다. 독특하고 별난 사람들은 조금 못났다고 여긴다. 맥도날드나 버거킹에서 쓰레기 같은 패스트푸드를 먹으면 '쿨' 하다고 여긴다. 미국 사람들은 패스트푸드점에서 식사하는 것을 별로 자랑스럽게 여기지 않는데 말이다.

- 한국인들은 세계에서 가장 잘 발달한 대중교통 체계를 가지고 있으면서도, 자가용을 몰고 교통 정체에 갇혀 시간을 낭비하는 방법을 선택한다. 참 이상하다.

100년 동안 달라지지 않은 것들

두 외국인의 눈에 띈 이 몇 장면만 가지고도 100년간 한국의 변화를 단숨에 읽을 수 있다. 내가 외국인의 눈을 통해 한국의 변화를 읽어보려는 생각을 한 것은 당연히 외국인들이 자국민들보다 문화적 차이에 훨씬 민감하기 때문이다. 《나의 문화유산 답사기》를 쓴 유홍준은 한국의 국토가 곧 박물관이요 역사적 감동의 공간이라고 말한다. 그런데 이 책을 보고 《녹두장군》의 작가인 송기숙이 이렇게 말했다고 한다. "자네가 그 책을 쓴 것은 서울 사람이기 때문이야. 나 같은 시골 사람은 그걸 보고 감동받지 않아. 자네는 봄에 모내기를 해서 물이 찰랑거리는 것도 아름답다고 썼네." 우리에게 당연해 보이는 일상이 외국인의 눈에는 차별성과 감동으로 다가올 수 있는 것이다. 이들의 관점으로 보면 100년 사이에 한국이 눈에 띄게 달라진 점으로 다음 몇 가지를 꼽을 수 있다.

첫째, 여성들의 사회적 지위가 달라졌다. 이제 여성들은 조용히 갇혀 지내도록 강요받지 않는다. 여성들은 더 이상 자연적이지도 않다. 한국은 제왕절개와 성형의 천국이 되었다. 또한 흥부네처럼 아이를 주렁주렁 낳아 스스로를 평생의 질곡에 빠뜨리지도 않는다. 둘만 낳아 잘 기르자고 하더니, 이제는 한 자녀 두는 것도 꺼리는 젊은 부부가 많다.

둘째, 노인의 시대에서 젊은이의 시대로 바뀌었다. '나이는 곧 지혜'라는 농촌 공동체의 규범은 사라졌다. 마흔이 넘으면 극심한 사회적·경제적 감가상각을 당해 쉽게 조로한다. 한국은 젊은 세대들의 천국이 되었다.

셋째, 느린 활보, 쓸쓸함, 느닷없는 농담, 여유 있고 넉넉한 걸음걸이가 사라졌다. 세련되고 꿈을 꾸는 듯한 인간적인 사람들은 '빨리빨리' 속으로 사라져버렸다. 한국은 조용한 아침의 나라에서 역동적인 낮의 활동과 밤의 쾌락이 지배하는 나라가 되었다.

그러나 놀라운 것은 언뜻 보기에 전혀 다른 삶의 풍광처럼 다가오는 100년의 간격 사이로 변하지 않은 이면의 공통점들을 쉽게 찾아낼 수 있다는 점이다. 마치 옷을 바꿔 입고 화장을 고쳤지만 여전히 같은 사람인 것처럼 말이다.

첫째, 먼저 눈에 띄는 것은 '우리 속의 나' 라는 정신적 틀이다. 남과 똑같이 구는 것을 '쿨' 하다고 느끼는 것은 한국인들이 가진 공동체주의의 일상적 표현이다. 한국인들은 집단에서 떨어져 나와 소외되는 것을 두려워한다. 그래서 기를 쓰고 자신이 속한 공동체의 손색없는 일부가 되고 싶어 한다. 그러나 한국인들은 공동체주의 속에서도 늘 '나' 를 잊지 않는다. 가족과 가문을 중요시하지만, 사촌이 땅을 사면 배가 아픈 것이 바로 한국인이다. 그것은 위선적이고 못됐기 때문이 아니라, 자의식이 강하기 때문이다. 한국인들은 적어도 다른 사람만큼은 성취해야 하고, 더 달려 나가지 않고는 참기 어려운 개인주의자들이기도 하다.

둘째, 한국인의 중요한 공통점은 '생기' 다. 한마디로 다이내믹하다. 가난하지만 즐겁고 어렵지만 찡그린 얼굴이 적다는 것은 정신적 싱싱함의 표현이다. 어디에서든 왁자지껄하게 서로 몸을 부딪치고 비비며 산다. 그 약간의 부딪힘과 비빔은 정색하며 사과해야 할 일이 아니라, 살면서 자연스럽게 스치고 마주치는 당연한 섞임의 과정이다. 그것은 어쩌면 알 수 없는 인연의 시작인 것이다. 한국 예술의 기본적 표현은 면이나 형태, 색이 아니고 선이다. 선이 한국인들의 생기와 역동성을 가장 잘 드러낼 수 있는 표현 방식이기 때문이다.

셋째, 한국인의 또 다른 특성은 이중적 가치의 공존과 상생이다. 느림과 빠름, 노인에 대한 공경과 젊은이의 세상, 오랜 전통과 새것 선호, '우리'라고 말하면서도 '나'를 앞세움, 여성의 수동성과 아줌마의 힘, 한의 무거움과 가벼운 일상, 자연미의 추구와 성형 붐, 온순함과 공격성이 공존하는 것이다.

넷째, 끈질긴 생명력과 흥청거림이다. 봉건시대 탐관오리들의 만성적 수탈, 일제 식민지의 모욕, 한국전쟁, 독재정권 아래서의 숨막힘 …… 가난과 억압과 불안의 시대를 살아오면서도 한국인들은 쓰러지지 않았다. 어려운 현실은 한으로 쌓였지만 이내 흥이 되어 터지고, 울음은 해학과 웃음 속으로 흩어졌다. 고통스런 삶은 발효하고 곰삭아 어깨춤으로 표현되었다. 한국인들은 늘 밝은 미래를 기대하며 긴 안목으로 끈기 있게 살아왔다.

다섯째, 누구나 한국인의 특성이라고 입을 모으는 2가지는 바로 배움과 근면이다. 막노동꾼도 꿈을 버리지 않고 아이들을 교육시킨다. 한국인들은 선비를 모델로 삼았다. 선비는 평생 배우는 학인(學人)이며, 학문을 굽혀 세상에 아부하는 곡학아세(曲學阿世)를 수치로 아는 기개가 있었다.

글로벌리제이션은 우리에게 세계로부터 정보와 지식을 수신할 수 있는 열린 안테나를 아주 많이, 아주 높이 설치할 것을 요구한다. 그러나 글로벌리제이션이라는 동전의 뒷면에는 로컬리제이션이라는 다른 숙제가 기다리고 있다. 우리는 스스로의 내부를 탐색할 또 다른 센서를 아주 많이 그리고 아주 깊이 설치하지 않으면 안 된다. 우리가 세계화의 밑천으로 쓸 수 있는 것은 결국 한국적인 토속성이기 때문이다.

'한국적 특수성의 세계적 보편화' 라는 과제가 바로 글로벌리제이션과 로컬리제이션이라는 모순을 화해시키며 번영할 수 있는 바람직한 접근법이라면, 한국인의 특수성은 무엇일까? 코리아니티, 그것이 무엇이든 우리는 그것을 받아들이고 계발하고 활용함으로써 세계적인 차별성으로 만들어내야 한다. 개인이 자신만의 강점을 활용해서 성공의 길을 열듯이, 한 사회는 문화적 특수성을 성장 엔진으로 활용해야 한다.

이제 경영의 현장에서 유념하고 활용해야 할 코리아니티에 대해 자세히 검토해 보도록 하자. 자신의 정보와 지식은 자기가 쓸 수 있는 핵심 전략의 내용과 방식을 결정한다. 그것은 위대한 전략의 두 요소, 곧 '너를 알고 나를 알면' 의 절반을 차지한다.

코리아니티 1 — 남들만큼은 되어야 한다

고맥락 사회, 한국

미국인들이 항상 남의 눈에 띄고 싶어 하는 데 비해 한국인들은 남들에 뒤지지 않는 정도를 바란다. 한국인들은 학교나 집단에서 왕따당하지 않고 어울려 사는 법을 터득하려고 애쓰지만, 미국인들은 자신이 특별한 존재로 보이도록 하려고 애를 쓴다. 미국 아이들은 독립적인 행동을 하도록 교육받지만, 한국 아이들은 자신의 행동이 영향을 미칠 다른 사람들의 감정을 미리 고려하도록 교육받는다. 마음을 읽는다거나 눈치 빠르다는 것은 이런 경향을 표현한 말들이다.

한국인과 미국인의 차이는 이렇게 한 사회 속에서 개인을 어떻게 보느냐에 따른 문화적 이질성에서 비롯된다. 리처드 니스벳은 《생각의 지도》에서 동양인들은 사회에 존재하는 수많은 상호의존적 단서들을 통해 끊임없이 상호의존적인 사람이 되도록 유도(점화, priming)되고, 서양인들은 독립적 단서들을 통해 독립적인 사람이 되도록 늘 점화된다고 주장했다. 그렇기 때문에 누구든지 독립적인 사회에서 살면 독립적 단서에 노출되기 때문에 독립적인 방법으로 사고하게 되고, 상호의존적인 사회에서 지내면 상호의존적 단서에 점화되어 상호의존적인 방법으로 사고할 가능성이 높다는 것이다. 이 견해가 옳다면, 우리는 한 사회나 조직의 가치체계와 정서가 어떻게 후손들에게 전파되고 복제되는지에 대한 한 가지 설명방식을 가지게 된 셈이다.

인류학자인 에드워드 홀(Edward Hall)은 서양과 동양의 차이를 저맥락(low context) 사회와 고맥락(high context) 사회라는 구분을 통해 설명한다. 저맥락 사회로 구분되는 서양에서 개인은 맥락에 속박되지 않은 독립적이고 자유로운 행위자이며, 이 집단에서 저 집단으로 이 상황에서 저 상황으로 쉽게 옮겨 다닐 수 있다. 그러나 고맥락 사회인 동양에서는 인간이 서로 긴밀하게 연결되어 있는 유동적인 존재이기 때문에 주변 맥락의 영향을 크게 받는다. 고맥락 사회에 살고 있는 한국인들은 당연히 개인의 자유보다는 관계 속에서의 책임을 중요하게 생각한다.

이는 한국인이 왜 그토록 칭찬에 인색한지를 잘 설명해 준다. 유교 전통에 따르면, 인간관계를 지배하는 원칙은 마땅히 지켜야 할 사회적 역할에 근거한다. 그래서 마땅한 일을 했을 때, 감사 표시나 칭찬의 말을 잘 해주지 않는다. 예를 들어 딸이 어머니를 도와 설거지를 했다고 해서 어머니가 고맙다는 말을 하지는 않는다. 그것은 딸이 해야 할 마땅한 일이며, 특히 가까운 사람끼리 도움을 주는 것은 당연한 의무와 책임으로 여기기 때문이다. 내가 누군가의 도움에 대해 고마움을 표현할 때, 가장 많이 듣는 대답은 "제가 당연히 했어야 할 일입니다"라는 말이다. 이런 사람을 우리는 성숙하고 훌륭한 사회인으로 인정하고 칭찬한다. 반대로 당연한 일을 하지 않는 사람들은 비난의 대상이 되기 쉽다. 한국 사회는 칭찬보다는 자신에게 주어진 사회적 책임과 역할을 중요시하는 관계 지향성을 문화적 특징으로 한다.

그러나 관계를 이해하는 방식에서 동양의 여러 나라가 모두 같지는 않다. 예를 들어 한국인과 중국인은 오륜(五倫) 같은 사람 사이의 관계원칙을 준수하면서도 개인이 개성을 유지하는 데 반해, 일본에서는 개인이 집단 속으로 완전히 융합되기를 요구한다. 일본인들에게 일탈의 경계는 숨 막힐 정도로 제한되어 있다. 그들은 지하철에서조차 자신들의 공간을 벗어나지 않을 뿐 아니라, 다른 사람이 자신의 공간으로 들어오는 것을 용납하지 않는다. 신문도 반으로 접어서 다른 사람의 공간을 침범하지 않도록 조심한다. 그것은 타인에 대한 배려이기도 하지만, 벽돌담 속의 벽돌 한 장처럼 답답한 일이라서 한국 사람들은 잘 견디지 못한다.

한국인들은 지하철에서 다리를 벌리고 앉아 옆 사람의 눈총을 받기도 하지만, 옆 자리가 비면 자기도 다리를 좀 벌리고 앉을 수 있다는 것을 잘 이해하고 있다. 그 정도의 숨통은 서로 터주며 사는 것이다. 길을 가다가 좀 부딪쳐도 미안하다는 말을 잘 하지 않는다. 그것은 무례한 것이 아니라 거리에서 만난 그 수많은 사람들과 아무런 '관계'도 없기 때문에 지켜야 할 예의도 없는 것이다. 그냥 그렇게 조금씩 부딪히고 섞이며 걷는 장소가 길인 것이다.

한국인의 한과 화병

이렇게 서로 다른 역사와 문화, 가치관 속에서 살아온 사람들을 하나의 스탠더드를 정해 거기에 맞추라고 강요한다면 어떤 현상이 벌어질까? 사회적 좌절을 맞은 한국인과 미국인의 전형적인 예를 자세히 들여다보자.

어느 사회에서나 개인은 사회적 억압을 받을 수 있고, 좌절할 수 있고, 분노를 느낄 수 있고, 억압을 참는 데서 오는 스트레스 때문에 심리적 장애를 겪을 수 있다. 그런데도 유독 한국인 특유의 질병으로 화병을 꼽는다. 시인 고은은 "한국인은 한의 자궁에서 태어나 한의 젖을 먹고 자라고, 한을 견디며 살아가고, 한을 남기고 죽는다"고 말한다. 실제로 한국인들은 '억압된 삶에서 비롯한 분노'라는 의미에서 한을 품고 살아왔다.

한이 민족적 심리장애라면, 화병은 개인적 심리장애라고 할 수 있다. 그 둘의 원인은 같다. 한과 화병은 분노의 억압에서 비롯한 것으로, 만성적인 분노와 공포 그리고 가슴이 답답한 느낌을 동반한다. 한은 개인들에게 흔한 화병이 민족 차원에서 쌓이고 곰삭아 '끈적거리는 줄' 처럼 이어지는 것으로 이해된다. 그렇다면 정말로 한이 한국인 다수의 정서이고 문화적 특성일까? 매릴랜드 대학의 정치학 교수이며《글로벌 시대 한국인의 가치들 Korean Values in the Age of Globalization》을 쓴 프레드 앨퍼드(C. Fred Alford)는 이 책에서 연구 과정 중 겪은 일화를 소개하고 있다.

나는 화병을 주제로 한국인 정신과 의사, 심리학자 그리고 45명의 한국인들과 이야기했다. 이들은 대부분 화병을 일종의 분노라고 말했는데, 젊은이들보다는 노인들이 더 잘 알고 있었다. 젊은이들은 대체로 화병을 부정했다. "우리는 분노를 안에 쌓아두지 않아요. 밖으로 표출해버리죠. 화병은 우리 어머니들의 병이에요"라고 말한다. 그러나 어느 정신과 의사는 짤막하게 말했다. "20년만 더 살아 봐요. 그러면 그 젊은이들도 알게 될 테니."

도대체 분노의 억압이 한국인 특유의 심리장애가 된 이유는 무엇일까? 미국인들에게는 화병 같은 억압된 분노가 없을까? 신기하게도 미국인들은 화병에 잘 걸리지 않는다. 그 대신 다른 장애를 겪는다. 미국인들은 사회구성원을 짓누르기보다는 낙오시키는 데 더 익숙하다. 따라서 상사에게 인정받지 못하는 미국 남자들은 가정에서도 아내에게 버림을 받고 결국 삶의 의미를 잃은 채 사회의 구석으로 밀려난다. 결국 그들은 쾌락에 빠지거나 상처받은 자존심을 회복하기 위해 성형수술을 하거나 다이어트와 운동에 몰두하는 자기애를 가장 위대한 사랑이라고 착각하는 지경에 이른다. 가정과 사회에서 낙오된 미국 사람들은 결국 인격장애를 겪는 것이다. 크리스토퍼 래슈(Christopher Lasch)는 이것을 '자기도취의 문화' 라고 부른다.

그러나 한국인의 다수는 낙오되어 떨어져 나오기보다는 억압받지만 집단 속에 남아 있는 길을 택한다. 실제로 한 조사에 따르면 한국인의 약 60퍼센트, 한국 대학생의 약 70퍼센트가 자신에게 일어날 수 있는 가장 나쁜 일로 '모든 관계에서 벗어나 고립되는 것' 을 들었다. 따라서 한국인들은 분노를 표출해서 낙오되는 대신 차라리 분노를 참고 집단 속에 남는 길을 택하기 때문에 화병이 민족적 심리증후군으로 고착된 셈이다. 화병은 주변에 신경을 써야 할 사람들은 너무 많지만 진정한 관계는 아주 드문 상황에서 생기는 심리적 장애다.

관계 지향적인 한국인

한국인과 미국인은 왜 이렇게 다르게 생각하고 행동할까? 한국인은 집단주의적이고 미국인은 개인주의적이기 때문일까? 실제로 한국인들이 가장 좋아하는 감정은 조화, 호감, 정 그리고 공동의 이념적 목표를 추구하는 데서 얻는 '가족적 소속감'인 것으로 나타났다. 한국인은 고립과 고독을 최악으로 생각한다. 반대로 미국인들은 자신을 집단에 맞추어야 할 필요를 느끼지 않는다. 그들은 스스로를 자율적이고 독자적인 개인으로 규정한다. 그러나 이것이 독립과 자유라는 긍정적인 요소로만 해석되는 것은 아니다. 알렉시스 토크빌은《미국 민주주의》에서 이 부분을 희망과 공포의 이중성으로 표현하고 있다. 그는 "조상을 잊고 동료를 무시함으로써 개인을 영원히 홀로 남겨두어 결국 자기 마음의 고독 속에 가둬버리게 될 것이며 …… 독자적인 삶을 얻을 수는 있으나 그것은 죽음보다 더 나쁜 삶이며 …… 개인을 홀로 남겨둠으로써 다수의 영향력 앞에 무방비 상태로 만든다"고 경고했다. 한국인들은 집단에 어울리기 위해 해야 할 일이 무엇인지를 잘 알고 있으며, 미국인들은 다른 사람의 생각을 따라가면서도 그것이 자신의 독자적 생각이라고 오해하고 있다는 것이다.

이 같은 사고의 차이는 민족성 안에 깊이 뿌리박혀 있다. 서구 문명의 중요한 축을 이루는 그리스 문명을 탄생시킨 그리스인들은 다른 문화권에서 찾아보기 드물게 개인의 자율성에 대한 신념을 가지고 있었다. 다시 말해서 그리스인들은 자신의 삶은 스스로 주관하는 것이므로 원하는 대로 자유롭게 행동할 수 있다는 확신을 가지고 있었다. 그들은 인간을 '독특한 특성과 목표를 가진 개별적 존재'로 이해했고, 이를 바탕으로 한 그리스 문화는 자신을 주장하는 논쟁의 문화를 꽃피웠다. 그리스인들에게 개인이 특정 상황에 구속되어 있지 않은 독립적 존재였다면, 유교 문화권에서의 개인은 '특정 집단에 소속된 구성원'이었다. '나'라는 존재는 타인과의 관계맺음과 그 속에서 부여되는 역할들의 총체일 뿐, 결코 독립된 존재가 아니다. 결국 그들의 정체성은 역할에 따라 결정되므로 역할이 바뀌면 정체성도 바뀌게 된다. 상황에 따라 '다른 나'가 되는 것이다. 이러한 차이는 언어에서도 잘 드러난다. 한국어는 '내가'와 '제가'처럼 자신을 표현하는 말이 상황에 따라 다르며, 종종 주어를 생략해버림으로써 아주 많은 불특정 다수 속으로 자연스럽게 숨는다. 서술어 역시 높임말이 있고, 조금 높임말이 있고, 하대를 하는 말이 따로 있다. 그러나 영어에서는 대문자 'I'가 나를 나타내는 유일한 말이다.

한국인은 사물들을 전체 맥락 속에서 파악하고자 한다. 그래서 전체를 고려하지 않고 부분만 떼어내 이해하는 것을 매우 미숙한 사고방식으로 여긴다. 세상은 단순하지 않기 때문에 어떤 사건을 이해하려면 그와 관련된 많은 요인들을 함께 고려해야 하는 것이다. 또한 지나치게 논리적으로 문제를 해결하려는 사람은 미숙한 인간으로 취급받는다. 따라서 한국인들은 논쟁을 논리적 설득의 방법으로 사용하기보다는 일체감을 깨는 갈등으로 이해하는 경향이 짙다. 논쟁을 시작하기 전에 이미 나와 그 사람은 적대적 관계로 인식되고, 따라서 열받을 준비가 되어 있는 것이다. 논리 이전에 관계가 먼저 설정되기 때문이다.

관계 지향적인 한국인들은 공동체를 떠나서 살기 어렵다. 공동체에 대한 충성심도 대단히 높다. 따라서 미국인들에게 적합한 '떼어내기', 예를 들어 해고나 스핀오프(spin off)가 한국인에게는 매우 치명적인 감정적 공황을 낳는다. 그래서 조직으로부터 직원을 떼어내는 프로세스는 매우 신중하게 진행되어야 하며, 적절한 보완 장치 없이 적용하면 심각한 부작용을 일으켜 쓰지 않은 것만 못한 결과를 낳는다.

코리아니티 2 — '우리' 속의 '나'

집단 속의 자아와 개인적 자아의 조화

한국의 대기업에서 1년 정도 근무한 한 외국인은 이 재벌 기업이 가지고 있는 유교적 가치관은 단지 무늬일 뿐이라고 주장했다. 예를 들어 연공서열, 집단적 조화 등은 개인들이 서로의 이해관계를 따져서 사용하는 껍데기 명분이라는 것이다. 젊은 직원들보다 나이든 직원들이 그런 생각에 더 공감하는 이유는 그들이 젊은 세대보다 전통적 가치체계를 더 신봉하기 때문이 아니라, 그런 명분이 자신들에게 이익이 되기 때문이라는 것이다. 그가 느낀 한국 사회의 모습은 말로는 '우리' 라고 부르지만 사실은 '나' 가 우선인 사회, 곧 공동체주의로 포장된 개인주의가 만연한 곳이다.

'우리' 와 '나' 의 혼재 현상은 한국인의 언어 습관에서도 나타난다. 한국인은 서구인들이 매우 곤혹스러워할 만한 상황에까지 '우리' 를 사용한다. '우리 마누라' 같은 말이 그 대표적인 예다. 요즘 젊은이들은 마누라나 아내, 처라는 말 대신에 와이프라는 영어를 즐겨 쓴다. 그래도 여전히 '내 와이프' 보다는 '우리 와이프' 라고 표현하는 사람이 훨씬 많다. 아내를 부르는 단어는 영어로 바뀌었지만, '우리' 라는 복수 소유격을 사용하는 정신적 틀은 여전히 바뀌지 않은 것이다.

한국을 위선적인 사회 또는 안팎이 다른 이중적인 사회로 인식하는 선입견과 왜곡만 떼어내면, 한국인들이 '우리 속에 나를 가지고 있다' 는 것은 매우 정확한 관찰이다. 한국인들은 '우리' 라는 집단 속에 자아를 심어두는 데 익숙한 문화적 DNA를 가지고 있다. 미국적 개인주의와 일본식 집단주의 사이에 한국인들이 자리 잡고 있는 것이다. 한국인들은 '우리' 와 '나', 공동체와 개인이라는 2가지 속성을 다 아우르고 있는 셈이다.

한국에는 유별나게 유파가 많다. 학연을 따지고 혈연을 따지고 지연을 따진다. 물론 미국이라고 해서 이런 집단주의가 없는 것은 아니다. 미국의 대통령 후보들도 대부분 자신의 출신 지역에서 압도적인 지지표를 얻는다. 그들 역시 자기 지방 출신의 인물이 대통령이 되었을 때 얻게 될 이익과 자부심을 중요하게 여기기 때문이다. 문제는 한국인들이 유별나게 연고에 따라 배타적인 내집단을 형성하고 있다는 점이다. 작은 조직 내에도 줄이 다르고 파가 다르다. 같은 내집단에 속하면 서로 끌어주고 밀어준다. 그러나 그렇지 않으면 배척한다. 한때 일본인들은 이런 한국인의 특성을 과장하고 왜곡하여 당파싸움으로 나라를 망친 민족이라는 이미지를 만들어내기도 했다. 그동안 학연, 지연, 혈연을 바탕으로 한 한국의 '끼리끼리' 문화가 수없이 비판의 대상이 되었지만 여전히 형태만 바꾸어가면서 건재하다. 미국식의 수평적 개인주의도 아니고, 일본식의 수직적 집단주의도 아닌 '우리' 속의 '나'라는 코리아니티의 본질은 무엇일까?

격과 파격

한국인들은 왜 우리라고 부르면서 나를 앞세울까? 앞에서 보았듯이 한국인들은 관계 중심적인 고맥락 사회에 살고 있다. 이는 세대를 거쳐 오면서 확고한 사회적 가치와 정서적 기상도가 되었다. 따라서 한국인들은 관계를 떠나서는 살기 어렵다. 그러나 그 관계 속에 묻혀 살기에는 너무도 역동적이다. 한국인들에게는 '격(格)'이라는 개념이 있다. 격이란 위계질서상의 격식을 의미한다. 격은 바로 세상 속의 '자신의 자리'이다. 그러나 또한 한국인들은 그 격을 '때에 따라 넘나드는 틀'로 이해한다. 이것이 바로 '우리 속의 나'라는 한국적 개인주의의 본질이다. 일본인들에게도 격이 있지만 그것은 '넘나듦이 가능치 않은 고정석'이다. 그래서 일본인들은 격식에서 자유롭지 못하다.

'우리라고 부르면서 실제로는 나를 앞세우는 위선적인 한국인'이라는 한 외국인의 소감은 한국에 대한 표피적인 이해에 불과하다. 그는 한국인들이 집단 속의 자아와 개인적 자아를 모두 끌어안고 조화를 이루려 애쓴다는 사실을 미처 알지 못한 것이다. 또한 한국인들의 집단적 자아가 점점 흐려져 젊은이들 사이에 치열한 개인주의가 팽배하다는 지적도 일부 현상에 편중되어 있어 객관적 사실이 되기에는 부족하다. 한국인은 집단과 개인 사이에 머물며 그 둘 사이의 갈등 속에서 균형과 조화를 이루기 위해 애쓰고 있다는 것이 가장 적절한 표현이다. 이것은 위선이 아니라 현실적 고뇌의 모습이다. 다음의 자료는 이 같은 갈등 구조를 분명히 표현하고 있다.

한국 직무스트레스학회가 전국의 직장인들을 대상으로 조사한 결과에 따르면, 73퍼센트가 잠재적 직무 스트레스에 노출되어 있다. 게다가 22퍼센트는 고위험 스트레스에 시달리고 있는 것으로 조사되었으니, 전체 직장인의 95퍼센트가 직무 스트레스를 가지고 있는 셈이다. 이것은 일본 61퍼센트, 미국 40퍼센트, 유럽연합 28퍼센트의 수준을 훌쩍 뛰어넘어 세계 최고 수준이다. 스트레스의 내용도 판이하다. 미국인들은 주로 직무 내용이나 성과에 대한 스트레스가 주를 이루는 반면, 한국인들은 주로 상사와의 갈등이나 집단주의 조직문화, 비공식적 직장문화 때문에 스트레스를 받는 것으로 나타났다.

이는 한국인들이 집단적이고 공동체적인 조직문화에 적응하는 데 어려움을 겪고 있다는 사실을 객관적으로 보여준다. 일본의 스트레스 수준도 61퍼센트로 매우 높은 편이지만, '조직 속의 자기 자리'에 대한 일본인들의 순응정신은 사람 사이에서 벌어지는 상처를 완화시켜 준다. 그러나 집단주의적인 동시에 주어진 자리를 뛰어넘어 자아를 실현해야 한다는 비전을 버리지 않는 한, 한국인들은 이 사이에서 늘 갈등을 겪고 스트레스가 증폭될 수밖에 없다. 이 엄청난 스트레스는 가장 괜찮은 해결책, 곧 충실한 조직구성원으로서 역할을 수행하면서도 자아의 목표를 잃지 않는 길을 찾아내려 하는 데서 생겨나는 긴장으로 해석된다.

'우리 속의 나'라는 코리아니티는 경우에 따라 치명적인 고질처럼 발현될 수 있다. 그것은 조직 속에 분파가 생기면서 집단과 유파 사이에 배타성과 폐쇄성이 강화되는 현상이다. 학연, 지연, 혈연 자체가 폐단이라기보다는 그렇게 구성된 내집단이 외부 세계에 대해 표시하는 적대감과 폐쇄성이 문제이다. 또한 수직적 관계망이 수평적 관계망보다 훨씬 강하게 연결되어 있기 때문에, 권위주의적 일방통행 구조로 특화된 내집단이 아주 쉽게 만들어진다. 이런 현상은 창조성과 자율성이 질식된다는 점에서 치명적 폐단이 아닐 수 없다.

그러나 반대로 '우리 속의 나'라는 코리아니티가 강력한 긍정적 에너지로 특화될 수 있다. 바로 공동체의 논리와 집단성

속으로 개인이 매몰됨으로써 기계의 톱니바퀴와 나사로 전락
하는 폐단을 막아주는 것이다. '조직은 개인의 성장을 지원할
때만 의미를 갖는 현장' 이라는 미국식 개인주의가 아니라, '공
동체의 성장과 더불어 함께 나아가는 개인' 이라는 집단의식이
개인의 자아와 함께 발전해간다는 것은 매우 다행스러운 문화
적 유산이 아닐 수 없다.

다양성과 창조성

판소리의 소리꾼이 자기를 실현해가는 과정처럼, 나는 '우리
속의 나' 라는 코리아니티가 그것을 모델로 삼아 발전하는 것
이 바람직하다고 생각한다. 판소리는 '판' 이라는 점에서 관중
을 필요로 하는 한국의 대표적 무대예술이다. 관객이 없으면
판이 이루어지지 않는다. 공연자는 소리꾼과 반주자인 고수
두 사람으로 단출하고, 소리마당은 클 수도 있고 작을 수도 있
다. 공연 팀이 단출하다는 것은 판이 어디서나 쉽게 벌어질 수
있다는 장점을 가지고 있다. 그러나 판이 어디서나 벌어질 수
있다고 해서 아무나 소리꾼이 될 수 있는 것은 아니다. 소리꾼
이 되려면 천부적 역량을 타고나야 하고 오랜 기간 수련을 통
해 공력을 쌓아야 한다는 점에서 판소리는 전문가 음악이다.
그러나 판소리는 대중들이 알기 쉽고 좋아하는 장단 구조와 노
랫말 그리고 사설의 내용을 통해 가장 대중적인 음악으로 발전

해 왔다. 서양음악에서는 가수가 노래를 부르면 청중은 숨을 죽이고 들어야 한다. 그러나 판소리에서는 청중이 '얼씨구', '좋다' 같은 추임새로 흥을 돋우지 않으면 판이 살지 않는다. 평론가들은 판소리의 멋으로 가슴에 와 닿는 이야기, 웃고 울리는 해학과 골계, 변화무쌍한 장단, 능청스러운 연기, 1인 연주와 1인 독창, 청중의 참여와 어울림을 꼽는다.

한국의 판소리에는 여러 유파가 있다. 무슨무슨 '제' 혹은 누구누구의 '제' 라고 하는 전통음악의 유파는, 기본 골격은 같으면서 소리꾼이나 지역에 따라 미세한 맛의 차이가 나는 것을 뜻한다. 예를 들어 같은 대본의 〈춘향가〉를 노래하더라도 소리와 맛의 감흥이 각각 다른 것이다. 판소리의 고장 전라도만 하더라도 섬진강을 경계로 하여 소리의 맛이 다르다. 운봉, 구례, 순창 등 섬진강 동쪽 지역에서 유행하던 동편제는 웅혼하고 장쾌한 남성적 맛을 지니고 있다. 그런가 하면 섬진강 서쪽의 광주, 나주, 보성, 강진 등에서 널리 불리던 서편제는 애련하고 섬세하여 매우 여성적이다. 똑같은 판소리지만 지역에 따라 맛이 다르기에 서로 다른 이름을 얻은 것이다.

크게는 지역에 따라 다르지만, 작게는 개인의 특기가 가미되어 유파를 만들어낸 예도 많다. 그것은 가야금 산조에서 쉽게 찾아볼 수 있다. 가야금 산조라는 하나의 틀 속에 최옥산류, 김죽파류, 김병호류, 함동정월류, 성금련류 등 다양한 유파가 병존하고 있다. 왜 한국의 음악에는 이렇게 지역적으로나 개인적으로 유파가 많은 것일까? 서양음악은 박자 하나를 놓쳐서도 안 되고 음표 하나를 고쳐서도 안 된다. 작곡가의 의중과 감정을 그대로 표현해야 명연주가 된다. 그런 의미에서 서양음악은 작곡자 위주의 음악이다. 그러나 판소리는 악보가 없다. 악보가 없다는 점이 판소리의 세계화에 장애가 된다고 하여 서양식 오선지에 기보화하려는 노력이 계속되고 있지만, 악보가 없다는 점은 판소리의 특성이며 매우 중요한 코리아니티라고 할 수 있다.

예술은 표준과 획일을 가정한 과학이 아니다. 예술은 개별화를 속성으로 하는데, 정형을 거부한다는 점에서 판소리는 가장 예술적인 음악이라고 할 수 있다. 판소리는 대략의 틀을 가지고 있지만 연주자와 소리꾼에 따라 얼마든지 변용이 허용되며, 청중의 어울림에 따라 창법이 변하는 속성을 가지고 있다. 판소리는 작곡자의 음악이 아니라 소리꾼과 반주자의 음악이다. 스승에 따라 그리고 자기가 이루어낸 득음의 경지에 따라 무한한 가변성을 가지는 것이 바로 판소리다. 따라서 수없이 다른 맛을 가진 소리꾼들이 생겨나고, 다시 그 밑에 제자들이 생기고, 이윽고 그들이 득음하여 또 다른 유파를 만들어가는 것이다. 소리꾼 중심의 판소리는 판에 따라 즉흥성이 더해져 판마다 버전이 달라지는 미세한 변곡과 변주가 가능한 음악이다. 나는 이것이 한국 음악의 다양성이며 창조성이라고 생각한다.

지역에 따라 동편제와 서편제로 갈라지고, 스승에 따라 계보가 갈라지며, 이윽고 자신이 커가면서 자기만의 계보를 하나 더 만들어가는 이 증식성이 바로 한국식 개인주의의 방향과 목표가 되어야 한다. 한국인에게 공동체는 자궁이다. 자신을 품어준 집단의 탯줄을 통해 배우고, 경험하고, 실험하면서 그 집단을 빛낼 또 하나의 전문가로 성장해간다. 그리하여 스스로 훌륭한 추종자를 보유하는 또 하나의 유파를 만들어낼 수 있는 것이다. 예를 들어 기업 속의 작은 기업가가 되어 자신의 기업을 이끄는 경영자처럼 활동하다가 때가 되면 진짜 자신의 회사를 차려 독립하며, 모기업과 우호관계를 맺고 훌륭한 동지와 파트너로서 관련 영역을 공유하고 협력하는 비즈니스 클러스터를 만들어가는 것은 기업에게나 개인에게나 멋진 기회일 것이다.

코리아니티 3 —모순을 껴안는 힘

or 문화와 and 문화

이희승은 〈멋〉이라는 수필의 첫머리에서, "우리 문화의 특징으로서 가장 현저한 것이 무엇이냐고 묻는 친구가 있기에 나는 '멋'이라고 대답한 적이 있다"라고 썼다. 왜 한국인은 파격을 통해 새로운 조화에 이르는 멋을 문화적 특성으로 배양하게 되었을까? 나는 그것이 '모순을 껴안을 줄 아는 힘'에서 나온 것이라고 본다.

그리스의 철학자들은 '이것 아니면 저것(either or)'의 이분법적 사고방식에 집착했다. 그들에게 '모순'은 반드시 해결해야 할 숙제였다. 어떤 주장이 다른 주장과 모순관계에 있다면, 둘 가운데 하나는 반드시 그릇된 것이어야 했다. 이러한 '비모순의 원리(principle of noncontradiction)'는 형식논리에서 가장 기본이 된다.

지금의 미국인들 역시 그렇다. 하나가 옳으면 반대쪽에 서 있는 다른 하나는 논리적으로 옳을 수 없다. 미국이 낳은 가장 거친 대통령으로 꼽히는 부시는 그런 의미에서 가장 미국적인 인물이다. 그가 세계인들의 눈에 '좀 멍청한 고집불통' 처럼 보이는 이유는 외교에서도 이 방법을 사용하고 싶어 하기 때문이다. 그에게는 친구가 아니면 적이다. 따라서 적의 친구는 적이다. 이분법적 사고가 지배하는 문화권에서는 언제나 '선택'이라는 단어가 큰 의미를 가진다.

그러나 한국인들은 '이것 아니면 저것' 을 선택하라고 할 때 마음이 편치 않다. 이것은 이것대로 옳고 저것은 저것대로 옳은 이유가 있기 때문이다. 우리는 '이것 아니면 저것', 곧 or의 문화권에 속해 있지 않다. 한국인들은 '이것이면서 저것', 곧 and의 문화권에 속해 있다. and 문화의 핵심은 음양의 원리이며, 상극과 상생의 원리가 지배하는 가치체계이다. 음양은 '서로 반대이면서 동시에 서로를 완전하게 만드는 힘', '서로의 존재 때문에 서로를 더 잘 이해할 수 있는 힘' 의 관계이다. 한국인에게 세상은 늘 변하며 모순으로 가득 찬 곳이다. 따라서 어떤 일의 경과를 이해하기 위해서는 반드시 그 반대의 경우도 함께 고려해야 한다. 지금은 옳다고 여겨지는 것이 변하여 나중에는 그렇지 않게 될 수도 있기 때문이다.

음양오행론은 우주 생성과 변화론의 결합이며 인식과 실천의 체계다. 그것은 지식인들만의 사상체계가 아니라 조선의 상식이었다. 수키와(둥근 기와)와 암키와(평기와)를 요철로 결합한 것, 한 개의 둥근 숟가락과 두 개의 긴 젓가락을 한 벌로 삼은 것, 음양이 혼재하는 태극문양 등 음양오행론은 한국의 생활과 문화의 바탕을 이루는 문화적 유전자인 것이다. 음악도 이에 벗어나지 않는다. 노래가 되려면 길고 짧은 소리가 섞여야 한다. 그것이 장단(長短)이고 음양의 어울림이다. 국악에서 장단을 맞추는 가장 기본적인 악기는 장구다. 장구의 악보를 보면 음계가 음양의 모음으로 표시되어 있다. ○은 구멍이니 음이다. 왼손으로 왼쪽 북을 치며, 어둡고 깊다. I은 막대기니 양이다. 오른손에 채를 쥐고 북을 치며, 밝고 가볍다. '①'은 음양을 합친 모습이다. 왼손과 오른손의 채를 함께 치라는 뜻이다. 이 같은 장구의 기본음을 구음(말로 하는 노래, 곧 음을 말로 나타낸 것)으로 표시하면 더욱 재미있다. I은 '꿍'이다. ○은 '덕'으로 구음된다. ○과 I을 합친 '①'은 '떵'이다. 그래서 장구 소리는 '떵덕꿍 떵덕꿍'으로 표현된다. 한국인에게는 일상의 모든 것이 음양의 조화다.

음양과 오행은 상생의 조화다. 상생(相生)은 서로 살린다는 말이다. 서로 돕고 이해하며 더불어 산다는 뜻이다. 그러나 이 세상에는 상생만이 아니라 상극(相克)도 있다. 세상은 상생과 상극의 관계로 넘친다. 이것이 현실이다. 그러나 우리는 상극과 상생 모두를 훌륭한 변화의 원리로 활용할 수 있다. 이것이 동양사상의 원천이고, 음양오행의 원리이다.

예를 들어 나무가 자라려면 씨앗이 오랫동안 땅 속에서 발아해야 한다. 이때 물이 꼭 필요하다. 물은 나무에게 생명력을 준다. 이것이 수생목(水生木)이다. 나무는 봄이 되면 물에서 생명력을 받아 무럭무럭 자란다. 그러나 한없이 자랄 수는 없다. 가을이 되면 상극의 원리에 따라 성장의 기세가 억제되고 가지가 마르면서 열매를 맺는다. 상극의 원리, 곧 금극목(金克木)은 나무의 성장을 억제하면서 스스로를 다듬어갈 수 있도록 도와준다. 시련 없는 성장은 없으며, 성장을 통해서만 발전해갈 수는 없는 것이다. 한동석은 《우주 변화의 원리》에서 "상극작용은 상생작용과 함께 생을 견실하게 한다. 극(克)으로써 해하고자 하는 것이 아니라, 오히려 만물을 생성하려는 목적으로 그렇게 하는 필요극(必要克)이다. …… 발전과 통일을 위한 모순 대립이다"라고 말한다.

중용의 도

유가의 중요한 행위규범인 '중용의 도(中庸之道)'는 극단으로 치우치는 것을 경계한다. 서로 대립하는 의견이나 사람들에게도 제각각 일리가 있다는 가르침이다. 유교·도교·불교 모두 '조화', '부분보다는 전체', '사물의 상호관련성'이라는 공통 관심사를 가지고 있다. 세 철학에 공통적으로 존재하는 종합주의(holism)는 우주의 모든 요소가 서로 관련되어 있다는 믿음을 바탕으로 하고 있다. 이러한 사유 때문에 한국인들은 어떤 대상을 전체 맥락에서 따로 떼어내어 분석하는 일에 거부감을 느낀다. 서로 복잡하게 얽혀 있는 세상사를 개인이 완전히 통제할 수 있다는 생각 역시 오만한 착각인 것이다.

모순에 대한 태도에서 드러나는 동서양의 차이는 매우 뿌리 깊은 근원을 가지고 있다. 동양 문화권에 속한 사람들은 변증법적 사고라 불릴 만한 사고방식을 가지고 있었는데, 그것의 가장 큰 특징은 모순되는 주장을 타협을 통해 수용하는 것이다. 동양인들의 이 같은 특성을 리처드 니스벳은 다음 3가지로 정리했다.

하나, 변화의 원리(the principle of change)이다. 동양의 사고에서 우주는 정적인 곳이 아니라 역동적이고 변화 가능한 곳이다. 어떤 것이 현재 어떤 상태에 놓여 있다는 것은 그 상태가 곧 변할 것이라는 징후로 간주된다. 현실은 끊임없이 변동하기 때문에 현실을 반영하는 개념들 역시 고정적이고 객관적이기보다는 유동적이고 주관적이어야 한다.

둘, 모순의 원리(the principle of contradiction)이다. 우주는 끊임없이 변하기 때문에 대립(oppositions)과 역설(paradoxes),

변칙(anomalies)이 늘 발생하며 신·구, 선·악, 강·약이 모든 사물에 동시에 존재한다. 대립은 서로를 완성하고 보완하는 기능을 한다. 모순관계에 있는 두 주장이 역동적인 조화의 상태로 존재하며, 서로 대립적인 동시에 서로 연결되어 상호통제한다. 도는 '존재하는' 동시에 '존재하지 않는' 것으로 규정된다. 존재와 부재는 상생하는 것이다.

셋, 연관성 또는종합론의 원리(the principle of relationship, or holism)이다. 변화와 대립에 대한 그러한 견해는 어떤 사물도 다른 것들과 고립된 채 독립적으로 존재하지 않으며, 모든 것은 다른 무수한 것들과 관계를 맺고 있다는 생각으로 자연스레 이어진다. 따라서 어느 하나를 진정으로 알기 위해서는 그것이 연관되어 있는 다른 것들의 관계를 알아야 한다.

동양인들은 자신의 선택을 정당화해야 할 때, 명백한 원리에 의존하기보다는 절충점 혹은 중도적 입장을 추구한다. 비모순의 원리에 충실한 미국인에게서는 좀처럼 나타나지 않는 모습이다. 그러나 비모순에 대한 미국인들의 집착은 때로 극단적 판단을 내리게 만든다. 이러한 경향성은 동서양 철학자 모두가 염려하는 극단적 논리주의의 병폐이다. 다음 2가지 사례는 서양의 논리에 부합하지 않지만, 모순적 진실이 서로 얼마나 잘 공존할 수 있으며 훌륭한 교훈이 될 수 있는지를 보여주는 수많은 사례 가운데 일부이다.

모순, 창조의 에너지

난(蘭)을 치지 않은 것이 이미 스무 해
우연히 천성따라 그려져 나왔구나
문을 닫고 깊이 찾아드니
여기가 바로 유마의 불이선(不二禪)이구나

완당 김정희의 글이다. 참으로 오랜만에 난초를 그렸는데 우
연히 자연의 모습 그대로 잘 그려졌구나. 문을 닫고 곰곰이 생
각해 보니 유마거사와 문수보살이 문답한 내용처럼 '둘이 하
나구나' 라는 뜻이다. '네가 아프니 나도 아프다' 는 유마경의
진리는 '너는 나의 뿌리며, 나 또한 너의 뿌리' 라는 화엄경의
연기론(緣起論)으로 이어진다. '둘이 하나' 라는 불교의 진리
를 유학을 오래 공부한 학자가 체득해 알게 되었으니, 그 깨달
음이 유불을 넘나든다. 둘이 하나라는 깨달음은 서양철학으로
는 이해되지 않는다. 아마 '의식의 결핍' 에 지나지 않는다고
여길 것이다. 그러나 그 모순이 지혜의 깊이를 더한다.

유교와 함께 동양사상의 기조를 이룬 불교는 더욱 이중적이
고 모순적이다. 예를 들어 명말의 고승 지욱(혹자는 명초의 선
승 묘협의 어록이라 하기도 한다)이 한 말로, 세간에 회자하고
있는 《보왕삼매경》은 다음과 같은 모순적 지혜로 가득 차 있
다. 그리고 이 10가지 삶의 원칙에 법정이 이런 주를 달아놓았

다. "우리가 살아가는 이 세상이 사바세계라는 사실을 다시 한 번 상기해 주시길 바랍니다. 극락도 지옥도 아니라는 거예요. 사바세계. 참고 견딜 만한 세상. 여기에 삶의 묘미가 있습니다. 가끔 외우시면서 생활의 지혜로 삼기 바랍니다."

첫째, 몸에 병 없기를 바라지 말라. 몸에 병이 없으면 탐욕이 생기기 쉽다. 그래서 성인이 말씀하기를 "병고(病苦)로써 양약(良藥)을 삼으라" 하셨느니라.

둘째, 세상살이에 곤란이 없기를 바라지 말라. 세상살이에 곤란이 없으면 제 잘난 체하는 마음과 사치한 마음이 일어난다. 그래서 성인이 말씀하기를 "근심과 곤란으로써 세상을 살아가라" 하셨느니라.

셋째, 공부하는 데 마음의 장애가 없기를 바라지 말라. 마음에 장애가 없으면 배우는 것이 넘치게 된다. 그래서 성인이 말씀하기를 "장애 속에서 해탈을 얻으라" 하셨느니라.

넷째, 수행하는 데 마(魔)가 없기를 바라지 말라. 수행하는 데 마가 없으면 서원이 굳건해지지 못한다. 그래서 성인이 말씀하기를 "모든 마군으로써 수행을 도와주는 벗을 삼으라" 하셨느니라.

다섯째, 일을 계획하되 쉽게 이루어지기를 바라지 말라. 일이 쉽게 풀리면 뜻이 경솔해지기 쉽다. 그래서 성인이 말씀하기를 "많은 세월을 두고 일을 성취하라" 하셨느니라.

여섯째, 친구를 사귀되 나의 이로움을 바라지 말라. 내가 이롭고자 한다면 의리가 상한다. 그래서 성인이 말씀하기를 "순결로써 사귐을 깊게 하라” 하셨느니라.

일곱째, 남이 내 뜻대로 순종해 주기를 바라지 말라. 남이 내 뜻대로 순종해 주면 마음이 교만해진다. 그래서 성인이 말씀하기를 “내 뜻에 맞지 않는 사람들로 무리를 이루라” 하셨느니라.

여덟째, 공덕을 베풀 때는 과보를 바라지 말라. 과보를 바라면 불순한 생각이 움튼다. 그래서 성인이 말씀하기를 “덕 베푼 것을 헌 신처럼 버리라” 하셨느니라.

아홉째, 분에 넘치는 이익을 바라지 말라. 이익이 분에 넘치면 어리석은 마음이 생기기 쉽다. 그래서 성인이 말씀하기를 “적은 이익으로써 부자가 되라” 하셨느니라.

열째, 억울함을 당할지라도 굳이 변명하려고 하지 말라. 억울함을 변명하다 보면 원망하는 마음을 불러일으킨다. 그래서 성인이 말씀하기를 “억울함을 당하는 것으로 수행의 문을 삼으라” 하셨느니라.

나는 한국인의 멋이 바로 이런 모순을 견디고 껴안는 힘에서 나오며, 그 내면적 모순들이 서로 갈등하고 회통하는 가운데 파격을 만들어내어 이윽고 새로운 조화의 길로 나아가게 된 것이라고 생각한다. 한국이 과거에 중국의 막강한 영향력 아래 있으면서도 그 거대한 문화적 블랙홀로 휘말려 들어가 사라지지 않은 이유 역시 중국을 배우되 그것을 넘어서려는 일탈과 파격의 힘을 통해 독자적 문화를 이루어 왔기 때문이다.

　원효와 의상의 불교사상, 퇴계와 율곡으로 이어지는 유학사상, 세종대왕에서 다산으로 이어지는 과학사상은 중국의 것을 받아들이고 소화하여 집대성함으로써 그것을 능가한 것이다. 또한 동양의 서예사, 그러니까 세계의 서예사에서 완당의 자리는 확고하다. 당시 청조와 일본을 통틀어도 그에 필적할 만한 서예가는 없었다는 것이 전문가들의 견해다. 청조학(靑朝學) 연구가인 후지츠카 지카시는 완당을 '청조학 연구의 제1인자'라고 불렀고, 《완당 평전》을 쓴 유홍준은 동양 서예사의 대맥을 남북조시대의 왕희지, 당나라 구양순, 송나라 소동파, 원나라 조맹부, 명나라 동기창 그리고 청나라의 완당 김정희라고 평가한다.

만일 한국인에게 음풍농월하는 여유와 낭만이 없었다면 옛 선비들의 청빈낙도는 궁상에 가까웠을 것이며, 세사를 달관하는 초탈이 없었다면 유불선을 통합하여 풍류도(風流道)라는 멋진 정신세계를 이루어내지도 못했을 것이다. 결국 모순을 껴안는 힘은 내면에서 그 모순을 회통시켜 새로운 조화와 균형을 창조해내는 한국의 에너지라고 할 수 있다. 이때 모순은 갈등으로 그치는 것이 아니라 창조의 동인(動因)이 된다.

코리아니티 4 — 거친 생명력과 흥청거림

다이내믹 코리아

한국인들은 거칠다는 느낌을 준다. 자동차를 타고 나가면 그 거침이 금방 느껴진다. 논쟁은 곧 감정의 폭발로 이어지고 누구도 쉽게 사과하지 않는다. 음식점에 앉아 있으면 왁자지껄하다. 다들 떠들고 웃고 술잔을 부딪친다. 밤은 낮보다 더 흥청거린다. 자정이 지나도 술집은 여전히 활기로 가득하다. 지구상에 서울의 밤처럼 유혹적인 도시는 없다. 한국의 젊은이들은 저녁이 익어가야 비로소 깨어나기 시작한다. 이는 다이내믹 코리아의 한 풍광이다.

"조선 놈들은 두들겨 패야 말을 듣는다"는 비아냥거림은 역설적이게도 우리가 얼마나 다이내믹한 사람들인가를 보여주는 송곳 같은 말이다. '오~ 필승 코리아'와 '대~한민국'은 2002년에 갑자기 생겨난 정서가 아니다. 그것은 오랫동안 한국인의 가슴속에 이어져 내려온 한국인 특유의 생동감과 역동성의 표현이다. 우리는 그것을 '흥'이라고 불렀다. 신명나게 두드리는 꽹과리와 장구에서 그 역동성이 드러나고, 머리채를 돌리며 온 마당을 휩쓰는 농악의 날라리 속에서 그 흥은 갈래갈래의 선으로 허공에 흩어져 춤춘다.

대충대충 빨리빨리의 나라. 감정의 과격함이 돋보이고 그래서 공격적으로 인식되기도 하는 나라. 마음의 표현이 서투른 나라. 좀처럼 잘못했다고 사과하기를 거부하는 사람들…… 이런 의미에서 한국은 일본과 매우 대조적인 나라로 인식되기도 한다. 일본은 꼼꼼하고 보수적이고 전통에 대한 집착이 강한 나라다. 누구에게나 친절하고 부드럽고 사근사근해 보이지만 안팎이 다른 나라다. 마음에 비해 그 표현의 기교가 위에 있는 나라다. 한국과 일본을 비교하면서 우리의 또 다른 코리아니티인 거친 생명력과 흥청거림에 대해 생각해 보자. 김열규는 한국인과 일본인의 차이를 이렇게 설명한다.

한국인은 숟가락으로 밥을 먹는다. 숟가락이면 비교적 큰 동작으로 마음 편하게 먹을 수 있다. 볼 하나 가득, 온 뺨 가득 푸짐하게 먹어대는 정경은 숟가락 때문에 가능하다. 일본인들의 밥그릇은 조그맣다. 국그릇이나 물공기도 우리 것에 비해 작다. 그릇을 입에다 대고 젓가락으로 밥을 긁어 넣듯이 입에 넣는다. 크게 떠서 대강대강 대충대충은 한국인의 미덕일 수 있다. …… 조잡하고 거칠 수도 있지만 한국인들은 그것을 그럴듯하게 승화시킬 줄 알았다. 꼼꼼하고 자잘하고 세심한 일본인들의 속성 역시 장점일 수 있다. 우람함과 섬세함, 이 것이 한국과 일본의 얼굴이다.

일상에서 엿보이는 한국인과 일본인의 차이는 이 정도에 그치지 않는다. 그것은 두 나라의 미의식에 근본적 차이를 만들어내는 정신세계의 차이기도 하다. 김정기는 《한국의 건축과 미의식》에서 이렇게 말한다.

우리의 목조건축이 하나의 조형미술로서 건축물 전체를 미적 대상으로 삼는 데 반해, 일본의 목조건축은 건축 전체의 조형미는 거의 잃어버리고 단지 건축을 구성하는 부분적인 요소에만 치밀하고 복잡한 장식적 의장을 부가하여, 건축을 부분적인 공예품의 집합체로 타락시키고 말았다.

박경리는 일본에 대해 훨씬 더 가혹하다. 김용옥과 가졌던 한 대담에서 그는 이렇게 말했다.

스사노오 노미코토[素淺鳴尊, 天照大神(아마테라스 오오미카미)의 남동생]의 이야기가 말해주듯이 일본의 역사는 처음부터 정벌과 죽임입니다. 사랑을 몰라요. 본질적으로는 야만스런 문화입니다. 그래서 문학작품에서도 일본인들은 사랑을 할 줄 몰라요. 맨 정사뿐입니다. 치정(癡情)뿐이지요. 그들은 본질적으로 야만스럽기 때문에 원리적 인식이 없어요. 이론적 인식이 지독하게 빈곤하지요. 그리고 사랑은 못하면서 사랑을 갈망만 하지요. 우리나라 사람들이 어디 문인(文人)의 자살을 찬양합디까? 걔들은 맨 자살을 찬양합니다. 아쿠타가와(茶川龍之介), 미시마(三島由紀夫), 카와바다(川端康成) 모두 자살해 죽지 않았습니까? 그들은 그들의 극한점인 로맨티시즘을 극복하지 못할 때 죽는 겁니다. 센티멘털리즘의 선이 너무 가냘퍼서 출구가 없는 겁니다. 걔들에겐 호랑이도 없고, 용도 다 뱀으로 변합니다. 난 이 세상 어느 누구보다도 일본 작품을 많이 읽었습니다. 그런데 내 연령의, 내 주변의 사람들조차 일본을 너무도 모릅니다. 어린 아이들은 말할 것도 없구요. 일본은 정말 야만적입니다. 걔들한테는 우리나라와 같은 민족주의도 없어요. 걔들이 야마토다마시이(大和魂) 운운하는 국수주의류 민족주의도 모두 메이지(明治)가 억지로 날조한 것입니다. 일본은 문명을 가장한 야만국(civilized savages)이지요.

일본인들은 자세하고 세기(細技)에 강하다. 그러나 일본인들은 전체 속에서 자신의 자리를 조망하지 못한다. 그들은 자기의 자리에 갇혀 완성을 추구하지만, 지나치게 기교에 치우쳐 종종 다이내믹한 생기를 잃고 만다. 반대로 한국인들은 커다란 전체를 본다. 뒷산의 둥근 모습을 보고 그 앞에 초가를 지어 어울리게 한다. 헐렁하고 엉성하지만 그 어울림이 자연스럽고 멋스럽다. 싱싱한 생명력으로 빛난다. 그리고 그 생명력은 늘 넘쳐흐르는 흥청거림의 넉넉함으로 표현되곤 했다. 가물면 물이 흐른 흔적조차 찾기 어려운 산 속의 작은 개천이 비가 온 뒤에는 마냥 흐를 것처럼 퀄퀄 넘쳐흐르듯, 자연은 가혹함을 견디기도 하지만 있을 때 철철 넘치는 넉넉함이기도 하다.

어울림, 흥건한 삶의 현장감

이희승은 한국 멋의 한 특성이 '흥청거림'에 있다고 보았다. 나는 이 흥청거림이 곧 다양한 군상들이 서로 어울려 살아가는 맛이라고 느낀다. 흥청거림에는 '율동과 농지거리의 흥겨운 어감'이 어울려 있다. 다양한 것들이 들썩이고 서로 어울려 왁자지껄 부글거리는 것이 바로 흥청거림이다. 현실과 삶에 대한 집착과 애정이 없이는 나올 수 없는 흥건한 삶의 현장감이다. 이것은 우리 음식문화의 상징과도 일치한다. 우리 음식문화의 한 특징은 찌개와 비빔밥이다. 재료라는 재료는 다 써서 섞어버린다. 찌개의 부글거림과 구수한 냄새, 비빔밥의 어울림은 다양한 것들이 어울려 하나가 되는 엑스터시다.

자연은 규제되고 통제되지 않는다. 적절히 배분되지도 않는다. 그러나 자연은 그 자체로 가장 잘 운영되는 시스템이다. 경영되지 않으나, 가장 잘 경영되는 것보다 더 안정적인 모델이다. 한국인들은 자연에 의탁하여 자연의 생기 속에서 살았고,

이것이 기교에 치우치지 않는 생명력의 바탕이 되었다. 생명력과 기교의 문제를 좀더 깊이 생각해 보기 위해 공자를 만나보자.《논어》의 〈옹야(雍也)〉 편에 다음의 유명한 구절이 있다.

바탕이 문체보다 승하면 거칠고(野), 문체가 바탕보다 승하면 사치(史)스럽다. 형식과 내용이 고루 어울린 뒤라야 군자다.

신영복은 이 구절의 앞부분(質勝文則野, 文勝質則史)을 이렇게 해석한다. "내용이 형식보다 튀면 거칠어 보이고, 형식이 내용보다 튀면 사치스럽다." 예를 들어보자. 사회운동단체들의 플래카드는 그 주장의 정당성을 강조하다 보니 사용하는 언어가 과격해 보이기 십상이다. 이는 내용이 형식을 넘어선 상태이며 '거친(野)' 것이다. 반대로 광고 카피들은 표현의 형식이 너무 매끄러워서 내용의 견실함을 압도하는 경우가 다반사다. 이것을 '사치스럽다(史)'고 하는 것이다.

위나라 대부였던 극자성이라는 사람이 "군자는 본바탕이 좋으면 그만이지 무엇 때문에 문식을 할 것인가"라며 내용지상주의적 주장을 한 적이 있다. 요즘 식으로 표현하면 '마음이 중요하지 형식이 뭐 중요하냐' 쯤 되는 이야기다. 그랬더니 공자의 제자인 자공이 아주 재미있게 반박한다. "애석하구나. 문(文)이 곧 질(質)이고, 질이 곧 문이다. 무늬가 없다면 표범의 털 뽑은 가죽이 개나 양의 털 뽑은 가죽과 무엇이 다르랴." 내용을 담을 만한 적절한 그릇이 없으면 그 내용도 보잘것없어진다는 뜻이다. 재미있게도 주자는 이 이야기에 다음과 같은 주를 달아두었다. "극자성이 당시의 폐단을 바로잡으려고 다소 과격한 논리를 펴긴 했지만 그 잃음이 지나치고, 자공이 또한 극자성의 폐단을 바로잡으려고 했으나 근본과 지엽, 무거움과 가벼움을 구별하지 못했으니 그 잃음이 크다." 주자의 말뜻은 내용이 없으면 형식도 쓸데없는 것이니, 만일 둘 가운데 하나를 고르라면 차라리 거친 '야(野)'가 사치스러운 '사(史)'보다 낫다는 것이다.

이렇게 말로 설명하면 이해야 되겠지만 그 어울림의 맛을 느끼기엔 사뭇 부족함이 있다. 간송미술관에 있는 완당 김정희의 1미터 가까운 '史野'라는 예서 현판글씨를 보면, 내용이 형식을 살짝 넘어설 때의 아름다움을 확인할 수 있다. 글씨를 잘 볼 줄 모르는 내 눈에도 완당의 이 글씨체는 세련되었다기보다는 고졸한 생명력으로 가득해 보인다. 만년의 완당은 서예의 진수를 얻었다. 그러나 그가 추구한 것은 한국인 특유의 미의식, 곧 '껍데기를 버리고 보이지 않는 마음을 좇으려는 것'이었다. 한국인들은 어린아이가 아니라, 원숙하되 다시 어린아이의 마음을 가진 대가의 모습을 이상으로 추구해 왔다. 한국인들은 원경에서 본 어울림을 좇았고, 일본인들은 근경의 아름다움을 좇았다. 한국인들은 형태 속에 감추어진 심상(心像)를 느끼려 했고, 일본인들은 밖으로 보이는 형태의 정교함을 얻으려 했다. 그래서 우리는 대범함과 생명력으로 가득해서 거칠며, 그들은 섬세하지만 기교에 치우쳐 껍질은 얻었으나 그 속의 생명력을 잃었다.

그러나 한국인의 역동성과 생명력이 최근 들어 자연스러움을 잃고 다만 거침 그 자체로 남는 것을 종종 본다. 멋과 마음이 사라진 대강대강과 빨리빨리의 날림으로 흘렀음을 부정하기 어렵다. 흥청거림이 물질적 낭비가 아니라, 함께 어울려 즐기는 정신적 여유와 흥이었다는 점 역시 간과되었다. 조금은 거친 듯하면서도 대범하고 내면의 빛을 간직한 생기가 다시 한국인 고유의 매력이 될 수 있도록, 이 싱싱한 코리아니티를 더욱 발전시키고 진작시킬 일이다.

코리아니티 5 — 명분과 배움, 선비정신

가장 중요한 투자, 교육

한국인들에게 교육은 아이의 미래를 결정하는 가장 중요한 투자이며 부모의 책무로 여겨진다. 한국인의 교육열은 가히 세계적이다. 한국의 어버이는 아이라는 미래를 위해 어느 나라의 부모보다도 훌륭한 스폰서 노릇을 한다. 부자는 얻은 부를 잃지 않고 증식하기 위하여, 가난한 사람은 다음 대에서만큼은 가난을 벗어던지기 위해서 정성을 다하여 아이들을 가르치고 헌신한다.

1968년 포항제철은 공장을 세우기 전에 포항시 남구 효자동과 지곡동 일대에 주거단지와 학교부터 조성하기 시작했다. 포항제철의 관계자들은 직원들이 서울 쪽을 바라보며 아이들 교육 때문에 걱정을 한다면 공장이 제대로 돌아가지 않을 것이라는 사실을 훤히 내다보고 있었다. 그 후 40년 가까운 시간 동안 포스코와 포스코 교육재단의 학교들은 함께 성장해 왔다. 국화빵식의 고만고만한 졸업생을 배출해서는 한국에 미래가 없다는 절박한 지적과 공교육의 평준화 원칙 사이에서 온 국가가 교육정책의 논란 및 갈등으로 시달리는 지금, 착실히 성장한 포스코 교육재단은 우리 교육의 새로운 방향 모색에 좋은 사례가 될 것이다.

포스코 교육재단의 광양제철초중고교에는 브라질 출신 코치가 축구를 지도하고 있다. 경북 포항제철중고교에서는 러시아 출신 교사가 체조부 학생들을 지도하고 있다. 포항제철고는 2004년부터 우수학생 특기적성프로그램(HSP)을 시행하고 있다. 이 프로그램의 핵심은 포항공대 교수들과 협약을 맺고 수학, 물리, 화학 분야에 적성을 가진 학생들을 발굴하여 연간 50시간씩 개인지도를 하는 데 있다. 이런 특성화 교육의 결과로 포스코 교육재단 산하 교육기관은 해마다 과학, 외국어, 글짓기, 정보화, 예체능 등 다양한 분야에서 수많은 수상자를 배출했다.

아이들의 기질과 재능을 일찍이 발견하여 그에 적합한 길을 걷도록 교육한다는 것은 그 아이의 개인적 행복일 뿐 아니라, 한 사회의 동량을 길러내는 가장 중요한 투자라고 할 수 있다. 그러나 기술과 전문성만이 교육의 전부는 아니다. 열린 의식 구조로써 상생할 수 있는 가치관을 가진 바른 전문가들이 아니라면, 능력이 있다 하여 크게 쓸 수는 없는 일이다.

인재전쟁(talent war)이 세계 도처에서 벌어지고 있는 지금, 교육은 인재경영을 위한 절체절명의 국가적 투자이다. 배움과 인재경영을 생각할 때, 나는 공자를 가장 먼저 떠올린다. 공자를 낙후된 전통의 온상이요, 고리타분한 과거의 표본으로 생각하는 사람들도 있다는 것을 알고 있다. 그러나 천만의 말씀이다. 공자의 경쟁력은 2,500년 동안 계속되어 왔다. 4분의 1만 년을 번성한 것이다. 세계 도처에 그의 팬들이 산재해 있고, 아시아 국가들의 정신적 핵심에 그가 자리 잡고 있었다. 겨우 100년을 버틴 기업도 극소수인 점을 감안한다면, 공자의 경쟁력은 가히 비교를 초월하는 것이다. 그는 슈퍼스타다.

공자가 한때 노나라에서 '사구'라는 직책을 맡아 섭정을 한 적이 있다. 공자는 권력을 잡은 지 일주일 만에 유명한 대부였던 소정묘를 주살한 것으로 기록되어 있다. 공자같이 '어짊'을 중요시하는 인물이 권력을 얻고 나서 맨 처음 한 일이 사람을 죽이는 것이 된 셈이다. 이 일에 대하여 말이 많아지자 공자는 다음과 같이 해명했다. 이 말은 새로운 인재를 발견하기 위해서, 또한 스스로 새로운 인재가 되려고 노력하는 우리가 깊이 음미해 볼 만하다.

사람에게는 5가지의 죄가 있다. 첫째는 머리가 빨리 돌면서 마음이 음험한 것이다. 둘째는 행실이 한 쪽으로 치우쳤으면서도 고집불통인 것이다. 셋째는 거짓을 말하면서도 달변인 것이다. 넷째는 추잡한 것을 외고 다니면서도 두루두루 아는 것이 많아 박학다식해 보이는 것이다. 다섯째는 그릇된 일에 찬동하고 그곳에 분칠을 하는 것이다. 이 5가지 가운데 하나라도 있다면 죽여도 된다. 그런데 소정묘는 이 죄악을 두루 겸했다. 어찌 그를 죽이지 않을 수 있겠는가.

여기서 나는 공자가 말한 5악을 범하는 사람들이 언뜻 인재처럼 보일 수도 있다는 점을 경고하고 싶다. 실제로 당시 소정묘는 노나라 최고의 인재로 추앙받고 있었다. 능력이 있다는 것과 그것이 옳게 쓰인다는 것은 이렇게 다른 일이다. 인재를 키워낸다는 것은 기량과 함께 그 정신을 바르게 가꾸는 일이다.

의로운 기개와 호학의 정신

조선의 선비정신은 한국인의 가슴속에 아름다운 상징으로 각인되어 있다. 19세기 말 서세동점(西勢東漸)의 대세에 편승한 일제에게 강점당한 이래 100년 동안, 한국의 정신과 전통문화는 부당하게 폄하되고 버려졌다. 그것은 나라를 빼앗긴 사람들의 열등한 문화였으며, 새로운 시대에 부합하지 못하는 낡고 고루한 전통이었다. 그래서 계승하기보다는 버리고 극복해야 할 것이 되어버렸다. 그럼에도 조선시대 선비의 청빈과 기개는 호학(好學)의 정신과 함께 여전히 국민 대다수의 정서 속에 아름답게 살아 있다.

조선의 선비들은 투철한 시대적 사명의식을 가진 지식인이었다. 국가가 위기를 맞았을 때 취해야 할 선비의 처세에 '처변삼사(處變三事)'라는 것이 있다. 은둔과 망명 그리고 자결이다. 그들은 이 3가지 가운데 하나를 선택하거나, 어느 것도 적합지 않다고 생각하면 또 다른 길을 선택했다. 바로 '거의소청(擧義消淸)'이다. '의를 일으켜 적을 쓸어버리는 것'이다. 임진왜란 때 선비들의 의병항쟁이나, 1895년 을미사변으로 명성황후가 시해된 위기 상황에서 일어난 의병활동이 그 예들이다. 나라가 위기에 처했을 때, 선비들은 의병장이 되어 의병을 모집하고 조직하여 이끌었다. 하지만 평화의 시대에 선비들은 육예를 익혀 심신을 수련했다. 글을 읽고 시부를 짓는 것 말고도 말 타고 활 쏘는 정도의 무예는 익혀두는 것이 선비들이었다. 지금의 왜소한 소시민 지식인과는 달리 조선의 선비는 꿋꿋한 지조와 기개를 가지고 있었으며, 늘 깨어 수련하고 배우며 청빈과 검약을 생활화한 사람들이었다.

그러나 18세기 영조의 탕평책 아래서 이들은 권력에 길들여지고 귀족화하면서 선비의 기개인 사기(士氣)가 꺾였다. 문예부흥기의 말기에 이르러 문화가 만개한 뒤에 나타나는 퇴폐적 분위기 속에서 선비의 청빈과 기개 그리고 호학의 자세는 매너리즘에 빠지게 되었다. 연암 박지원은 18세기 말 〈양반전〉을 통해 본연의 자세를 잃어버린 선비의 타락상을 풍자하였다. 문예부흥기의 말기를 통치한 호학의 군주 정조 역시 "국가의 원기는 곧 선비의 기개인 사기(士氣)에서 나온다. 근래 사기가 저하하는 현상은 심상한 일이 아니다"라고 우려했다.

정옥자는 선비의 전공은 이른바 인문학의 요체인 문사철(文史哲)이며, 교양필수 과목은 시서화(詩書畵)라고 말한다. 철학은 유교의 경학이며, 우주와 자연 그리고 인간에 대한 해석이다. 이것은 세월이 흘러도 변하지 않는 진리와 원칙을 다룬다. 반면 역사는 변화를 다룬다. 선비들에게는 당시 세계를 의미했던 동양문화의 주도국 중국의 역사를 이해하는 것이 필수였다. 그것은 흥망성쇠의 메커니즘과 사례를 삶의 지혜로 끌어들이기 위한 노력이었으며, 세계적 수준의 안목을 얻기 위한 배움의 방식이었다. 그들은 삶의 거울이라는 뜻으로 역사서를 '감(鑑)'이라고 했다. 그리고 이렇게 파악한 진리와 깨달음을 표현하는 매체가 바로 '문(文)'이었다. 결국 경사(經史)를 배우고 익혀 진정한 삶에 이르고 그것을 글로 표현하여 여러 사람에게 알리는 것이 지식인의 책무였으며, 앎을 삶과 일치시키는 지행일치가 선비들의 가치관이었다.

지행합일의 생활철학

'수기(修己)'는 자신을 닦는 것이다. 수기는 어렸을 때부터 바른 선비가 되기 위해 배워야 하는《소학》에 바탕을 두고 있다. 조선의 선비들은 아이를 교육할 때《소학》을 텍스트로 써왔지만, 이것은 중국 송나라 때 만들어진 것이라 조선 사회에서 구체적으로 실천되기가 어려웠다. 그래서 조선의 현실에 맞는 어린이 수신 교과서가 만들어졌다. 박세무의《동몽선습》과 이이의《격몽요결》이 그것이다.《격몽요결》에는 선비가 되기 위한 처세훈인 '구용구사(九容九思)' 가 있는데, 그 가운데 구사(九思)는 450년이 지난 지금도 권장할 만한 훌륭한 내용이다.

- 시사명(視思明) : 사물을 볼 때는 가려져 어두운 곳이 없도록 두루두루 생각하라.

- 청사총(廳思聰) : 들을 때는 편견을 가지지 말고 막힌 바가 없이 들어라.

- 색사온(色思溫) : 얼굴빛을 온화하고 부드럽게 하여 화를 내거나 거친 기색이 없게 하라.

- 모사공(貌思恭) : 모습을 공손하게 하며 태도를 단정하고 씩씩하게 하라.

- 언사충(言思忠) : 말을 충실하게 하고 반드시 말한 대로 행동하라.

- 사사경(事思敬) : 일을 처리할 때는 삼가는 마음으로 경솔치 않게 하라.

- 의사문(疑思問):의심스럽고 모르는 것이 있으면 반드시 아는 이를 찾아 자세히 물어 배워두어라.

- 분사난(忿思難) : 분할 때는 참고 이치를 따져 스스로
  이겨내야 한다.
- 견득사의(見得思義) : 이익을 얻을 일이 있으면 반드시 그것이
  옳은 일인지를 생각하라.

어려서부터 선비가 되기 위해 수련을 쌓은 이들은 스무 살 전후가 되면 일종의 자격시험인 '소과(小科)'를 본다. 그 가운데 경전의 이해 정도를 시험하는 것을 생원시라 하였고, 문장이나 시 등 문학에 치중한 시험을 진사시라 하였다. 생원, 진사의 소과에 합격한 사람은 성균관에 입학하여 국비 장학생이 되거나 귀향하여 대과를 준비한다. 대과에 합격하면 비로소 벼슬길에 나가 9품관부터 시작하는 학자 관료가 되었다. 문과 합격자는 승문원에서 출발하고, 무과 합격자는 선전관에서 시작하는 것이 요직으로 가는 길이었다.

그러나 모든 선비가 과거를 본 것은 아니다. 과거를 보지 않고 학문에만 전념하는 대학자들을 산림(山林)이라 칭하며 우대했다. 출세의 길을 버린 이들은 수십 년 동안 쌓은 학문의 깊이로 학파를 이루었고, 나아가 제자들이 정계로 진출함에 따라 정계까지 주도하는 구심점이 되었다. 국가에 위기가 닥칠 때면 이런 대학자들은 국왕의 부름을 받아 정계에 초치되기도 했다. 효종을 도와 밖으로 북벌론을 제창하여 국민의 단결을 도모하고, 안으로 예치(禮治)를 주장하여 조선 중기의 재건에

결정적 역할을 한 송시열 같은 학자가 대표적인 산림이었다.

선비의 생활철학은 지행합일(知行合一) 또는 학행일치(學行一致)로 요약할 수 있다. 배움과 행동이 일치하는 일관성을 행동의 원칙으로 삼은 것이다. 그리고 자신과 남에게 같은 기준을 적용할 뿐 아니라, 때에 따라서는 자신에게 박하고 타인에게 후한 박기후인(薄己厚人)의 생활태도가 권장되었다. 이 일관성은 세력에 따라 변하는 기회주의를 용납하지 않아, 지조와 절개가 선비의 상징이 되었다. 그들은 겉으로 부드럽고 안으로 한없이 단단한 정체성을 가진 외유내강의 인간상을 지향했다. 조선 선비에게 호화와 사치는 금기였고, 그런 사람들은 사회의 공적(公敵)으로 치부될 정도였다. 그들은 청빈과 검약을 통해 스스로 겸손한 생활을 영위했다.

의리와 명분

배운 것을 실천하는 기준은 의리와 명분이었다. 의리(義理)란 사람이 지켜야 할 올바른 도리를 뜻한다. 일본인들처럼 다른 누군가에게 지켜야 할 의무로서의 의리가 아니라, 누구나 지켜야 할 마땅함을 따지는 것이다. 선비는 어떤 결정을 내릴 때마다 항상 옳고 그름을 따져서 행동해야 했다. 그러나 사람이 사는 데 옳고 그름만 따진다면 삭막하고 인정이 없을 것이다. 그래서 선비들은 의리와 인정을 적절히 보합하여 균형을 이루는 것을 잊지 않았다. 명분(名分)이란 각자의 이름에 어울리는 분수와 역할을 말한다. 조선은 명분의 사회였다. 그러나 인간이 사는 사회에서 이익을 배제할 수는 없는 일이다. 그렇기 때문에 선비 역시 명분과 개인의 이익을 합치시키려는 노력을 하지 않을 수 없었다. 그러나 부득이 하나를 택할 수밖에 없을 때는 명분을 따르는 것이 선비로서 사는 길이었다.

선비들에게 가장 어려운 마지막 지향점은 중용이었다. 더하지도 덜하지도 않고, 모자라지도 넘치지도 않는 균형과 조화야말로 선비들이 도달하고 싶어 한 중정의 상태였다. 그들은 마치 저울의 눈이 균형점을 찾기 위해 떨리듯이, 중용점을 찾기 위해 늘 깨어 있는 것을 수신의 정수로 삼았다.

선비정신은 옳고 그름을 선택의 기준으로 하되 인정을 잃지 않고, 명분을 앞세우되 실리 또한 잃지 않는 절묘한 지점을 찾으려는 노력이다. 이 같은 융통성과 열린 마음이 없다면 선비정신은 폐쇄적 엄격함으로만 작동했을 것이고, 조선의 선비는 꽁생원에 머물고 말았을 것이다. 선비의 멋은 호연지기로 불리는 이 정신적 여유와 풍류에 있다. 선비들은 책을 읽고, 시를 짓고, 그림을 그리고, 붓글씨를 쓰고, 문집을 내며 자연을 좇아 생활의 멋을 즐겼다. 이것이 일상의 생활이었으니 가난을 즐길 수 있었고, 명분을 잃지 않아 자긍심을 지킬 수 있었다. 그들은 학문을 굽혀 세상에 아부하는 '곡학아세(曲學阿世)'를 최대의 수치로 알았다.

경영은 이익을 추구하는 활동이다. 그러나 경영이 사회적 명분을 잃은 돈벌이로 전락한다면 윤리경영이란 존재하지 않을 것이고, 비윤리적 기업은 사회로부터 축출되어 마땅하다. 이것이 선비정신이 경영에 도움을 줄 수 있는 결정적 대목이다. 지나치게 많이 사용하고 버리는 경영은 비용의 경쟁력을 잃고 환경에 부담을 준다. 비환경 기업도 이제는 설 자리가 없다. 그렇기에 자연을 즐기고 검약과 절제를 추구하는 선비정신은 자연과 함께 '자발적 빈곤' 조차 즐길 수 있는 바탕이 되어줄 것이다.

쉽게 사람을 버리는 기업은 또한 인재들에 의해 쉽게 버림받을 것이다. 좋은 사람들 없이는 어떤 기업도 장기적으로 성장하고 번영하지 못한다. 인재는 오랫동안 공들여 키워지는 것이다. 올곧은 선비는 여러 뛰어난 스승과 멘토들이 도와 오랜 시간에 걸쳐 정성스럽게 만들어 배출한 동량들이다. 조직에 대해 충성심과 지극함을 가지지 못한 개인주의자들은 언제고 더 좋은 조건을 찾아 조직을 떠날 것이고, 그들에게 의리와 명분은 더 이상 선택의 기준이 되지 못할 것이다.

또한 지금 가장 훌륭한 직업인의 조건 가운데 하나는 평생을 학습할 수 있는 자세와 열정이다. 어제의 지식으로 오늘을 살 수 없을 만큼 지식의 유효기간이 짧아졌기에 학습 없는 인재란 없다. 선비정신은 곧 평생학습의 정신이다. 선비는 학인(學人)이다. 그것도 평생 배우는 사람이다. 평생 배우는 자세를 가지지 않고 전문가가 될 수는 없다. 지금처럼 호학의 기풍이 필요한 때는 없다.

윤리 원칙을 지키는 경영, 지구가 견딜 수 있을 만큼 절제된 자원의 배분, 인간에 대한 애정이 담긴 경영철학, 공동체와 상생하는 개인, 현장에서 계속되는 평생학습, 기회주의에 편승하지 않고 자신의 신념을 지키는 묵묵함, 사회적 책임을 지는 기업정신, 세계와 자연에 마음을 여는 열린 자세 그리고 새로운 패러다임을 만들어낼 수 있는 지식은 건강한 기업경영에 절대적 도움을 준다. 바로 이것이 경영 현장에서 만날 수 있는 현대의 선비정신이다. 그런데 우리는 그동안 여기서 너무 멀어져 있었다. 본래 가지고 있는 훌륭한 유산을 돌아보지 않고 그보다 못한 남의 것을 베껴와 찬양하곤 했다.

한국형 경영모델 — 이류성을 극복하는 길

5가지의 코리아니티 핵심을 골라내는 작업은 내게 무척 힘들었다. 어떤 것들은 과거의 속성이어서 지금은 더 이상 우리 것이 아닌 것들도 있었다. 또한 어떤 것들은 최근에 만들어진 것이어서 오히려 과거의 한국적 특성과는 반대의 경향을 보이는 경우도 있었다. 이 중에서 나를 가장 큰 고민에 빠지게 한 개념은 바로 '대강대강, 빨리빨리' 였다. 이것은 최근 한국의 특수성을 대변하는 가장 중요한 단어로 부각되어 왔다. 그러나 이것이 한국적 특수성인지, 아니면 시대적 요청에 따른 적응 과정인지는 분명치 않다.

조선조 한국인들의 특성 가운데 하나는 오히려 '느릿느릿, 멀리멀리' 였다. 그때에는 '은근과 끈기' 가 중요한 코리아니티로 인식되기도 했다. 한국의 '빨리빨리' 에 비해서 중국은 '만만디(慢慢的)' 의 나라였다. 그러나 중국의 현대화 과정을 보면 그들 역시 '빨리빨리' 의 나라로 급속히 전환하고 있음을 알 수 있다. 중국인들은 매우 냉소적으로 말한다. "이익이 있는 곳에는 빨리빨리, 이익이 없는 곳에는 만만디"가 그들의 새로운 생활방식이 되었다.

한국인들에게 시간은 이중적이다. 때로 그것은 쏜살같이 한번 지나가 버리면 다시는 돌아오지 않는다. 그때 시간은 돈이다. 그러므로 빨리빨리 일을 해치우는 것이 경제적이다. 시간에 비례하여 비용이 커지기 때문에 신속한 의사결정은 비용을 감소시킨다. 그러나 한국인들은 때로 시간은 그렇게 사라져가는 것이 아니라 쌓여가는 것이라고 생각한다. 이때의 시간은 삶의 두께이다. 시간이 쌓일수록 경험도 늘고 삶의 지혜도 늘어난다.

이렇게 곰삭은 시간을 삶의 친구로 인식하는 문화의식은 역시 이에 걸맞는 경영관을 만들어내었다. 예를 들면 그동안 평생고용을 선호해 온 한국의 정서는 시간과 함께 누적되는 경험이 인간을 지혜롭게 한다는 것을 가정한 고용 형태였다. 또한 한국인들은 일본인들과 함께 미국인에 비해 훨씬 더 장기적인 관점에서 계획하고 투자한다. 따라서 보상의 방식도 다르다. 지금의 성과는 과거의 투자와 노력의 결과이기 때문에, 지금 어떤 경영자가 성과를 냈다고 해서 이것을 당대의 성과로 인식하지는 않는다. 그것은 지금의 경영자뿐 아니라 과거 경영자의 업적이라는 관점이 작용했기 때문이다.

그러나 최근 미국식 성과주의와 주주 자본주의가 도입되면서 단기성과를 묻는 투자자들의 압력이 거세졌다. CEO의 영향력이 더 커지고 화려해졌지만 수명은 훨씬 단축되었다. CEO의 수명에서조차 '빨리빨리' 신드롬이 나타나고 있다. 이 같은 조급함은 멀리 미래를 내다보고 투자하는 건강한 경영을 저해한다. 단기성과주의에 따른 주주 중심 자본주의의 원조인 미국보다도 한국 CEO들의 수명이 짧은 것은 미국의 방식을 무차별 적용한 데 따른 폐단이다. 실제로 전문경영인보다 오너 경영자들이 훨씬 더 장기적 안목의 건강한 투자를 했고 결과도 성공적이었다.

장기적 안목의 투자 역시 한국적 특수성의 하나였고, 성공적 추격을 이루게 한 중요한 요인이었다. 그런 의미에서 한국인이 토끼인지 거북이인지는 불명확하다. 그래서 나는 '대강대강, 빨리빨리' 를 별도의 코리아니티로 보는 대신, 때로 '느릿느릿, 멀리멀리' 라는 모순을 통해 해결해야 할 상생과 조화의 문제로 인식했다. '모순을 껴안고 견디는 힘' 이라는 코리아니티 안으로 편입시킨 것이다. 때로는 빨리 때로는 천천히 갈 수 있도록 경영의 모순과 갈등을 풀어가는 원숙함에 의존하는 것이 바람직할 것이다.

나는 여기에 제시한 5가지 코리아니티가 의미 있는 분류이기를 바란다. 그러나 이것은 매우 초보적인 작업의 결과일 뿐이다. 정말 중요한 것은 분류의 문제가 아니라 자연스러운 문화적 강점인 코리아니티를 잘 발견해내고 끊임없이 계발하고 활용하여 효과적이고 강력한 한국적 경영모델을 만들어내는 것이다. 이것이 모방에서 비롯하는 이류성을 지양하는 길이며, 문화적 부작용과 거부반응을 최소화하는 길이다. 이를 통해 비로소 우리는 불필요한 상처와 시행착오에 휘둘리지 않을 것이다.

21세기의 흐름과 코리아니티

'코리아니티와 세계화' 라는 주제를 탐구하면서 내가 발견한 점은 21세기의 흐름과 코리아니티가 매우 잘 어울린다는 것이다. 전문가들은 21세기 미래 조직의 운영과 개인의 활동에 결정적 영향을 미치게 될 키워드로 글로벌리제이션, 기술, 속도, 지적자본과 지식, 고객화, 지속적 성장 등을 꼽는다. 여기서는 이 핵심적 요소들과 코리아니티의 공유 지점에 대해 간단히 스케치해 보자.

글로벌리제이션

현재 25개 국가로 구성된 유럽연합은 3억 규모의 미국 인구보다 1.5배나 되는 4억 5,000만 명의 경제적 클러스터를 만들어 내는 데 성공했다. 그리고 미국과 비슷한 11조 달러의 GDP 규모를 가지게 되었다. 새롭게 유럽의 일부가 된 폴란드, 헝가리, 슬로바키아, 체크공화국 등 신규회원국들은 지난 10년간 미래에 대한 흥분과 낙관 속에서 놀라운 성과를 이루어냈다. 새로운 시대의 경영자들은 자기 앞에 놓인 기회와 성공에 들떠 있고 끊임없이 배고파한다.

물론 유럽연합이 아무런 문제를 가지지 않은 것은 아니다. 자국 이기주의와 관료주의는 여전히 커다란 장애물이다. 각국의 정부는 어렵게 얻은 주권을 보호하기 위해 안간힘을 쓸 것이다. 그러나 유럽연합은 지난 15년 동안 통합화를 위해 긴 길을 걸어왔고, 놀라울 정도로 빨리 하나가 되어가고 있다. 글로벌 경쟁 압력이 유럽연합의 강력한 연계를 가속화하는 역할을 해주고 있기 때문이다.

중국은 불도저다. 지난 20년간 눈부신 성장을 했고, 중국인들은 자신감에 차 있다. 물론 중국의 찬란한 성장에 문제가 없는 것은 아니다. 무작정 도시로 몰려드는 농촌인구, 국가 경제의 대부분을 이루고 있는 방대한 국영기업들, 엄청난 규모의 부실채권을 떠안고 있는 국영은행들 그리고 사회 전체적인 부패의 만연 등은 중국 경제의 발목을 잡는 요소들이다. 그러나 지금까지 보여준 빠른 속도의 거대한 성장력 앞에서 이런 문제들은 풀기 어려운 숙제가 아니다.

중국은 다른 나라에서 결코 만들어낼 수 없는 비용의 격차를 만들어내고 있다. 저임금이 가능한 엄청난 노동인력과 급속하게 늘고 있는 최첨단 분야의 고학력 엔지니어들이 공존한다.

게다가 그들은 새벽에 출근하여 밤늦게 퇴근하는 노동윤리를 가지고 있다. 일주일에 6일은 그렇게 보낸다. 중국은 세계의 공장이 되었고, 이제 모든 나라의 두려운 장벽이 되었다. 그러나 중국은 또한 시장이다. 일본과 달리 중국은 초기 발전단계부터 외국인들의 투자에 대해 비교적 개방적이고 적극적이다. 따라서 중국은 또 하나의 거대한 새 시장이며, 아웃소싱할 수 있는 선택의 기회이며, 잠재력을 가진 훌륭한 비즈니스 파트너가 될 수 있다.

세계화 시대에 성공하는 조직이 되려면 지구적 감수성에 따른 범세계적 동질성을 수용하고 기회로 삼을 수 있는 시야와 인식을 가져야 한다. 그리고 동시에 지역문화적 차이가 존중되는 이질성을 차별적 가치로 전략화할 수 있어야 한다. 따라서 경영자는 '세계적이면서 지역적이어야 하는 모순과 역설'의 과제를 풀어내지 않으면 안 된다. 한국은 모순과 역설을 견디고 껴안는 데 능숙한 문화적 DNA를 가지고 있다. 이제 경영은 모순을 다루어 균형과 조화를 만들어내는 기술 및 지혜라 할 수 있다. 경영은 과학이며 또한 예술인 것이다. 장기적 안목의 투자와 단기수익의 균형을 맞춰야 하고, 변함없는 기업이념과 끊임없는 변화 및 혁신이 병존해야 하며, 이윤 추구를 넘어선 목적과 실질적 이윤이 조화를 이루어야 한다. 훌륭한 경영은 or 문화권보다는 and 문화권과 잘 어울린다. 이미 짐 콜린스(Jim Collince)와 제리 포라스(Jerry Porras)는 모순적 가치를 가진 둘 가운데 하나를 선택하기보다는 두 모순적 가치를 조화시키는 경영이 위대한 기업들의 공통점이라고 설파했다. '모순을 건디고 조화시키는 힘'은 서구인들에게는 새로이 배우고 익혀야 할 과제이지만, 한국인들에게는 이미 주어진 문화적 유산이다.

기술

기술은 세상을 더 작고 빠르게 만들었다. 기술 자체가 놀라운 것이 아니라, 그것이 사람이 살아가고 일하는 방식을 근본적으로 바꾼다는 점이 중요하다. 거리는 소멸되었고, 물리적 공간보다 인터넷 접속이 중요해졌다. 인터넷은 제품과 서비스의 전혀 새로운 유통을 가능하게 했다. 기술은 바이오 산업에서 실험되고 있는 것처럼 획기적·혁명적이며 정교한 모습으로 발전해가고 있다. 이제 기술을 가진 개인과 집단은 풍요를 구가할 것이며, 그 반대의 개인과 집단은 궁핍할 것이다. 그리고 그 격차는 점점 더 벌어질 것이다. 이보다 더 자명한 진실은 없다.

디지털 컨버전스는 기술 시대의 키워드가 되었고, 한국은 그 기회에 빨리 올라타고 있다. 한국인들은 여러 모순적 요소를 섞고 비벼서 새로운 맛을 창조해내는 데 능하다. 그뿐 아니라 이미 있는 것들로부터 일탈하여 파격의 멋을 만들어내는 변용력이 바로 코리아니티의 창조력이다.

속도

속도는 조직의 성공을 가장 빠르게 결정하는 요인이 될 것이
다. 제품의 주기는 빨라지고 짧아졌다. 그러므로 선점효과가
한층 더 중요해질 것이다. 선마이크로시스템스는 통합적 컴퓨
터 언어인 자바를 처음 개발했다는 점에서 엄청난 시장점유율
을 차지했다. 그러나 곧 차세대 제품이 개발되면서 위험에 처
했다. 속도가 가속화하면서 더 빠른 변화, 더 빠른 적응 그리고
더 빠른 배움이 중요해졌다.

우리는 속도가 주는 메시지를 잘 읽어야 한다. 속도는 정확
한 사고와 정교한 검증 대신, 혁신과 위험을 안을 수 있는 사고
방식으로 변할 것을 주문하고 있다. 예전 같으면 90퍼센트 이
상 정확성을 확보한 이후에 새로운 제품을 시장에 내놓아야 할
지 모르지만 지금은 그럴 수 없다. 새로운 시장을 실험하고 모
색할 수밖에 없다. 속도는 대충대충과 통한다. 또한 검증을 기
다리기도 어렵다. 기회가 있을 때마다 주저 없이 그것을 활용
해야 한다는 의미다. 다만 이것이 날림과 부실의 원인이 되지
않도록 끊임없는 수련과 완숙을 통한 효과성으로 보완해야만
한다.

지적자본과 지식근로자

지식은 권한이나 지위보다 훨씬 더 중요하다. 지식은 기업의 본질적 가치이며 경쟁력의 핵심이다. 따라서 기업은 늘 새로운 아이디어에 접근하고 배우는 학습 조직이 되지 않으면 안 된다. 자기 업계에서 늘 생각의 혁명을 만들어냄으로써 생각의 리더, 전략적 리더가 되어야 한다. 직원들은 날마다 배우고 끊임없이 새로운 방식을 실험해야 한다. 관리자는 부지런히 업무를 처리하는 새로운 방식과 효과적인 시스템, 효율적인 프로세스를 연구해야 한다. 지식은 스스로를 재생산하는 유일한 자산이다. 지식이 진부해져서 값어치가 떨어지면 그 가치는 파괴된다. 지식은 결국 모든 국가, 조직, 개인의 부드럽지만 확고한 자산이 될 것이다. 이처럼 분명한 진실은 없다.

한국은 사람 말고는 별다른 자원을 가지지 못한 나라다. 우리가 고등교육의 지식 전달방식과 내용을 혁명적으로 바꾸고, 대학에 들어가기만 하면 일제히 소멸되던 배움의 자세를 평생학습으로 전환시킬 수 있다면 한국은 수많은 세계적 인재를 양산하는 새로운 메카가 될 것이다.

고객화

소비자의 고객화는 소비자 전체가 아니라 고객의 개별적 요구에 초점을 맞추어 진행될 것이다. 단골 고객의 구매 성향에 대한 자료를 바탕으로 선호하는 브랜드나 가격, 품질 등에 대해 차별적인 고객화로 접근해야 한다. 그리고 이제는 소비자만이 고객화의 대상이 아니다. 직원도 고객화의 대상이 될 것이다. 지금은 이미 인재의 시대이며, 인재는 점점 더 귀해지고 있다. 마이크로소프트의 스티브 발머는 이렇게 이야기한다. "우리 회사는 확고한 정책을 가지고 있다. 탁월한 능력을 가지고 있는 사람을 만나면 고용예산 따위는 생각하지 않고 즉시 고용한다. 세상에는 일생에 단 한 번 만날 수 있는 사람들이 있다." 그는 '단 한 번 만난' 사람들을 놓치지 않기 위해 돈을 아끼지 않았다. 그 대신 자신을 비롯하여 그들을 혹사시켰다. 직원들은 발머를 '미라를 만드는 사람' 이라고 불렀다.

최고의 직원들이 마치 최고의 운동선수들처럼 특별한 대우를 받는 것은 이제 특별한 이야기가 아니다. 앞으로는 이런 방식이 조직 전반에 걸쳐 일반화할 것이다. 자기 기업에 필요한 사람들을 위한 특별한 제안들, 예를 들면 휴가, 자동차 지원, 자녀들의 학비 지원, 주택 보조금, 스톡옵션, 현금 보너스, 투자 조언, 법률 자문 등 직원의 개별적 요구를 받아들임으로써 직원들이 가장 선호하는 기업이 되어야 하는 것이다.

고객과 직원 모두에게 고객화를 제공하는 기업들은 규칙보다는 융통성과 탄력성을 중요시한다. 좋은 시스템을 가지고 있지만 그 이상의 특별한 서비스를 만들어내는 분위기를 조성

하고, 획일성과 일관성을 유지하려는 관리보다는 직원들의 헌
신에 초점을 맞추는 경영을 해야 한다. 무엇보다 고객화에 결
정적 영향을 주는 요소는 '고객과 나' 사이의 특별한 관계이
다. 일본은 이 고객화에 주목함으로써 차별적 경영에 성공했
다. 한국 역시 오랫동안 관계 중심적인 문화적 전통이 지배적
이었다. 고객화는 자연스럽게 한국인의 관계 지향성에서 끌어
올릴 수 있는 또 하나의 혜택이다.

지속적인 성장

기업은 계속 성장해야 한다. 재무적 성과를 달성하지 못한다
면 기업은 존속할 수 없다. 품질에 대한 고객의 요구는 가중될
것이고 비용절감의 압력은 계속될 것이다. 생산성과 효율성에
대한 압력 역시 가중될 것이다. 그러나 그것만으로는 부족하
다. 이제 무엇보다도 새로운 시장을 발견하고 차별적 가치를
제공하기 위한 전략적 이동과 혁신이 경쟁력의 핵심으로 자리
잡을 것이다. 결국 기업은 고객, 직원, 투자가들의 단기적이고
장기적인 요구들에 대해 균형을 잡아주어야 한다. 장기적 비
전을 통해 기업을 이끌고 단기적 목표를 달성함으로써 비전에
접근해간다는 것을 보여주어야 한다. 경영자들은 성장과 수
익, 초점과 다양성, 기존 시장에서의 승리와 새로운 시장의 창
출 등 현실적 역설을 동시에 끌어안고 조화를 이뤄내야 한다.

이것이 도전이고 또 기회인 것이다.

미국의 단기실적 경영과 달리 한국은 장기적 투자가 가능한 문화적 전통을 가졌다. 1980년 이전까지 한국은 현대화와 관련하여 몇 차례의 5개년 계획을 추진해 왔다. 한국의 경제 발전모델은 외국인 직접투자보다는 외국 차관을 끌어들여서 정부가 주도해가는 방식이었다. 이 과정에서 중후장대한 조선, 철강, 자동차 산업이 성장할 수 있었다. 물론 그것은 국가의 빚이 많아지는 개발방식이었다. 그러나 외국 기업들의 직접투자 형식보다는 선진 기술을 빌려와 스스로의 경쟁력을 강화할 수 있는 학습의 기회가 많아졌고, 이러한 자생력 덕분에 지금처럼 어려운 시기에도 이들 분야에서 한국의 경쟁력은 매우 긍정적이다.

이제 중요한 것은 단기성과주의와 건강한 장기적 투자를 병행할 수 있도록 인식을 전환하고 능력을 계발하는 일이다.

지금까지 살펴본 것처럼 코리아니티는 21세기의 기업이 요구하는 핵심적 특성과 대단히 많은 공유 영역을 가지고 있다. 이 말은 미래 기업이 요구하는 특성들이 이미 한국인의 정신적 일부가 되어 있다는 뜻이다. 21세기는 한국인들이 가장 잘 읽어낼 수 있는 시대이며, 일상 속에서 가장 잘 구현할 수 있는 시대로 보인다. 이것이 이번 작업을 통해서 내가 발견한 큰 기쁨이다.

'한국적 특수성의 세계적 보편화' 라는 과제가 바로 글로벌리제이션과 로컬리제이션이라는 모순을 화해시키며 번영할 수 있는 바람직한 접근법이라면, 한국인의 특수성은 무엇일까? 코리아니티, 그것이 무엇이든 우리는 그것을 받아들이고 계발하고 활용함으로써 세계석인 자별성으로 만들어내야 한다. 개인이 자신만의 강점을 활용해서 성공의 길을 열듯이, 한 사회는 문화적 특수성을 성장 엔진으로 활용해야 한다.

3장

'나의 길'을 간 성공 기업들

"사람에게 투자하여 사람을 회사 제일의 자산으로 만들면, 그 사람들 개개인이 회사에 큰 이익을 안겨준다. 다만 거기에는 사람들이 역량을 키워 수익을 창출할 수 있도록 기회와 토대를 제공하는 회사의 역할이 전제되어야 한다. 그래서 사람 중심, 고객과 시장 중심으로 기업의 체질을 혁신하고자 했다."

― 문국현

캐논—사람을 절대 버리지 않는다

셀 생산방식

1997년 캐논은 시가총액 면에서 소니의 5분의 1에 불과했다. 그러나 2003년 소니를 추월하면서 캐논은 일본의 대표적 기업으로 부상했다. 1995년 9월 캐논 사장으로 취임한 미라타이 후지오는 이익이 나지 않는 사업, 곧 채산성이 없는 사업을 과감히 철수했다. 1996년 1월 퍼스컴 사업 정리를 시작으로 1998년 전자 타이프라이터, 1999년 광카드 사업에 이르기까지 모두 정리했다. 1998년 가을에는 1,000억 엔 이상을 투자한 FLC 디스플레이 사업을 철수하고, SED 디스플레이 사업과의 일체화를 추진했다. 이는 과감한 결단이었다.

채산성이 떨어지는 사업을 철수하자면 인력 조정이 불가피하다. 그러나 미라타이 후지오는 사람을 버리지 않았다. 그는 회사는 버려도 사람은 버리지 않는다는 일본의 전통적 정서를 중요하게 생각했고, 그것이 바로 어려움을 극복할 수 있는 힘이라고 여겼다. 경쟁력이 약한 사업부와 계열 산업을 도려내는 미국식 구조조정에다 종신고용제라는 일본의 경영 스타일을 절충한 이 퓨전경영은 캐논의 성장 동력으로 작동했다. 여기에다 1997년부터 셀(cell) 생산방식을 도입함으로써 다품종 소량생산에 적합한 생산혁신을 이루어냈다.

셀 생산방식은 숙련된 작업자가 소수의 인원으로 팀을 구성하여 처음부터 마지막 공정까지 책임지고 완결짓는 방식으로, 기존의 자동화 벨트라인에 의존했던 분업화된 대량생산체제를 대체할 수 있는 새로운 실험이다. 이 실험은 일본 작업자들의 숙련된 생산력과 가이젠 문화에 적합한 생산방식으로 인해 매우 성공적인 결과를 얻었다. 특히 일본만의 특성에 바탕을 둔 방식이기 때문에 다른 나라가 좀처럼 모방하기 어렵다는 것도 커다란 장점이다.

20세기의 대량생산체제가 가진 가장 큰 문제점은 '인간의 참여와 기여'를 과소평가했다는 점이다. 그 대명사인 '컨베이어 라인 생산체제'는 제품을 중심으로 고안된 시스템이다. 여기서 인간은 단순하고 반복적인 기능을 수행할 뿐이다. 사람이 아니라 컨베이어 벨트의 흐름이 생산을 주도하는 모형이다. 따라서 세세한 현장 감독이 필요하지 않을 뿐 아니라, 요구되는 기능이 단순하기 때문에 작업자를 훈련하고 육성하는 데 많은 노력이 들지 않는다. 이 체제는 소품종 대량생산에 적합한 장점이 두드러져 산업사회의 상징물이 되기도 했다. 그러나 이는 일종의 흐름생산이기 때문에 생산량의 변동에 대응하기 어렵고, 재공정을 해야 할 물건들이 증가하면서 리드 타임이 길어지며, 작업자의 성취도가 매우 낮다는 치명적인 약점을 가지고 있다.

이러한 약점을 보완한 개념으로 개발된 셀방식은 작업자 한 명 또는 여러 명이 팀을 이루어 부품의 장착부터 조립, 검사에 이르기까지 모든 공정 혹은 일부 공정을 담당하는 것이다. 셀방식은 1940년대 후반 구소련의 미트로파노프(Mitrofanof)와 소콜로브스키(Sokolovskii)가 고안했다. 제2차 세계대전 이후 유럽과 인도, 홍콩, 미국 등지에 전파되어 연구되었으나 가장 잘 발전한 나라는 일본이었다. 그 이유는 물론 이 방식이 일본인의 특성과 잘 어울렸기 때문이다. 실제로 일본인들은 셀방식을 단순생산 이상의 즐거움을 주는 것으로 받아들인다.

컨베이어 생산방식이 단순작업이라 재미가 없었는데, 셀방식은 완제품을 만드는 재미를 준다. 조립한 제품에는 자신이 사인을 한다. 따라서 품질보증까지 내가 한다는 보람을 맛볼 수 있다. 그 덕분에 불량률과 고장률도 줄었다.

캐논 역시 이 방식을 도입했다. 6개월 동안의 연수를 통해서 5,000명을 교육시켰는데, 여기에는 공장장부터 일반 작업자까지 모두가 포함되었다. 이바라기 현에 있는 캐논의 아미 사업소는 1999년, 공장에 깔려 있는 2,649미터의 컨베이어 라인을 철수하고 7개의 재고 창고를 폐쇄했다. 이를 시발점으로 캐논은 각 공장으로부터 총 연장 20킬로미터에 이르는 컨베이어 벨트를 뜯어내고 45개의 재고 창고를 폐쇄하였다. 그 결과 1,739억 엔의 원가절감 효과를 얻었고, 재공품 회전율도 31퍼센트가 상승했다.

더욱 중요한 것은 작업자들의 사고방식이 바뀌었다는 사실이다. 나에게 일이 주어진다는 수동성에서 내가 제품을 만든다는 능동성으로 전환되었고, 능동성과 보람은 1인당 생산성을 1.5배 높이는 동기로 작용했다. 숙달을 통해 생산라인의 작업자 수가 줄어드는 것을 캐논에서는 활인(活人), 곧 사람을 살린다고 한다. 생산현장의 낭비가 줄고 생산성이 높아짐에 따라 약 2만 7,000명의 인원이 필요 없게 되었지만, 캐논은 인원을 감축하지 않았다. 대신에 이들을 모두 성장성이 더욱 높은 부서로 이동 배치했다.

2000년부터 캐논은 '마이스터(meister)' 제도를 실행하고 있다. 이것은 '8명이 작업하는 셀에서 한 명을 줄여보면 어떨까' 하는 가이젠식 발상에서 비롯되었다. 한 명을 줄이면 전체 작업량이 15퍼센트 정도 늘어난다. 그러나 한 팀이 숙련도를 높여서 이 부담을 흡수해낼 수 있다면, 다시 또 한 명을 빼내는 도전을 한다. 이런 식으로 한 명씩 줄다 보면 결국 8명이 하던 일을 한 사람이 하는 수준에 이르게 되는데, 이때 이 사람은 마이스터가 된다. 이 과정에서 1억 원 이상의 고가 복사기 2종류를 복수 조립할 수 있는 슈퍼 마이스터들도 탄생하였다. 이런 다기능공들은 슈퍼 마이스터를 정점으로 해서 1급·2급·3급으로 분류되며, 슈퍼 마이스터가 되도록 끊임없는 교육과 훈련이 주어진다. 캐논에서 2종류 이상의 제품 조립에 투입할 수 있는 다기능공은 전체 작업자의 70퍼센트 선에 이르는 것으로 알려져 있다.

고객의 기호가 다양해짐에 따라 다품종 소량생산체제로의 이전이 요구되고 있는 한국도 셀 생산방식의 도입을 검토하고 있다. 이미 롯데캐논은 1999년에 컨베이어 라인을 뜯어내고 셀방식을 도입했다. 그러나 이 방식이 과연 코리아니티에 잘 맞는지에 대해 좀더 신중히 생각할 필요가 있다. 사회 전체가 급속히 고령화하는 데다 젊은이들이 제조업에서 이탈하는 상황에서 셀방식에 반드시 필요한 숙련된 기술자들을 어떻게 확보할지 하는 점도 감안해야 할 것이다. 특히 생산현장에서 비정규직 근로자의 비중이 높아지고 있기 때문에 셀방식의 적용에 필요한 기능 안정성을 확보할 수 있는 제도적 보완장치도 함께 검토해야 한다.

셀방식의 도입과 퓨전 구조조정 등 일본적 경영혁신을 바탕으로 3년 연속 순이익을 경신하면서 '전자대국' 소니를 누르고 정상에 오른 캐논은 일본 기업 부활론의 선두주자로 급부상하고 있다. 소니가 실적 악화로 30대 직원들에게까지 명예퇴직 신청을 받기로 결정했을 때, 캐논의 미타라이 후지오 사장은 오히려 '종신고용제'를 재천명했다는 점에서 더욱 의미가 크다. 그러나 그의 종신고용은 전통적인 일본 경영 스타일을 우직하게 답습한 것이 아니다. 예를 들면 장기고용은 유지하되 연공서열의 보상제도는 완전히 바꿔버렸다. 학력, 연령, 성별에 관계없이 오직 실력을 바탕으로 한 인사와 보상제도를 정착시켜 연령과 근무기간에 따른 프리미엄을 배제한 것이다.

노키아 — 가장 핀란드다운 사업 모델

"노키아 주식은 절대 팔지 말라"

핀란드에 누르미(Nurmi)라는 노인이 있었다. 젊어서 가게를 하나 운영하다 실패한 뒤에 미국으로 건너가 돈을 조금 번 것으로 알려진 평범한 노인이었다. 자신이 죽을 때 마땅한 상속자가 없었던 이 노인은 헬싱키에 있는 집 한 채와 남은 돈 약간 그리고 노키아 주식 760주를 고향인 푸키리아(Pukkilia)에 기증했다. 그의 유언은 간단했다. "노키아 주식은 절대 팔지 말고 배당금은 노인들의 복리를 위해 쓰라"는 것이 전부였다. 그는 1962년에 죽었다.

그가 죽고 37년이 지난 뒤에 엄청난 일이 일어났다. 1999년 12월, 새로운 밀레니엄을 앞두고 푸키리아 마을 전체가 돈벼락을 맞은 것이다. 4,000만 달러가 느닷없이 하늘에서 떨어졌다. 누르미 노인이 죽던 해에 다 해보았자 겨우 19달러에 불과

하던 노키아 주식이 2억 2,500만 마리카(약 3,860만 달러)가
되어버린 것이다. 노키아 주식 760주가 37년 동안 증자함에
따라 22만 8,000주로 늘어났기 때문이기도 했지만, 더욱 놀라
운 것은 한 주당 가격이 1992년에서 1999년까지 7년 사이에
약 300배가량 올랐다는 점이다. 이 동화 같은 이야기는 노키
아의 신화를 전해주는 유명한 에피소드가 되었다.

요르마 올릴라는 1992년에 노키아의 사장이 되었다. 그리
고 1999년에는 회장으로 승진했다. 바로 이 기간 동안 노키아
는 신화를 만들었고, 투자가들을 매우 행복하게 해주었다.
1999년 노키아는 유럽 최고의 회사이며 다국적 기업인 영국의
BP-Amoco를 제치고 유럽에서 기업 가치가 가장 큰 회사로 등
극했다. 인구가 500만에 지나지 않고 오래도록 스웨덴의 지배
를 받아온 작은 나라가 이룬 쾌거였다.

노키아의 성공 비결은 무엇일까? 그들은 주요 사업에 집중
했다. 핀란드의 대표적 재래기업이었던 노키아는 고무, 제지,
케이블 등 30개가량의 비즈니스 믹스를 가지고 있는 문어발식
잡화상이었다. 그러나 그들은 현실을 깨달았다. 인구 500만의
작은 나라가 자기들밖에 사용하지 않는 언어를 쓰면서 성장할
수 있는 길은 소수의 일에 집중하여 그 일을 남들보다 잘하는
것뿐이었다. 그들은 텔레커뮤니케이션에 집중했다. 그리고 성
공했다.

이러한 전략적 선택 뒤에는 올릴라라는 경영자의 강력한 리

더십이 존재했다. 그는 자기를 추켜세우는 사람들에게 "우리는 영웅을 필요로 하지 않는다"고 말한다. 그는 기술의 트랜드를 읽는 감각을 가진 부지런한 사람이고, 기술에 투자하는 것을 아끼지 않는다. 전 세계 6만 명에 이르는 노키아 직원 가운데 2,000명 이상이 연구·개발 부서에서 일하고, 노키아 리서치 센터는 기업경쟁력의 핵심을 담당하고 있다. 그리고 연구 인력의 30퍼센트는 가장 까다롭지만 성공의 기회가 많은 모바일 인터넷에 매달려 있다. 그들은 매출액의 8퍼센트까지 연구비에 투자하고 있으며, 이 가운데 60퍼센트를 핀란드 국내에 투자하고 있다. 그 결과 노키아는 핀란드의 사적 개발활동 비용의 3분의 1을 담당하고 있다.

올릴라는 생산라인 직원들의 이야기로부터 정보를 추려낼 줄 알았으며, 과감한 개혁과 근본적 치료가 노키아를 살려낼 것이라는 점을 직원들에게 납득시킬 수 있었다. 그리고 세계로 나갔다. 그는 북유럽의 좁은 공간을 벗어나기 위해 필사적으로 애를 썼다. 모토롤라는 핀란드에서 고전을 면치 못했지만, 노키아는 미국을 비롯한 세계 전역에서 소비자들이 가장 가지고 싶어 하는 제품이 되어갔다. 이 같은 글로벌 기업으로의 성장은 노키아 신화의 또 다른 배경이었다.

그들이 글로벌 기업으로 성장할 수 있었던 핵심 동력은 기술과 디자인의 결합이었다. 그들은 휴대전화가 패션상품이라는 점을 매우 잘 알고 있었다. 그리고 노키아를 세계적인 상표

로 만들었다. 가장 노키아다운 슬로건인 'connecting people'
이라는 비전은 영어를 사용하지 않는 세계인들의 마음속에도
쉽게 각인되었다.

가장 핀란드적인 성공

그러나 나는 강력한 리더십을 바탕으로 주요 부문에 집중하
고, 글로벌 기업으로 키우고, 기술과 디자인을 결합하고, 연구
에 투자하여 세계적 상표를 만들어냄으로써 기업 가치를 높여
간 노키아의 성공 속에서 좀 이상한, 그러나 아주 고무적인 성
공 요인 하나를 더 찾아낼 수 있었다. 그것은 텔레커뮤니케이
션이라는 노키아의 산업 분야가 매우 '핀란드적' 인 분야라는
사실이다. 핀란드는 국토의 70퍼센트가 삼림이다. 그리고 전
국토의 10퍼센트 정도 되는 호수와 늪지가 그 숲속에 자리 잡
고 있다. 숲은 그들의 영혼이 쉬는 교회이고 호수는 반짝이는
휴식처였다. 핀란드인들은 화려한 호텔 대신 15평 남짓한 소
박하고 불편한 여름 별장 케사모키에서 숲과 호수 속의 자연
을 즐기며 휴가를 보내는 사람들이다. 인구밀도가 낮은 핀란
드 사람들은 국내뿐 아니라 외국과의 거리를 좁히기 위해 애
를 써왔다. 이들에게 '거리(distance)' 는 늘 극복해야 할 대상
이었다.

한편 무뚝뚝하고 웅얼거리는 듯한 목소리를 가진 사람들이

바로 전형적인 핀란드인이다. 그들은 같이 버스를 타고 여러 시간 여행을 해도 옆자리 사람들과 한마디도 나누지 않고 제 갈 길만 간다. 그런 그들에게 '거리'는 삶의 독립성을 지켜주는 훌륭한 울타리 역할을 했다. 그들은 개인을 격리시키는 숲과 호수 속에서 서로를 연결하려는 노력을 해왔고, 동시에 자연의 고요함 속에서 휴식을 즐기며 마음의 평화를 찾으려고 했다. 무선통신은 이 같은 핀란드인들에게 사람과 사람을 잇는 동시에, 사람으로부터 적절히 격리되게 하는 가장 적합한 커뮤니케이션 방법이었다. 휴대전화처럼 핀란드인의 니즈를 충족시켜 주는 상품은 없었던 것이다.

그런가 하면 핀란드인은 바다의 방랑자이며 약탈자였던 바이킹의 후예다. 역사가인 나디아 밀루텐코(Nadia Milutenko)에 따르면, "돌아가 묻힐 조국이 없는 사람들"이 바로 바이킹이었다. 오늘날 우리는 새로운 유목 시대에 살고 있다. 달리 표현하면 이동정보사회(mobile information society)에 살고 있는 것이다. 자크 아탈리의 표현을 빌면, 휴대전화는 가장 대표적인 유목 물품 가운데 하나다. 이동과 방랑의 민족인 핀의 후예이자 바이킹의 후손인 핀란드인들에게 휴대전화기는 매우 익숙한 개념이고 필요였다. 따라서 그들은 이미 이 분야에 상당한 정서적·기술적 바탕을 가지고 있었던 것이다.

노키아의 신화는 바로 이런 점에서 가장 핀란드적인 성공이라 불릴 수 있다. 즉 텔레커뮤니케이션은 핀란드의 정체성에 가장 적합한 비즈니스 분야였다는 의미다. 노키아는 가장 핀란드다운 사업 분야에서, 가장 핀란드다운 문화유산으로 무장된 사람들과 더불어, 가장 핀란드적인 경영방식으로 성공한 대표적 사례이다. 이 점을 십분 이해한 경영자 요르마 올릴라는 다른 나라의 경영방식을 도입하는 대신 핀란드적인 정신과 기질을 강점으로 활용했다. 예를 들어 직설적이고 솔직한 태도 및 평등과 독립은 가장 핀란드적인 덕목인데, 이것은 또한 노키아의 덕목이기도 하다. 그들에게서 가장 찾아보기 어려운 것은 '발뒤꿈치를 부딪치며 차려 자세를 취하는 행동'이다.

이 점은 독일인 경영자들이 절대로 이해하지 못하는 대목이기도 하다. 독일인에게는 최악의 항명으로 보이는 사건조차 핀란드인들에게는 전혀 문제가 되지 않는다. 노키아 경영진의 한 사람인 안시 반요키는 이를 이렇게 표현한다. "기업의 위계질서는 실용적이지 못하다. 힘든 상황이 닥칠 때면 권위적인 구조에 눌려 창의성과 자유로운 표현력이 제대로 발휘될 수 없기 때문이다."

길 위의 한국인들

한국이 텔레커뮤니케이션 분야에서 훌륭한 성과를 내는 이유도 이 분야가 코리아니티와 일치하기 때문이라고 생각한다.

우리의 국토도 대부분이 산악이다. 산과 계곡에서 시작하는 강들은 우리를 서로 격리시켰고, 그로 인해서 작은 국토는 역사적으로 여러 지역과 문화로 나뉘었다. 예를 들어 전라도와 경상도는 오늘날의 지역적 특성보다는 백제와 신라라는 전통 문화의 상이함에서 비롯한 차이를 가지고 있다. 이 속에서 우리는 서로 연결되고 싶어 했고, 이 공간적 폐쇄성을 극복하고 싶어 했다. 우리도 핀란드인들처럼 공간적 격리를 잇는 거리의 극복이 중요했다.

또한 우리는 세계에서 가장 이동성이 강한 민족이기도 하다. 재미있는 에피소드가 하나 있다. 한 한국인이 독일에서 차를 렌트해서 이곳저곳을 구경한 뒤 반납했다. 그런데 반납된 차를 점검하던 렌터카 회사 직원이 대뜸 한국인이냐고 묻더란다. 놀랍기도 하고 반갑기도 해서 어떻게 금방 한국인인 줄 알았냐고 되묻자, 그 직원의 대답이 걸작이었다. "그 짧은 기간 동안에 이렇게 장거리를 주행하는 사람은 이 세상에 한국 사람밖에 없다"고 하는 것이 아닌가.

우리는 길만 보면 달리고, 길 위의 생활을 즐긴다. 휴대전화는 이동을 즐기는 우리의 첫 번째 필수품이 될 운명을 가지고 있었다. 핀란드인과 다른 점은 우리가 그들보다 더 빠르고, 그들보다 더 공동체주의적이라는 것이다. 우리가 선천적인 민첩성을 바탕으로 IT와 통신 분야에서 일어나는 기술 트렌드에 더 민감하게 반응하고, 핵심 기술의 계발과 획득에 집중 투자

하며, 지금보다 훨씬 더 비권위주의적인 경영을 추구한다면
우리는 충분히 노키아를 극복할 수 있을 것이다.

LVMH — 프랑스식 삶을 팔다

세계 최고의 럭셔리 그룹

프랑스식 삶은 프랑스혁명의 상징인 자유와 저항 그리고 혁명 이전 앙시앵레짐의 호화로운 귀족주의가 뒤섞인 묘한 색채의 유혹이다. 그것은 화려한 문화전통, 포도주, 향수, 보석과 액세서리, 가죽제품, 의상, 코냑과 샴페인으로 상징된다. 그것은 일상생활 속에서 심미안을 가진 사람들이 즐기는 난숙한 문화라 할 수 있다. "1등을 할 가능성이 없는 분야에서 기운을 다 빼버릴 것이 아니라, 프랑스는 자신이 최고가 될 수 있는 분야, 곧 호화기가 산업에 정진해야 한다"는 경제학자 존 K. 갤브레이스의 조언은 LVMH에 의해 대범하게 현실화되었고 그 꿈은 계속 팽창되고 있다.

글로벌 패션명품 기업인 LVMH(Louis Vuitton, Moet, Hennessy)는 고급 소비재 산업의 대명사다. 이 기업은 프랑스적 특수성이라는 내수형 산업의 고부가가치화와 국제화를 잘 보여주는 대표적 사례이다. LVMH 그룹은 루이비통(패션), 크리스찬 디올(패션·화장품), 모에샹돈(주류), 태그호이어(시계), 쇼메(보석) 등 전 세계적으로 유명한 고급 소비재 브랜드와 관련 기업 50여 개를 거느리고 있다. 2003년 LVMH는 전체 매출 150억 달러 가운데 83퍼센트를 해외나 외국인 쇼핑객에게서 벌어들였다. 특히 이 그룹의 대표적 패션 브랜드인 루이비통은 일본, 홍콩 등 아시아 지역 매장에서만 매출의 40퍼센트를 올렸다. 여기에 파리 등을 방문한 아시아 쇼핑객들의 구매액까지 감안하면, 그들은 매출의 70퍼센트를 아시아에서 거둬들이는 것으로 추산된다. 한마디로 LVMH 그룹의 제품은 프랑스 내수시장보다 해외시장에서 훨씬 더 많이 팔리고 있다. 패션 거리 생토노레는 일본인과 한국인, 중국인들로 붐비고 파리는 늘 아시아인 쇼핑객들로 가득하다.

캐시미어 정장을 입은 늑대

창업자인 베르나르 아르노가 이끄는 LVMH는 유명 브랜드의 총 집결지이다. 그러나 1987년 LVMH 그룹이 탄생하기 전까지 프랑스 고급 소비재 산업은 가족경영의 한계를 넘지 못하고 있었으며, 주된 고객 역시 프랑스를 비롯한 유럽 상류층에 국한돼 있었다. 베르나르 아르노는 이 전통적인 내수산업을 세계적인 산업으로 키워냈다. 그는 기존의 유명한 브랜드를 흡수함으로써 사업을 확장해갔다. 기업 인수·합병(M&A)의 다양한 미국식 기법을 활용해서 재무 상태가 나쁜 프랑스의 가족 소유 기업들을 사들인 것이다. '캐시미어 정장을 입은 늑대', '냉혹한 사업가', '패션업계의 교황' 같은 아르노의 별칭은 닥치는 대로 합병하는 그의 탐욕과 끊임없는 배고픔에 대한 비난과 질투였다.

그는 젊어서 '좀더 역동적인 삶'을 살겠다는 이유로 미국으로 건너가 돈을 좀 벌었다. 그리고 1971년, 파산 직전의 헤네시 코냑을 인수하여 명품산업에 발을 디뎠다. 1984년 빈사 상태에 이른 크리스찬 디올을 사들이고, 1987년 파산 위기에 놓인 루이비통을 인수한 것은 LVMH 그룹이 탄생하는 결정적 사건이었다. 2000년에 그는 프랑스를 벗어나 미국 시장으로 진출했다. 뉴욕을 기반으로 한 도나 카랜 인터내셔널사(DKI)를 4억 5,000만 달러에 인수한다고 발표하자 DKI사의 주식이 하루 만에 74퍼센트나 급등하기도 했다. 'DKNY'란 브랜드를 세계적으로 성공시킨 미국 패션산업의 선두주자 DKI마저 패션 강국 프랑스의 회사로 넘어간 것이다. 이렇게 전초기지를 마련한 LVMH는 이후 50개가 넘는 기업을 인수하며 15년 만에 거대 그룹으로 변모했다. 전문가들은 LVMH 그룹이 고급 소비재 산업에 획기적인 전기를 마련해 주었다고 분석한다.

날씬한 체격에다 만능 스포츠맨이고 피아노 솜씨까지 빼어
난 이 남자는 프랑스 제일의 행운아다. 프랑스 북부 루베라는
작은 마을에서 태어나 할머니의 보살핌 속에서 성장한 아르노
는 폴리테크니시엥(이공과 계통) 수재로서, 남들과 쉽게 어울
리지 않는 성격이다. 꼭 필요한 경우가 아니면 외출도 거의 하
지 않는다. 예컨대 LVMH의 오트쿠튀르 패션쇼가 있는 날이
라든가, 1999년 가을 힐러리 클린턴도 참석한 뉴욕의 LVMH
투어 출범식 같은 특별한 경우가 아니면 공개 장소에 잘 나타
나지도 않는다. 그는 독특한 처세관과 사업수완을 가진 인물
이다. 또한 강인한 결단력이 없었다면, 이 젊은 시골 청년이 파
리로 입성해 부삭(Boussac, 크리스찬 디올의 모기업)을 접수하
는 일은 일어나지 않았을 것이다. 그때 이 기업은 공적자금에
매달려 가까스로 파산을 면하고 있었다. 부삭을 인수한 것은
아르노에게 하나의 제국, 이 세상 최고의 럭셔리(Luxury) 그룹
을 건설하는 첫 단계였다. 그것은 LVMH 정복전쟁의 신호탄
이었다.

베르나르 아르노에게 중요한 것은 하나가 또 다른 하나를 파
생시켜 나가는 일이다. 그는 전진과 확장이 아니면 퇴보라고
생각한다. 이처럼 계속 증가시킨다는 목표는 LVMH의 직원
들이 계속되는 도전 속에서 살아야 한다는 것을 의미했다. 그
도전이 그들에게는 곧 일의 동기가 되었다. 루이비통, 크리스
찬 디올과 마찬가지로 셀린느, 레를랭, 지방시는 호화로움이

요 화려함이며 열락이다. 그리고 그것들은 고된 땀방울로 만들어진다. 단 한순간도 창의성과 품질, 문제의식을 등한시한다는 것은 허용되지 않는다. 베르나르 아르노의 내면에 살아 숨쉬는 건 오로지 창조적 열정이다. 그는 결코 '자신의 꿈이나 야망에 뒤처져서 살아본 적이 없는' 무모하고 모험을 즐기는 풍운아다.

프랑스 생활양식의 상업화

대외적으로 LVMH 그룹의 마케팅 전략은 희소성을 강조하는 귀족 마케팅 노선을 따른다. 그러나 실상을 들여다보면 명품 소비재의 대중시장(Mass Market) 진출이라는 목표를 가지고 있다. 우선 제품 생산의 측면에서 보면, 그들은 특정 고객을 위한 주문맞춤의 방식에서 분업화한 대량생산과 아웃소싱의 적극적인 활용으로 생산방식을 바꾸어갔다. 예를 들어 LVMH의 패션 제품을 보면 이탈리아 원단 소재에 독일의 금속장식과 아시아의 단추를 사용하며, 제품에 따라서는 거의 반제품 상태로 들여온 것을 조립하여 '프랑스산(Made in France)' 이라는 브랜드 가치를 입혀서 팔고 있다. 말하자면 프랑스 자체를 팔고 있는 것이다. 또한 유통의 측면에서도 명품의 대중화를 위해 상류계층 주거지에 있던 부티크(Boutique) 매장 중심의 판매 유통망을 백화점 매장과 면세점으로 바꾸어갔다. LVMH 그룹의 성패는 명품 브랜드 가치를 유지하면서 동시에 대중시장에서 더 많은 매출과 수익을 창출해야 한다는 목표를 맞추는 데 달려 있는 것이다.

앞으로 세계 소비재 산업은 소비 양극화 현상이 더 두드러질 것으로 전망된다. 한국의 섬유패션 기업이 세계적인 기업으로 발돋움하려면 파리를 점령할 필요가 있다. 처음부터 패션의 본고장에서 고급 소비자층을 위한 제품으로 승부를 건 다음 세계 시장으로 브랜드 확장을 하는 방법이 가장 좋아 보인다. 태평양은 이 같은 구상 아래 현지 기획·생산 전략을 구사하여 글로벌 브랜드 1호인 '롤리타 렘피카'에 이어 '카스텔바작' 향수를 프랑스에서 잇따라 출시했다. 이 제품들은 2003년 프랑스 여성향수 시장에서 시장점유율 2.7퍼센트를 기록해 판매순위 5위를 차지했다.

프랑스 사치산업의 성공은 프랑스적인 가치 창조에 있다. 가장 프랑스적인 것이 가장 세계적인 것이기 때문에, 세상에 존재하지 않는 국제적 취향을 따르기보다는 자신의 고유한 것을 개발하는 것이 가장 잘 성공할 수 있는 길이다.

사치산업에 종사하는 기업들의 연합회인 콜베르위원회 대표였던 블랑케르의 말이다. 이 말은 한국의 경영인들에게 적지 않은 시사점을 준다. 사치산업이 프랑스를 기반으로 발전한 이유는 프랑스의 귀족적 생활양식이 세계 시장에서 특별한 고객층을 발견했기 때문이다. 곧, 삶의 양식을 상업화하는 데 성공한 것이다. 프랑스의 사치산업은 경제활동에서 차지하는 문화의 중요성을 잘 보여주는 사례이다.

지금까지 살펴본 LVMH의 성공 사례는 '가장 프랑스적인 것을 내용으로 하는 미국식 경영'으로 요약할 수 있다. 젊은 시절을 미국에서 보내며 사업 수완을 다양하게 실험해 본 베르나르 아르노의 세계화를 백남준에 비견해 볼 수도 있다. 그들은 모두 기술과 아이디어라는 보편적 수단을 통해 가장 특수한 문화적 콘텐츠를 표현해냈다. 또한 그들의 성공은 빌려올 수 있는 것(수단)과 빌려와서는 안 되는 것(내용) 사이의 중대한 차이와 경계를 훌륭하게 보여주고 있다. 이들이 우리에게 주는 교훈은 한국적인 삶과 생활을 세계에 소개할 수 있고 팔 수 있다는 점이다. 예를 들어 와인공법으로 만든 머루포도주, 다양한 종류의 향토주, 한복과 생활한복, 한국의 불교와 사찰 체험, 전통음료의 상품화, 한지, 수공예 상자와 보자기, 황토방이나 숯 같은 친환경 주거 재료, 전주비빔밥, 수제비 등 한국의 고유성과 토속성을 가진 모든 것이 세계화할 수 있는 잠재적 상품들이다.

그러나 여기서 우리가 반드시 염두에 두어야 할 점이 있다. 그것은 바로 문화를 상품화하는 것은 가능하지만, 그것이 상품화되는 순간 문화 자체의 비물질적 매력이 파괴될 수 있다는 사실이다. 예를 들어 산사의 체험이 한국을 브랜드화하는 정신적 힘으로 활용될 수 있지만, 돈으로 타락한 종교는 누구에게도 감동을 줄 수 없다는 의미이다. 따라서 우리는 이 중요한 국면에서 문화적 가치관과 철학을 조화와 균형의 잣대로 사용해야만 한다. 가치와 원칙을 바탕으로 한 자기 성찰과 절제 없이는 그 어떤 수단도 제 힘을 발휘할 수 없는 것이다.

유한킴벌리 — 배우자, 함께 가자

직원이 최고의 자산이다

1970년 유한양행과 미국의 킴벌리클라크사가 합작해 세운 유한킴벌리는 유아·여성·가정용품 등 8개 분야에서 시장점유율 1위를 달리고 있는 기업이다. 이 회사는 1990년대 이후 지난 13년 동안 매출액이 4배 이상, 순이익은 17배 이상 증가했다. 2003년에는 매출액이 7,036억, 순이익은 904억에 이르렀다. 현금보유액은 2,000억 원 이상이며 부채는 없다. 군포·김천·대전 등 3곳에 공장을 가지고 있으며, 2004년 현재 직원은 1,600명에 이른다. 제품의 품질과 경쟁력은 세계 최고 수준이며 일반 소비자에게 잘 알려진 상표로는 크리넥스, 뽀삐, 비바, 하기스, 크린베베, 화이트, 좋은느낌, 애니데이, 디펜드 등이 있다. 이 회사는 IMF 때에도 직원을 한 명도 해고하지 않았으며, 현재 국내의 대표적인 생활·위생용품업체로 고속 성장을 하고 있다.

유한킴벌리는 "소비자가 선호하는 유익한 제품과 서비스를 공급하여 위생문화 발전을 선도하고 건강과 복지 향상에 기여한다"는 기업 사명을 가지고 있으며, 이를 이루기 위한 5가지 경영원칙을 가지고 있다. 인간존중, 고객만족, 사회공헌, 가치창조, 혁신주도가 그것이다. 유한킴벌리의 사회적 평판은 매우 긍정적인데 대략 다음과 같다.

- 생명과 숲을 지키는 공익기업
- 환경 경영의 선도기업
- 윤리·투명·신뢰 경영의 선도기업
- 인간존중의 경영을 실천하는 기업
- 경영혁신 선도기업
- 주요 관련 산업 시장점유율, 고객만족도 1위
- 환경, 안전, 품질, 생산성, 평판 초일류 기업
- 2003 아시아·한국 최고의 직장:아시아 6위
  (Hewitt, AWSJ, 매일경제)
- 2004 존경받는 기업 4위(한국능률협회)

유한킴벌리의 이 같은 훌륭한 성과와 이미지는 오랫동안 노력해 온 혁신과 적절한 경영의 결과이다. 1996년 초부터 찾아온 금융위기 이후 한국은 국가 경쟁력이 약화되면서 경기가 침체

되었고, 많은 기업들이 감원이라는 처방을 단행했다. 당시 매출의 대부분을 내수시장에 의존하고 있던 유한킴벌리도 위기를 맞았다. 국내 소비가 급격하게 줄면서 공장 가동률이 이전의 절반 수준으로 곤두박질치고, 전체 직원의 40퍼센트가 여유인력으로 남아돌게 되었다. 회사에서는 4조 교대제를 제안하였으나 해고의 위험, 임금삭감 등을 우려한 직원들과 노조의 반대로 실현되지 못했다. 그러다가 IMF 외환위기가 찾아와 공장 가동률이 50퍼센트로 떨어지고 직원들이 출근해도 할 일이 없는 지경에 이르자, 4조 3교대제와 4조 2교대제를 실시하였다.

유한킴벌리의 사장인 문국현은 이 어려운 시기를 오히려 호기로 받아들였다. 그는 위기를 돌파할 방법으로 정리해고 방식의 구조조정이 아니라 '인간 중심의 경영'을 선택하였다. 직원을 감원해서 여유인력을 줄이는 대신, 4조 교대제를 도입해 여유인력을 모두 예비조로 흡수한 것이다. 직원이 회사의 자산이라고 생각한 그는 나중에 직원들을 더 크게 활용하기 위해서는 위기 상황에도 모든 직원을 끌고 가야 한다는 신념을 가졌고, 4조 교대제만이 그 대안이라고 판단했다. 그의 말을 직접 들어보자.

GE 전 회장 잭 웰치의 경영혁신과 효율적인 경영은 인력감축과 구조조정으로 성과를 올렸다. 미국 문화에서는 사회 안전망이 튼튼해서 직장을 그만둔 사람들이 이직할 곳이 많다는 배경 때문에 GE의 과감한 인력감축이 가능했을 것이다. 더욱이 미국 문화 속에서 잭 웰치식 인력감축은 유능한 인력을 더 유능하게 육성하여 다른 기업으로 분산한 사관학교의 기능도 했기 때문에 무조건적인 비판의 대상이 될 수 없을 것이다. 그러나 현재 한국 사회와 문화적 현실에서 인력감축이 효율 경영의 대표적 수단이 될 수는 없다고 본다. 기업이 사회적 안전망을 늘리도록 위임받은 역할이 있는데 그 책임을 도외시하고 경제적인 성과만을 추구한다면, 기업 자체에게는 단기적인 이익이 될지 모르지만 사회 전체를 봐서는 남의 것을 빼앗는 일이 된다. 이건 가치 창조의 경영이 아니다. 그 대신 유한킴벌리는 사람을 통해, 인력 유지를 통해 얻을 수 있는 새롭고 강력한 효율성에 주목했다.

기계는 언제든 살 수 있지만 사람은 다르다. 이 때문에 감원과 저임금체제가 효율적이지 못하다. 사람에게 투자하여 사람을 회사의 제일 자산으로 만들면, 그 사람들 각자가 회사에 큰 이익을 안겨준다. 다만 거기에는 사람들이 역량을 키워 수익을 창출할 수 있도록 기회와 토대를 제공하는 회사의 역할이 전제되어야 한다. 그래서 유한킴벌리는 사람 중심, 고객과 시장 중심으로 기업의 체질을 혁신하고자 했다.

4조 2교대제

4조 2교대란 두 조가 12시간씩 근무하는 동안 나머지 두 조가 휴식을 취하고, 그 다음 쉬고 있던 두 조가 작업에 투입되면 이전에 근무한 두 조가 쉬는 시스템이다. 간단히 말하면 4일 일하고 4일 쉬는 근무체제다. 현재 유한킴벌리의 모든 공장에서 시행 중인 이 제도는 전 직원을 4조로 나누어 16일 주기로 해서 '주간 12시간 4일 근무' - '휴무 4일(교육 1일 포함)' - '야간 12시간 4일 근무' - '휴무 4일'의 순서로 진행된다. 교대 시간은 오전 7시와 오후 7시이며, 일주일 평균 실제 근로시간은 42시간, 교육시간을 포함하면 45.5시간이다. 그리고 이 가운데 1.5시간에 대해서는 잔업근무수당이 지급된다. 연간 정례교육 시간은 183시간인데, 필요할 때는 휴무일을 이용하여 추가교육을 실시한다.

4조 2교대제는 약 25퍼센트의 인력감축 방지 효과가 있는 것으로 추정된다. 그뿐 아니라 기계를 24시간 내내 가동하여 연간 작업일수도 260일에서 350일로 늘었고, 생산량도 종전 방식보다 2배 향상되었다. 더욱이 불량률이 줄어들고 제품의 질이 향상되었으며 안전사고도 감소했다. 이 새로운 근무체제에 대한 직원들의 반응은 무엇보다 여유시간을 유익하게 사용할 수 있어서 좋다는 것이다.

보통 사람들은 대부분 회사에서 일하는 것을 매일 반복한다. 그런데 우리 회사는 시간적인 여유가 많기 때문에 취미생활을 할 수도 있고, 가족들과 함께할 수 있는 시간도 많다. 나에게는 세상의 그 무엇보다도 가족이 가장 소중하다.

나 같은 경우는 회사에서 교육수당을 지급해 준다는 점이 가장 좋다. 교육도 받고, 수당도 나오니 사실 이중으로 혜택을 받고 있는 거나 다름없다. 어느 회사가 직원들에게 돈을 주면서 교육까지 시켜주겠는가? 그리고 두말할 필요도 없이 여유시간이 많다는 게 좋은 점이다. 나는 내후년쯤에 대학에 편입할 계획을 세웠다. 그래서 요즘에는 여가시간을 활용해서 편입할 준비를 하고 있다.

나는 입사한 지 3개월이 조금 넘었다. 입사해서 처음 느낀 점은 자기 시간이 정말 많다는 것이었다. 전 직장에서는 일에 쫓기다 보니 시간 활용 같은 것은 꿈도 꾸지 못했다. 요즘은 남는 시간을 제대로 한번 활용해 보자고 결심하고 클래식 기타를 배우고 있다. 그 동안 정말 배우고 싶었지만 그럴 수 없었다. 그리고 앞으로는 중국어도 배우고 싶다. 나만 열심히 노력한다면 중국어도 잘할 수 있을 것이다.

유한킴벌리의 4조 2교대제는 감원을 통한 비용절감이라는 서구적 해법이 아니다. 위기의 순간에 고통을 분담하고 전체의 파이를 키워 함께 나누자는 한국적 공동체 정서의 표현이다. 문국현 사장은 인간을 비용이 아닌 자산으로 이해하는 자신의 견해를 이렇게 표현했다. "저는 인간존중 경영은 바로 '사람을 통한 기업 경쟁력의 제고'를 실행하는 것이라고 생각합니다. 조직에서 발생하는 많은 문제들이 근본적으로 사람과 관련되어 있습니다. 이러한 문제를 잘 해결하는 것은 조직을 지탱하고 발전시키는 데 매우 중요한 관건이라고 생각합니다."

그는 일찍부터 유한킴벌리의 미래를 책임질 수 있는 능력 있는 인재를 육성하는 것이 성장의 핵심이라고 생각해 왔다. 그리고 기본적으로 외부에서 인재를 스카우트하지 않고 신입사원을 채용해서 갖가지 업무경력을 쌓게 한 뒤 등용하는 방침을 시행하고 있다. 기업 내 인력을 중요하게 여기고, 개인의 성장 가능성을 믿는 이러한 풍토 덕에 유한킴벌리의 이직률은 거의 0퍼센트대를 기록하고 있다.

평생학습 시스템

문국현은 조직에서 인간존중의 경영을 구현하려면 개인의 목표와 조직의 목표가 상호균형을 이루어야 한다고 생각했다. 그래서 4조 교대제라는 새로운 근무체제가 일만을 위한 것이 아니라 학습을 병행할 수 있는 체계가 되도록 만들었다. 예비조는 단순히 쉬기만 하는 조가 아니라 '평생학습조'라고 불린다. 유한킴벌리의 교육은 크게 직무교육과 교양교육으로 나뉜다. 직원들이 생산현장에서 활용할 수 있는 기술, 지식 등의 직무교육이 전체 교육의 60퍼센트를 차지하고 나머지 40퍼센트는 영어회화, 컴퓨터, 전시회 관람, 봉사활동 같은 교양교육으로 이루어진다.

공부를 안 하는 사회에서는 학연이나 혈연 및 지연이 중요해지고, 그 안에서는 상하관계가 주를 이루게 됩니다. 하지만 전 세계가 수출과 교류를 통해 경쟁하는 글로벌 사회에서 한정된 공간 내에서의 상하관계는 아무런 의미가 없습니다. 최신 정보와 지식 그리고 경험을 누가 더 많이 갖고 있으며, 누가 가장 앞선 설계와 공정을 가지고 있느냐가 중요할 뿐입니다.

문국현의 목표는 평생교육을 통해 모든 근로자를 단순 육체노동자가 아닌 지식노동자로 만드는 일이다. 이 지식노동자들에 의해 회사와 나라가 발전한다는 것이 그가 생각하는 이상적인 기업과 근로자상이다. 유한킴벌리 직원들은 한 달에 4일 교육을 받는다. 4일 중 하루는 근무일에, 나머지 3일은 휴일에 실시한다. 근무일에 이루어지는 교육은 필수지만, 휴일의 교육은 선택이다. 그러나 자율적인 교육 참여율이 70~80퍼센트에 이른다. 참여율이 높은 데에는 교육일에 주어지는 교육수당이 한몫을 한다. 휴일에 나와서 교육을 받는 직원들에게는 150퍼센트의 특근수당이 지급된다. 유한킴벌리가 비용 부담이 늘어나는 이 같은 방식을 택한 이유는 사람에 투자하는 만큼 현장에서 생산성 향상으로 나타난다고 믿기 때문이다.

교육훈련의 담당자는 해당 주제의 전문가로 구성하고, 교육

형태는 직무수행과의 통합력이 높은 워크숍 방식을 취한다. 교육 내용은 현장감독자와 긴밀히 협의해서 결정하며, 현장감독자가 누군가에게 교육훈련을 시킬 필요가 있다고 판단하면 인력개발부에 요청하는 방식으로 진행한다. 자기 팀의 구성원을 교육에 보낼 것인가 아니면 작업을 시킬 것인가는 결국 사람에 대한 투자를 할 것인가 말 것인가 하는 문제이다. 그러나 현장감독자들은 대부분 부하직원의 교육에 적극적이다. 그리고 특정인의 교육훈련 요청을 받은 인력개발부는 그 사람이 속한 작업조 전체를 소집함으로써 개인의 자존심이 상하지 않도록 세심하게 배려한다.

교육에 대한 직원들의 만족도가 높아지고 직원 교육이 회사의 성장에 밑거름이 된다는 것이 입증되자 교육시간은 점차 늘었다. 군포 공장의 경우 1인당 연간 교육시간이 1998년 54시간에서 2002년 300시간으로 늘어났다. 4년 만에 246시간이나 는 것이다. 대전 공장은 초기부터 280~300시간 이상의 교육을 시행하고 있다. 이러한 교육의 성과를 보여주는 여러 가지 사례 가운데 '비전센서' 와 '로션 핸들링 시스템' 을 살펴보자.

여성용품 생산라인에 설치된 비전센서는 제품에 조그마한 이물질이라도 있으면 그것을 감지해 걸러내는 역할을 한다. 이 비전센서는 초당 7개의 제품을 검사하고 있다. 비전센서에 관한 아이디어를 처음 낸 것은 사무실의 프로세스 엔지니어들이었지만, 그 아이디어를 현장에 접목해서 작품으로 완성시킨 것은 생산직 근로자들이었다.

직원들의 아이디어로 만들어진 또 하나의 대표적인 작품이 바로 로션 핸들링 시스템이다. 2002년 여름에 개발된 이 시스템은 품질을 획기적으로 향상시켰다. 그동안 클리넥스 원단을 코팅할 때, 온도가 낮으면 정전기가 일어나 이물질이 제품에 많이 달라붙는 문제가 있었다. 이러한 단점을 보완하기 위해 기계 주위에 칸막이를 만든 것이 로션 핸들링 시스템이다. 칸막이가 기계 주위의 온도를 일정하게 유지시키기 때문에 원단이 빠르게 돌아가도 정전기가 발생하지 않는 것이다. 이 시스템을 고안한 고재섭 씨는 이것이 직원들의 사소한 아이디어에서 출발했다고 말했다.

유한킴벌리의 기술 개발과 역량 향상은 연구실이나 사무실에서만 이루어지는 것이 아니다. 생산직 근로자들이 기계와 공정의 개선을 위한 아이디어 제안에 참가하면서, 직접 기계를 업그레이드하는 역할까지 해내고 있다. 제품 개선에 대한 제안뿐 아니라 작업환경을 개선하자는 제안도 많아 직원들의 제안 건수가 최근 몇 년 사이에 부쩍 늘어났다. 2002년 군포 공장 직원 334명의 제안 건수는 2,690건이었는데, 이는 1998년에 비해 2배 가까이 는 것이다.

이렇게 유한킴벌리 직원들은 회사에서 혁신의 주체로 활약하고 있다. 그들의 창의적이고 진취적인 사고는 평생학습에 의해 고무되었다. 말 그대로 교육이 지출이 아니라 기술 개발을 위한 투자가 된 셈이다. 또한 이 투자를 통해 직원들은 회사가 필요로 하는 21세기형 지식노동자로 거듭난 것이다.

경영혁신모델 뉴웨이(NEWAY)

유한킴벌리 본사에는 '뉴웨이팀'이라고 부르는 특별한 팀이 있다. NEWAY는 'New Excellect World Class Process With ALL YK Family'의 줄임말이다. 이 팀은 관리직 인원으로 구성되어 있으며, 많을 경우 전체 관리직 인원의 20퍼센트에 이를 때도 있다. 이들은 일상 업무에 투입되는 대신 재충전 교육을 받는다. 뉴웨이팀도 처음에는 유휴인력을 활용하는 방안으로 만들어졌다. 문국현 사장은 사무직에서도 효율적으로 인력구조를 개편하고 업무방식을 변화시켰다. 그렇게 하자 인력의 20퍼센트 정도가 남게 되었다. 문국현은 뉴웨이라는 팀을 만들어 이들을 불러 모았다.

그러나 뉴웨이팀은 단순히 유휴인력으로 구성된 팀이 아니다. 이들은 회사 내에서 '경영혁신팀'으로 불린다. 재충전 교육을 받으면서 아이디어 개발을 하는 등 미래를 위한 인력으로 활용되고 있기 때문이다. 그들에게 휴식과 학습의 기회를 과감하게 제공하고, 새로운 아이디어와 혁신주도적 사업을 수행하도록 한 것이다. 이렇게 시작한 뉴웨이는 회사의 조직구조를 슬림화하는 역할을 하였고, 이후 유한킴벌리의 대내외적 혁신 활동의 구심점이 되었다. 문국현 사장의 이야기를 들어보자.

초창기에는 뒤처지는 사람들이 가는 팀으로 오인할까 봐 아주 유능한 사람들도 넣었고, 일부는 아예 안식년을 주어 해외로 보냈습니다. 물론 반발도 컸습니다. "내가 중요한 사람으로 알고 일을 해왔는데 이제 필요 없다는 것인가?" "회사가 어떻게 나를 6개월에서 1년씩 내보낼 수 있다는 말인가?" 등 많은 말들이 있었습니다. 더 큰 포지셔닝을 주기 위한 과정이라고 설득하고 이해시키는 데 많은 노력을 기울였고, 실제로 뉴웨이팀에서 근무했던 사람들이나 해외연수를 보냈던 사람들을 다시 불러들여 승진 발령했습니다. 이후 뉴웨이팀은 여유인력의 모임이라는 인식에서 벗어나 타부서로 옮기는 징검다리 역할이나 개인의 역량을 향상시키는 계기로 활용되었고, 회사의 혁신적인 일을 도모하는 팀으로 받아들여졌습니다.

'뉴웨이 경영혁신' 은 생산자 중심으로 설계되어 있는 모든 프로세스를 고객에 맞도록 바꾸는 작업이다. 이러한 인식의 전환을 바탕으로 하여 기술과 원가 경쟁력, 품질과 서비스 등 유한킴벌리를 구성하고 있는 모든 요소를 세계 최고 수준으로 만들려는 전략이다. 뉴웨이는 프로세스의 혁신뿐 아니라 유한킴벌리 전체의 혁신을 주도하는 강력한 힘이다. 그것은 스피디

한 경영환경, 고객만족 중심의 경영, 전사적 정보관리체계, 공급사슬 관리의 확대, 온라인 공개의 실현 등을 가져온 전사적 차원의 혁신 조직, 혁신 프로세스, 혁신 환경을 만들어가는 혁신운동이다.

유한킴벌리는 뉴웨이 경영혁신 프로그램을 통해 '킴벌리클라크 북아시아 경영협력체'의 주역이자 리딩 컴퍼니 역할을 하고 있다. 중국과 아시아 지역을 총괄하는 임무를 맡게 된 것이다. 이것은 킴벌리클라크식으로 진행되어 온 경영이 아시아 시장에서 실패하자 '유한킴벌리식 경영'으로 만회하자는 포석이다. 그들도 유한킴벌리의 성공 요인을 뉴웨이 경영혁신에서 찾아냈다. 뉴웨이 경영혁신은 미국식으로 유휴인력을 제거하는 것이 아니라 그들을 재충전시켜 기업혁신의 주력으로 만든, 한국적 가치관과 문화에 입각한 경영모델이다. 이러한 코리아니티 경영모델이 아시아적 보편성을 인정받은 것이다.

기업의 무한한 성장 에너지, 윤리경영

유한킴벌리는 윤리경영으로 유명하다. 윤리경영의 핵심은 건강한 정신과 이 정신이 구현되는 현장성에 있다. 다시 말해 그것은 경영의 현실 속에서 구현된 생활과 실천의 철학이다. 윤리경영은 기업 통제의 수단이나 이익 추구의 편중성 때문에 일어나는 외부적 비난을 면하려는 수단이어서는 안 되며, 그것

자체로 마땅한 사회적 책임이다. 하지만 지속적인 윤리경영은 결과적으로 그 기업에 대한 사회적 존경과 고객의 신뢰를 얻게 해주는 가장 훌륭한 홍보이며 이미지 전략이라고 할 수 있다.

유일한 박사의 기업정신에 뿌리를 두고 문국현 사장에 의해 계승된 유한킴벌리의 윤리경영은 그 점에서 좋은 사례가 된다. 윤리경영은 안으로 사원의 자긍심을 높이고 현장의 안전을 확보했으며 품질 향상을 이루어냈다. 밖으로는 친환경적이고 윤리적인 기업이라는 이미지를 얻었다. 이는 매출 증가, 신규 사업 기회의 확대, 더 좋은 거래처 확보, 제품의 가격 경쟁력 강화, 충성스러운 고객층 확보 등으로 이어졌다. 유한킴벌리의 윤리경영에 대한 설명은 문국현 사장이 자신의 철학을 피력한 몇 개의 이야기를 모아 하나의 메시지로 정리하는 것으로 대신하려 한다.

윤리경영은 기업에 무한한 성장 에너지를 줍니다. 기업의 가치는 물질과 감성을 거쳐 정신을 중시하는 방향으로 흐르고 있습니다. 기업에 대한 신뢰가 형성되면 일이 정확하고 빨라질 뿐 아니라, 광고 선전비 등 각종 경비가 격감하여 생산성이 크게 높아집니다. 윤리경영보다 차별화된 경영전략은 없을 것입니다.

유한킴벌리의 윤리경영은 저희가 갖고 있는 5가지 가치관을 철저하게 강조하는 교육에서 비롯됩니다. 편법은 절대 통하지 않는다는 강한 인식을 심어주는 것입니다. 신입사원 교육을 하는 3주의 기간 마지막에 자기사명서를 발표하는 시간을 가집니다. 발표 내용은 신입사원이 소속될 부서의 상사에게 통보됩니다. 이러한 과정을 통해서 직원들은 기업의 윤리적 가치와 자신의 가치가 동일화하는 과정을 경험하게 됩니다.

영업 분야에서는 자체적으로 윤리 수칙을 제정했습니다. 자체적인 워크숍을 통해 비윤리적 상황에 대처할 수 있는 실제적인 기준을 설정했습니다. 그리고 그것을 카드(Do's & Don'ts Card)로 만들어서 휴대했습니다.

경영 정보는 공개하고 권한은 현장에 위임했습니다. 매일 하던 조회를 없애고, 출퇴근을 자율화했고, 매월 1회 공식회의만 하고, 긴급한 일 이외의 모든 일은 현장과 사업본부장에게 위임하여 진행하게 했습니다. 이 과정에서 자율경영과 위임경영이 자리 잡게 되었다고 생각합니다. 10억 정도의 구매결제에 관해서도 현장관리자들이 최종 결정하게 하고, 이러한 결정을 회사가 신뢰하고 따라주도록 했습니다

유한킴벌리의 윤리경영에 대한 질문들은 우리를 조금 당황하게 만들 때도 있습니다. 윤리경영 실천을 위해 경조비는 얼마까지 제한을 두느냐, 윤리경영 전담자는 누구이고 윤리경영에 위배되는 사항을

감사하기 위한 조직은 어떻게 두고 있느냐, 언제부터 윤리경영을 시작했느냐 등이 그것입니다. 그럴 때면 기업이념과 경영철학의 실천이자 경영진이 솔선수범하여 구축하는 문화라는 점과, 전 부문에 걸쳐 실천되고 있는 윤리경영을 설명하느라 한참을 소요하게 됩니다. 규제를 통한 윤리경영의 실천이나 단편적인 활동에 대한 질문들은 저희로서는 대답하기 힘듭니다. 유한킴벌리의 윤리경영은 구성원들에게 체화되어 있는 윤리적 공감대와 윤리적 문화로 설명할 수 있기 때문입니다. 유한킴벌리의 윤리경영 시스템은 통제를 위한 시스템 구축이 아니라, 업무 프로세스를 윤리적 기준에 맞춰 개선함으로써 비윤리적 행동을 원천적으로 차단하는 작업을 의미합니다. 윤리적 업무 절차가 제대로 갖춰져서 절차에 따라 행동한다면, 업무에 대한 어떠한 비윤리적 요소도 이루어질 수 없다는 생각에서 비롯한 것입니다.

초일류 기업들이 보여준 성과의 원천 중 하나가 윤리경영의 선순환 메커니즘에 의한 것입니다. 환경보존, 준법, 투명, 공정 등을 통해 사회로부터 신뢰를 구축하는 것은 기업 내·외부의 가치 창조에 기여하며, 이는 곧 사회의 발전으로 선순환됨을 말하는 것입니다.

* 유한킴벌리의 사례는 변화경영연구소 박노진 연구원이
정리하였다.

그라민은행 ─ 우리는 정반대로 했다

27달러로 42명을 살리다

방글라데시에는 '가난한 사람들을 위한 은행' 인 그라민은행 (Grameen Bank)이 있다. 이 은행의 설립자는 무하마드 유누스(Muhammad Yunus)이다. 그라민은행의 시작은 1976년으로 거슬러 올라간다. 1976년 방글라데시에 최악의 기아가 몰아닥쳤다. 수도인 다카의 거리에는 굶어 죽은 사람들이 즐비했고, 다른 지역의 사정은 더욱 안 좋았다. 치타공 대학의 경제학 교수이던 무하마드 유누스는 자기 눈앞에서 굶어 죽는 사람들을 보고 큰 충격을 받았다. 그의 말을 들어보자.

사람이 죽는 데에도 여러 원인이 있지만, 굶어서 죽는 것처럼 끔찍한 것은 없다. 사람이 굶어 죽는다는 것은 죽음이 매초 매초마다 조금씩 다가와, 이윽고 삶과 죽음의 경계가 없어지는 것을 의미한다. 어느 한순간 삶과 죽음은 서로 구분할 수 없는 지경에 이르러, 땅바닥에 서로 껴안은 채 웅크리고 있는 어머니와 자식이 우리와 같은 세상의 사람들인지 아니면 이미 다른 세상으로 떠났는지 알 수 없게 된다. 죽음은 너무도 조용히 다가와, 과연 언제가 그때인지 알기가 힘들다. 이 모든 비극은 한 줌의 양식조차 없는 데에서 비롯된다. 주위의 모든 사람들은 배가 고프면 먹을 것을 먹지만, 죽은 이 남자나 저 여자는 그러지 못하였다. 아이가 울지만 결국 젖을 먹지 못한 채 잠이 들어버린다. 아마도 내일이면 아기는 울 힘조차 없을지도 모른다.

나는 강단에서 학생들에게 모든 문제에 해답을 제공하는 경제학 이론을 가르치면서 보였던 그 열성을 기억한다. 나는 이론이 가진 아름다움이며 조화에 감탄하곤 했다. 그러나 이 모든 이론에 환멸을 느끼지 않을 수 없었다. 길바닥에선 사람들이 굶어 죽고 있는데, 도대체 경제학 이론이 무슨 소용이란 말인가?

어려운 사람들을 돕기로 결심한 유누스는 치타공 대학 주변의 조브라 마을을 돌아다녔다. 마을을 돌면서 주민들이 정말 어떻게 살고 있으며, 자신이 그들을 어떻게 도울 수 있을지를 생각했다. 마을 사람들을 만나 이야기를 나누면서 유누스는 더욱 큰 충격을 받는다. 수피아 베굼이라는 20대 여성이 있었다. 그녀는 고리대금업자에게 돈을 빌려 대나무를 사서는 하루 종일 대나무 의자를 하나 만든다. 의자가 완성되면 돈을 빌려준 사람이 와서 그것을 가져간다. 온종일 노동을 해서 그녀가 버는 돈은 빌린 돈의 원금과 이자를 제외하고 남은 50페이사(미국 돈으로 2센트)이다. 하루에 50페이사, 그것이 전부다. 유누스는 그녀가 가여웠지만 한편으로 그녀의 생활력에 감탄했다. 그는 '만약 그녀가 고리대금업자에게 돈을 빌리지 않고 대나무를 구입할 수 있다면, 그래서 그 의자를 시장에 내다 팔 수 있다면 적어도 최악의 상황에서는 빠져나올 수 있겠구나' 하고 생각했다.

유누스는 제자에게 조브라 마을에 수피아 베굼처럼 고리대금업자에게서 돈을 빌리는 바람에 매일 열심히 일을 하고도 돈을 모으지 못하는 사람들이 얼마나 되는지를 조사하게 했다. 그 결과 고리대금업자에게 돈을 빌려서 어려운 상황에 빠진 사람들은 42명이었고, 이들이 빌린 돈은 모두 합해 856타카였다. 이 금액은 미국 돈으로 27달러에 해당했다. 유누스는 27달러 때문에 42명이나 되는 사람들이 어렵게 살고 있다는 사실에 기가 막혔다.

유누스는 42명에게 27달러를 빌려주고, 그들의 형편이 나아지면 그때 돈을 돌려받기로 했다. 하지만 유누스는 단돈 27달러로 42명의 생사여탈권을 행사할 수 있는 현실에 낙담했다.

가난한 사람들을 위한 은행

이러한 현실은 조브라 마을 사람들만의 문제가 아니었다. 방글라데시에는 가난에 빠져 생존을 위협받는 이들이 너무나 많았다. 유누스는 가난한 사람들이 돈을 빌려 쓸 수 있는 방법을 제도적으로 마련하고 싶었다. 그가 보기에 은행이야말로 가난한 사람들을 도울 수 있는 최적의 기관이었다. 그래서 방글라데시에서 가장 큰 은행을 방문해서 설득했지만, 은행 측은 여러 가지 이유를 들어 그의 제안을 거부했다.

은행들이 봤을 때 가난한 사람들은 '상대할 수 없는 부류'였다. 그들은 우선 글을 읽거나 쓸 줄 모른다(1970년대 후반 방글라데시의 인구 가운데 75퍼센트가 문맹이었고, 농촌 지역은 그 수치가 더 높았다). 따라서 융자와 상환에 필요한 서류들을 작성할 수 없다. 게다가 가난한 사람들은 대부분 은행에 맡길 담보가 없다. 담보가 있어야 융자가 가능하다는 것이 은행의 규칙이다. 은행 측은 가난한 사람들에게 융자를 해주는 사업으로는 수익을 거둘 수 없다는 점도 문제 삼았다. 유누스는 가난한 사람들은 소액만으로도 가난을 벗어날 수 있으므로 적은 돈을 융자해 줄 것을 제안했다. 하지만 그가 제안한 소액융자(microcredit)를 통해 은행이 얻을 수 있는 수익은 너무 적었다.

은행 측의 설명을 들으면서 유누스는 일반 은행의 융자 프로그램은 부자와 가난하지 않은 사람들만을 위한 것이며, 은행 세계의 저변에는 '가진 자는 가진 것만큼 더 쉽게 가진다'와 '가진 것이 없는 사람은 앞으로도 가질 수 없다'는 2가지 법칙이 흐르고 있다는 걸 알았다. 그는 은행들이 가난한 사람들에 대한 편견에 빠져 '재정적 인종차별'을 자행하고 있다고 비판했다. 유누스는 가난한 사람들의 여건에 맞춘 여신 시스템을 자신이 직접 만들고, 이런 시스템으로 작동되는 은행을 설립하기로 결심했다.

27달러로 시작한 유누스의 실천은 3년간의 그라민은행 프로젝트로 확대되었고, 3년의 실험 기간을 통해 발전 가능성을 보았다. 1983년 10월 2일, 드디어 정식으로 그라민은행이 설립되었다(‘그라민’ 은 ‘농촌의’ 또는 ‘마을의’ 라는 의미다). 그라민은행은 방글라데시 최초의 ‘가난한 사람들을 위한 은행’ 이자 ‘소액융자 은행’ 의 원조가 됐다. 그라민은행의 목적은 유누스의 표현대로 ‘모든 가난을 지구에서 몰아내는 것’ 이었다.

나는 2050년이 되면 전 세계가 마침내 가난에서 완전히 벗어나 있기를 희망한다. 그래서 지구상의 그 어느 누구도 가난한 사람이라는 소리를 듣지 않기를 바란다. 그때가 되면 ‘가난’ 이란 말은 의미를 상실하고, 다만 역사적 의미로만 존재했으면 하고 소망한다. 가난은 박물관에나 전시되는 과거의 유물이 되어 있고, 문명화된 세계에서는 그 어느 곳에서도 자취를 찾아볼 수 없게 될 것이다. 그때가 되면 박물관을 찾은 초등학생들은 이 과거의 유물을 보면서 지난 시대에 창궐했던 끔찍한 모습을 떠올리며 치를 떨 것이다. 그러면서 이 아이들은 21세기 초두에 이르도록 조상들은 어째서 그런 처참한 실상을 그대로 방치했는지 의아해 할 것이다.

그라민은행은 기대 이상의 성공을 거두었다. 우선 규모 면에서 이 은행은 2003년 기준으로 1,200개 지점, 2만 명이 넘는 직원, 300만 명의 가입자를 보유한 대형 은행으로 성장했다. 매달 그라민은행이 융자해 주는 금액은 3,500만 달러를 넘으며, 같은 기간 거의 같은 액수의 돈이 상환된다. 이제까지 그라민은행이 융자해 준 총 금액은 43억 달러를 넘는다. 그라민은행의 융자 프로그램은 58개국으로 퍼져 나갔으며, 2000년 6월에는 그라민은행 한국지부가 '신나는 조합'이라는 이름으로 설립되었다.

그라민은행의 원금회수율은 98퍼센트를 넘는다. 돈을 빌려 간 사람 100명 중 98명이 돈을 갚는다는 것이다. 방글라데시 농업은행과 산업개발은행의 원금회수율이 각각 30퍼센트와 10퍼센트인 점을 감안하면, 98퍼센트라는 회수율이 얼마나 높은 수치인지를 알 수 있다. 게다가 그라민은행이 빈민층에게만 융자를 해준다는 점을 고려하면 이것은 더욱 빛나는 성과이다.

그라민은행이 추구하는 목표는 '융자를 받은 회원들이 즉각적인 수익을 내도록 하는 것'에 있는 게 아니라, '회원들이 가난에서 벗어나는 것을 도와주고 생활수준을 향상시키는 것'에 있다. 따라서 그들은 융자를 받은 회원들이 비회원들에 비해 주택보유율, 영아사망률, 피임기구 사용, 위생시설 확보 등 삶의 질 측면에서 어떠한 차이를 보이는지 알아보는 데에 많은 시간과 노력을 들인다. 여러 언론과 그라민은행의 조사에 따르면, 융자를 받은 사람들은 그러지 않은 사람들에 비해 주거 환경과 삶의 질 측면에서 의미 있는 개선을 보여주었다. 예를 들면 주택융자를 통해 1997년까지 45만 가구가 자기 집을 갖게 되었고, 15만 가구는 살던 집을 보수할 수 있었다.

높은 원금회수율과 회원들의 삶의 질 개선은 이 은행이 이룩한 성과 가운데 일부에 지나지 않는다. 그들은 수십만 가정의 운명을 긍정적으로 변화시켰다. 그라민은행이 외부에 의뢰하여 실시한 조사에 따르면, 지난 10년 동안 융자를 받은 사람의 3분의 1이 가난에서 벗어났다. 그리고 3분의 1은 가난의 문턱을 넘어서는 데 성공했다. 그라민은행은 한 가정이 가난을 벗어났는지를 판단하는 아래와 같은 간단하고 명확한 기준을 갖고 있다.

식구들이 비가 새지 않는 집에서 살고,
집에 위생시설이 갖추어져 있어야 하고,
깨끗한 물을 쓸 수 있어야 하고,
매주 300타카(8달러)를 상환할 수 있어야 하고,
학령에 든 아이들이 모두 학교에 다녀야 하고,
모든 식구가 하루 세 끼 밥을 먹어야 하고,
식구들이 정기적으로 의료검진을 받아야 한다.

하에라 베굼 여인은 1959년 생으로, 다카 주 모노하르디 군에 있는 키라티 카파시라는 마을에서 태어났다. 그녀의 아버지는 결혼지참금을 마련할 길이 없어서 그녀를 어느 장님에게 시집보냈다. 그녀와 남편은 허드렛일을 하면서 살았는데, 너무 가난해서 아이들 셋을 제대로 먹일 수 없었다. 어느 날 하에라 여인이 남편에게 그라민은행에서 융자를 얻으면 어떻겠느냐고 묻자, 남편은 그라민은행이 이슬람을 말살할 목적으로 세워진 것이라면서 그 은행과 거래를 하면 당장 이혼하겠다고 위협하였다. 하지만 그녀는 남편 몰래 이웃 마을로 가서, 그라민은행 사람들이 주최한 설명회에 참석하였다.

하에라는 그라민은행의 규칙에 대해서 잘 알고 있는지 묻는 구두시험을 치르는 동안 몹시 불안했다. "저는 일생 동안 쓸모없는 사람이라는 소리를 들으면서 자랐어요. 어릴 적에는 여자라는 이유로 부모님께 재수 없다는 소릴 들었어요. 부모님은 지참금이 한 푼도 없었거든요. 어머니는 제가 태어났을 때 살려두지 말았어야 했다는 얘기를 늘 하셨어요. 전 감히 융자를 받을 수 있으리란 생각을 해본 적이 없어요. 돈을 갚을 수 없을 거란 생각이 들었거든요." 마침내 2,000타카(50달러)의 융자를 받았을 때, 그녀는 하염없이 눈물을 흘렸다.

그녀와 비슷한 상황에 놓였던 여자들은 그 돈으로 송아지 한 마리를 사서 키우고, 묘판을 사서 심으라고 권하였다. 그녀가 송아지 한 마리를 사서 집으로 끌고 왔을 때, 이 사실을 안 남편은 너무나 기쁜 나머지 이혼을 하겠다던 말을 까맣게 잊어버렸다. 1년 뒤 하에라는 원금을 갚았고, 두 번째 융자를 얻어서 땅을 빌리고 거기에 바나나 나무 60그루를 심었다. 나머지 돈으로는 두 번째 송아지를 샀다. 지금 그녀는 은행에 저당이 잡혀 있긴 하지만 땅을 소유하고 있고 염소와 거위, 닭을 키우고 있다. 그녀는 이렇게 말한다.

저희는 요즘 하루에 세 끼를 모두 먹어요. 아이들이 배를 곯는 일도 없어요. 일주일에 한 번은 고기도 먹는걸요. 저는 아이들을 학교에 보내고 중·고등학교, 대학교에도 보내서 저처럼 불행한 사람이 되지 않도록 키우고 싶어요. 제가 지금 그라민은행에 대해 어떤 생각을 가지고 있는지 아세요? 그라민은행은 제게 어머니 같은 존재예요. 아니죠, 그 정도가 아니에요. 어머니 '같은' 게 아니라 저희 어머니예요. 새로운 생명을 주었거든요.

이윤만이 기업의 목표는 아니다

그라민은행을 이끄는 원동력은 확고한 경영철학과 독특한 운영방식이다. 그라민은행은 '가난한 사람들을 위한 은행'이다. 겉으로 보기에는 기업이지만 다른 한편으로는 비영리 단체에 가깝다. '가난한 사람들을 위해' 존재한다는 점에서 그라민은행은 남다른 사명감과 책임감을 보여준다. 하지만 '은행'이라는 역할로 보면, 이윤을 추구하고 비용을 절감하기 위해 노력한다. 금융기관으로는 독특하게 그라민은행은 사회적 책임과 이윤을 동시에 추구하고 있다. 무하마드 유누스는 그라민은행의 정체성에 대해 다음과 같이 말한다.

만일 그라민은행이 수익을 창출하지 못하고, 직원들의 동기 부여가 약하고, 또한 헌신적으로 일하지 않는다면 마침내는 망하는 수밖에 없을 것이다. 그라민은행이 민간기업을 모델로 삼건, 비영리 단체를 모델로 삼건 간에 그 자체가 중요한 것은 아니다. 정말로 중요한 것은 우리 그라민은행의 원동력이 영리 추구에 있지는 않다는 점이다. 우리도 수익을 창출하고, 비용을 충당하고, 미래를 개척하고, 계속 발전하기 위한 노력을 한시도 늦춘 적이 없다. 하지만 그라민은행의 가장 커다란 관심사는 융자를 받는 회원들이 즉각적인 수익을 내도록 하는 데 있는 것이 아니라, 이들 회원 주주들의 장기적인 복지 향상에 있다…….

　나는 그라민은행의 활동을 통해서 이윤 추구만이 자유주의의 유일한 원동력은 아니라는 사실을 깨달았다. 거기에는 사회적 목표라는 참 가치가 반드시 포함되어야 한다. 우리가 이 점을 잊지 않고 기업 활동을 통해서 사회적 목표를 향해 나아간다면, 이윤 추구만을 꾀하는 그 어떤 기업과의 경쟁에서도 이길 수 있다. 이를 통해 좀더 나은 사회가 만들어질 것이란 사실에는 의심의 여지가 없다. 따라서 그라민은행의 업적은 주주들에게 주어지는 배당금이라는 잣대만으로 측정되어서는 곤란하며, 배당금의 액수가 어떻든 간에 우리의 활동이 지역사회에 기여하는 몫을 잊어서는 안 된다.

정치적 이데올로기란 측면에서 볼 때 그라민은행의 철학은 어디에 속하는가? 좌파, 우파, 중도파? 그라민은행은 정부의 개입을 가능한 한 최소한으로 줄이려는 입장을 가지고 있다. 또한 시장경제를 옹호하고 창업을 권장한다. 이런 점에서 보면 그라민은행은 우파에 속한다고 할 수 있다. 하지만 그라민은행은 또한 사회적 목표를 성취하고자 노력한다. 예를 들면 가난을 퇴치하고, 모든 사람들에게 교육의 기회를 주고, 여성들로 하여금 자립할 수 있도록 지원함으로써 남녀평등을 지향하고, 노년층의 복지를 보장해야 한다는 구체적인 목표를 가지고 있다. 그라민은행의 꿈은 이 세상에서 가난과 사회보조금을 몰아내는 것이다. 바로 이 점에서 기존의 제도권이나 이윤 추구에 목표를 두고 있는 일반 기업들과 다르다.

그라민은행은 경제적 자유주의를 신봉하지 않는다. 우리는 사회적으로 기여를 해야 한다고 생각하지만, 그렇다고 해서 국가가 기업이나 사회 분야에 개입하는 것은 찬성하지 않는다. 국가의 역할은 기업들로 하여금 사회 분야에 적극 참여하도록 권장하는 것에 그쳐야 한다. 이런 점들로 볼 때 그라민은행은 좌파에 속한다. 여러 무로 살펴볼 때, 그라민은행은 정치적으로나 전통적 관점에서 어느 한 쪽으로 분류하기가 곤란하다.

그라민은행은 1978년부터 은행이 지향하는 가치와 직원들이 지켜야 할 규율을 만드는 일에 착수했다. 그때는 정식으로 은행이 설립되기도 전인 실험기였다. 초기에는 지역 책임자들이 매년 회합을 열어 여러 방안을 검토하고 의견을 개진하는 시간을 가졌다. 두 번째 해부터 회합의 범위가 전국으로 확대되어 각 센터를 맡고 있는 책임자들도 참여했다. 1980년부터는 본격적으로 전국 규모의 회합을 개최하였고, 거기서 결정된 사항들을 문서화했다.

1982년 두 번째로 열린 전국 규모의 회합에서 참석자들은 '우리의 결심 10가지'를 정리하여 공표하였다. 이것은 1984년 조이데브푸르에서 가진 회합에서 '우리의 결심 16가지'로 수정되었고, 이후 이 문안은 더 이상 수정되지 않았다. '우리의 결심 16가지'에 대해 유누스는 "이 문안에 포함된 조항들은 그라민은행에서 일하는 모든 사람에게 존재 이유와 삶의 목표를 제시하고 있다"고 말한다.

〈우리의 결심 16가지〉

01. 우리는 그라민은행이 정한 4가지 원칙을 우리의 생활 속에서 준수하고 실천한다. 이는 규율, 단합, 용기, 성실이다.

02. 우리는 우리의 가족에게 번영을 가져다준다.

03. 우리는 허름한 집에서 살지 않는다. 우리는 우리가 사는 집을
수리하고, 가능한 한 빠른 시일 안에 새 집을 짓는다.

04. 우리는 야채를 재배해서 먹고, 남는 것은 판매한다.

05. 파종기에는 가능한 한 많은 씨앗을 뿌린다.

06. 우리는 가능한 한 아이들을 적게 낳는다.
우리는 이 지출을 줄인다. 그리고 건강을 돌본다.

07. 우리는 자녀를 교육하고, 교육비용을 충당한다.

08. 우리는 자녀의 위생과 환경을 생각한다.

09. 우리는 화장실을 만들어 사용한다.

10. 우리는 깨끗한 우물에서 길은 물을 마신다.
만일 물이 깨끗하지 않으면 반드시 끓여서 마시거나
명반으로 소독한 뒤 마시도록 한다.

11. 우리는 아들을 결혼시키며 지참금을 받지도 않으며,
딸을 결혼시키며 지참금을 주지도 않는다.

12. 우리는 정의롭지 못한 일을 하지 않으며, 다른 사람이
정의롭지 못한 일을 할 때는 저항한다.

13. 우리는 더욱 높은 수익을 얻기 위해 집단투자 비율을
늘려 나간다.

14. 우리는 언제나 다른 사람을 돕는다. 우리는 어려움에 빠진
사람을 돕는다.

15. 우리는 센터에서 규율이 깨진 것을 보면 이를 바로잡는다.

16. 우리는 센터에서 신체를 단련한다. 우리는 모든 모임에
    단체로 참가한다.

'우리의 결심 16가지' 는 몇 조항을 빼고는 가난을 벗어나고
생활의 질을 높이는 것과 관련이 깊다. 겉만 보면 선진기업의
비전 선언서나 기업이념에 비해 매우 소박해 보인다. 하지만
방글라데시의 경제적 상황과 문화를 고려하면, 그라민은행이
선택한 16가지 결심이 얼마나 중요하고 실용적인지 이해할 수
있다. '우리의 결심 16가지' 는 은행 직원들만이 아니라 주주
와 회원(고객) 모두에게 적용된다. 그라민은행의 지배 구조를
보면, 정부가 약 8퍼센트의 주식을 갖고 있지만 나머지는 모두
은행의 회원들이 갖고 있다. 회원이 주주인 셈이다. 대부분의
주식을 회원들이 소유하고 있기 때문에 그라민은행의 가치와
규율은 직원을 넘어 주주와 회원들에게도 자연스럽게 적용되
는 것이다.

담보 없는 소액융자

그라민은행은 '담보 없는 소액융자' 를 제공한다. 설립 초창기
에 많은 금융전문가들은 가난한 사람들을 대상으로 담보 없이
대출을 해주는 것은 미친 짓이라고 주장했다. 또한 그라민은
행의 소액융자가 한 가정의 경제 여건을 호전시키기에는 터무

니없이 적은 액수라고 비판했다. 그러나 결과적으로 담보 없이 이루어지는 소액융자가 담보를 안고 하는 융자보다 훨씬 효율적이라는 사실이 밝혀졌다. 가난한 사람들에게 제공한 소액융자의 원금상환율은 98퍼센트를 넘었고, 소액융자를 받은 대다수의 사람들이 가난에서 벗어났다.

그라민은행의 목표는 '부자 만들기'가 아니라 '가난 극복'이라는 점을 기억할 필요가 있다. 그들은 자활능력이 갖추어지지 않은 사람에게 한 번에 많은 돈을 빌려주면 오히려 어려움을 가중시킬 수 있다고 생각했고, 정말 절실한 것은 열심히 노력하면 일어설 수 있다는 희망을 심어주는 것이라고 믿었다. 소액융자는 희망의 원천이 될 수 있다. 가난한 사람들에게 필요한 것은 제조공장이나 큰 음식점을 운영하는 데 드는 돈이 아니라 대나무 의자나 빵, 옷 등을 만드는 데 필요한 재료비였다. 일반 은행의 거액융자가 여러 문제점을 동반하는 데 반해, 소액융자는 가난한 사람들에게 경제적 창의성과 활력을 불어넣어 준다. 방글라데시의 기업가나 부자들은 정치인들과 손을 잡거나 법을 교묘히 빠져나감으로써 빌린 돈을 갚지 않는다. 그래서 산업개발은행의 원금회수율이 10퍼센트에 불과한 것이다. 이에 반해 가난한 사람들은 이미 아무도 자기에게 돈을 빌려주지 않는다는 점을 잘 알고 있기 때문에 그라민은행으로부터 빌린 돈이 가난을 벗어날 수 있는 유일한 길이라는 절박함을 가지고 있다.

담보가 필요 없다는 점만 보면 그라민은행에서 돈을 빌리는 것이 쉽겠다고 생각할지 모른다. 그러나 이 은행의 융자 조건은 다른 어떤 은행보다 독특하고 까다롭다. 독특한 까닭은 이 은행이 가난한 사람들을 위해 존재하기 때문이고, 까다로운 이유는 그라민은행이 하는 일은 '자선을 베푸는 것'이 아니라 '자활을 돕는 것'이기 때문이다.

그라민은행은 가난한 사람들이 아니면 결코 융자를 해주지 않는다. 경제적 수입을 기준으로 하위 25퍼센트가 되어야 융자를 받을 수 있는 조건이 된다. 그러니까 가난할수록 돈 빌리기가 쉬운 것이다. 이 원칙은 방글라데시뿐 아니라 모든 국가와 지역에 적용된다. 그라민은행의 한국지부인 '신나는 조합'도 마찬가지다. 신나는 조합의 융자를 받으려면 도시에 사는 사람은 재산이 3,000만 원을 넘으면 안 되고, 한 달 수입이 100만 원을 넘어도 안 된다. 그리고 농사짓는 사람은 가진 땅이 농부 1인당 평균 경작 면적인 3,000평보다 적어야 한다.

그들만의 연대보증 방식

그라민은행은 '연대보증 융자' 방식을 취하고 있다. 혼자 오는 사람에게는 절대로 대출해 주지 않는다. 다섯 사람이 하나의 그룹을 만들어 와야 한다. 융자는 개인 명의로 주되, 책임은 그룹 공동으로 지는 방식이다. 따라서 돈을 빌리려는 사람은 가족이 아닌 다른 사람들과 그룹을 지어야 하며, 그룹 내 사람들은 사회적·경제적 여건이 유사해야 한다. 가난한 사람들은 갖가지 위험에 노출되어 있다. 하지만 5명이 그룹을 지어 뭉치면 훨씬 안정된 느낌을 갖는다. 또한 가난한 사람은 혼자서는 계획도 잘 세우지 못하고 실천력이 부족한 경향이 있다. 하지만 그룹을 지어 행동할 때는 남들의 도움도 받고 경쟁심도 생기기 때문에, 융자를 받으면 계획에 따라 행동하고 실천력도 강해진다. 신나는 조합의 강명순 대표는 "한 명은 외롭고, 둘이면 마음을 모아 도망가기 쉽고, 3명이면 한 사람이 소외되고, 4명이면 편이 갈려서 5명이 가장 알맞다"고 말한다.

가난한 사람 5명으로 그룹이 만들어졌다고 해서 융자를 받기 위한 자격 조건이 모두 갖춰진 것은 아니다. 이들은 예외 없이 그라민은행이 어떻게 운영되는지에 대한 교육을 받고 시험을 봐야 한다. 대부분의 사람들이 글을 읽거나 쓸 줄 모르기 때문에 시험은 구두로 진행된다. 은행 직원들은 그룹 구성원들을 각각 따로 불러서 여러 가지 질문을 던진다. 한 명이라도 시험을 통과하지 못하면 재시험을 봐야 하고, 5명 모두가 시험을 통과해야만 융자를 받을 수 있다.

직원들은 이 과정을 통해 가난 극복의 의지를 확인하고 자립의 가능성을 세심하게 관찰한다. 그룹을 만들고 함께 공부하고 시험을 보고 떨어져서 다시 시험을 보는 이런 과정을 거치다 보면, 인내심과 결심이 약한 사람은 자연스럽게 떨어져 나가게 된다. 또한 쉽게 절망하는 사람들도 인내심 강한 사람들과 함께 어울리면서 자극을 받고 강한 책임감과 실행력을 갖게 된다. 이런 점을 보면 그라민은행의 연대보증 방식은 일반 은행들의 그것과 매우 다르다는 것을 알 수 있다.

그라민은행은 어떤 그룹에 융자를 제공하기로 확정해도 상당히 신중하게 접근한다. 우선 그룹의 한 사람에게 융자를 주고 난 다음에 다른 두 사람에게 융자를 준다. 그러고는 세 사람이 6주 동안 제대로 원금을 갚는지를 확인하고 나서 나머지 두 사람에게도 융자를 준다. 그라민은행이 이처럼 독특하면서도 철저한 방식을 고수하는 이유는 담보보다는 개인의 의지가 상환능력과 더 깊은 관계가 있다고 판단하기 때문이다.

나도 돈을 갚을 수 있다

방글라데시의 일반 은행들이나 제2금융권은 개인에게 융자를 주고 원금을 일시에 돌려받는 방식을 선호한다. 따라서 돈을 빌린 사람은 만기가 되면 한 번에 전액을 갚아야 하는데 이것이 쉽지 않다. 그래서 대개 융자액을 늘려가면서 만기일을 가능한 한 미루게 되고, 결국은 돈 갚는 것을 포기하는 경우가 종종 생긴다. 그라민은행은 기존 은행들과 정반대의 방식을 택했다. 융자를 받는 사람은 1년 동안 매주 조금씩 원금을 나누어 갚는다. 일주일 단위로 소액을 상환함으로써 원금 상환의

부담을 줄이는 것이다. 이 방식은 또한 고객관리가 용이하다
는 장점이 있다. 누가 돈을 갚고 누구는 갚지 않았는지 수시로
파악할 수 있기 때문이다. 그리고 또 한 가지, 융자를 한 번도
받아본 적이 없는 대부분의 가난한 여성들에게 스스로 원금을
갚아나가는 경험과 '나도 돈을 갚을 수 있다'는 자신감을 심어
주는 장점도 가지고 있다.

이 같은 상환방식은 융자받는 사람들의 마음을 편안하게 해
줄 수 있다. 그러나 그라민은행의 융자가 편한 것만은 아니다.
왜냐하면 어떤 은행보다도 엄격한 상환 원칙을 고수하기 때문
이다. 돈을 빌린 사람은 자연재해나 개인적 사고를 당한 경우
라도 조금이나마 원금을 상환해야 한다. 피치 못할 사정이 생
긴 사람에게는 주당 상환금을 아주 낮춰서라도(예를 들면 0.1
퍼센트) 상환은 반드시 하도록 한다. 이것은 아무도 어길 수 없
는 원칙이다. 이런 원칙을 고수하는 이유는 돈을 빌린 사람의
독립심과 책임감을 높이고 중도에 포기하지 않도록 하기 위해
서이다. 만약 어떤 마을에 홍수나 기근이 들었을 때, 그라민은
행은 이미 융자를 받았던 사람에게 또다시 융자를 준다. 하지
만 이때에도 전의 융자를 일부 탕감해 주거나 없던 것으로 하
는 경우가 없다. 장기융자로 전환하여 아무리 오랜 시간이 걸
린다 해도 모두 갚도록 한다.

자연재해나 사고 같은 특별한 사유가 없는 한 적어도 50주
동안 매주 원금의 2퍼센트 이상을 상환해야 한다. 소액상환의

특성상 몇 번을 거르면 서로 신뢰가 깨지고 나아가 습관적으로 상환하지 않게 될 가능성이 높다는 점을 경계하는 것이다. 유누스는 이렇게 강조한다.

심리적 관점으로 볼 때, 회원과의 관계에서 신뢰만큼 중요한 요인은 없다. 만일 어떤 사람이 석 달 동안 한 번도 거르지 않고 일주일 단위로 꾸준히 상환을 했다면, 그는 앞으로도 별탈 없이 상환할 가능성이 대단히 높다. 왜냐하면 이미 원금의 4분 1을 갚았고, 앞으로 4분의 3만 갚으면 되기 때문이다. 원금의 절반을 갚았을 경우, 이젠 절반밖에 남지 않았다고 생각할 것이다! (우리 은행에서는) 일 년 동안 원금과 이자를 모두 갚도록 되어 있다. 이들은 매번 갚아야 하는 금액이 그리 많지 않기 때문에 때론 의식도 못하고 돈을 갚는다. 오히려 흔쾌한 마음으로 돈을 갚는 것이다.

반대로 하면서 성공하다

무하마드 유누스는 사람들이 "어떻게 그런 독창적인 은행 경영방식을 생각하셨죠? 원래 은행가도 아니잖습니까. 어떻게 하신 거죠?"라고 물으면 이렇게 대답한다고 한다. "우리는 다른 은행들이 어떻게 하나 보면서 정반대로 했습니다." 그가 말하는 정반대의 의미를 자세히 살펴보자.

첫째, 일반 은행들은 보증과 담보를 요구하고, 돈을 빌리는 사람이 상환능력이 있는지를 분석하는 데 온 신경을 쏟는다. 그리고 행여 돈을 갚지 못하면 도망을 다니거나 죄인이 되어 처벌을 받는다. 그러나 그라민은행은 원금을 돌려받기 위해 법에 호소하거나 변호사에게 자문을 하는 경우가 없다. 그들은 '모든 일을 우리 스스로 해결한다'는 원칙을 정했고 이것을 지킨다.

유누스와 직원들은 그라민은행이 성공하기 위해서는 '회원들의 신뢰를 얻는 것'이 가장 중요하다는 점을 알고 있다. 법에 기댈 경우, 문제를 간단하게 해결할 수 있을지는 모르지만 회원들과의 신뢰는 날아가버린다. 이런 이유로 돈을 빌려주는 사람과 돈을 빌리는 사람 사이에 사법적 관계는 존재하지 않으며 서류도 필요하지 않다. 유누스는 "우리는 다만 사람들과 관계를 맺을 뿐이며, 우리 은행이 성공하느냐 실패하느냐는 오로지 사람들과의 관계에 달려 있다"고 말한다.

가난한 사람들의 생활은 악화되기 쉽기 때문에 법이나 서류로 묶는다고 해서 상환비율을 높일 수는 없다는 것이 그들의 생각이다. 그라민은행은 '사람은 정직하다'는 전제조건에서 출발한다. 서로 신뢰함으로써 돕고 지속적으로 좋은 관계를 맺으면, 원금 상환은 자연스럽게 이뤄질 것이라고 믿는다. 기존의 은행 시스템이 불신에 기초한다면 그라민은행의 원칙은 신뢰를 바탕으로 삼고 있다. 그라민은행의 이러한 신념과 원칙은 98퍼센트가 넘는 원금상환율로 보답받고 있다.

둘째, 일반 은행들은 사람들이 은행으로 나오도록 만든다. 하지만 그라민은행은 그렇게 할 수가 없었고, 그렇게 해서도 안 된다고 믿었다. 가난한 여성은 문맹인 경우가 많고, 이들은 은행에 간다는 사실만으로도 부담을 느낀다. 그라민은행은 설립 때부터 은행이 사람들에게 간다는 원칙을 세웠다. 어느 지점을 방문해도 사람들이 길게 줄을 선 광경을 볼 수가 없다. 또한 은행 직원들도 몇 명밖에 보이지 않는다. 왜냐하면 그 시간에 고객들을 찾아가기 때문이다. 초창기에는 '직원이 사무실에 있는 것은 그라민은행의 내규에 어긋나는 일이다' 라는 문구를 의무적으로 붙여놓기까지 했다고 한다. 유누스는 직원들에게 "여러분은 사무실에 앉아 있는 시간 때문이 아니라, 밖에서 사람들과 함께 보내는 시간 때문에 봉급을 받는 것" 이라고 강조한다.

셋째, 일반 은행들은 융자를 주기 전에는 돈을 빌리는 사람에 대해 큰 관심을 보인다. 하지만 일단 융자를 주고 난 다음에는 사람에 대해 전혀 관심을 갖지 않는다. 그러다가 만기가 되고 원금 상환이 제대로 이뤄지지 않으면 또다시 관심을 쏟는다. 그라민은행은 이와 반대로 한다. 일반 은행은 '돈' 을 보고 '결과' 를 관리하는 데 집중하지만, 그라민은행은 '사람' 을 보고 '과정' 을 관리하는 데 초점을 맞춘다. 직원들은 매주, 매월 한 차례씩 고객을 방문해서 재정 상태가 어떠한지, 융자한 돈을 본래 목적대로 쓰고 있는지를 확인한다. 이런 식으로 2만

명이 넘는 직원들이 매주 대략 300만 가구를 방문하고 있다.

그라민은행은 '가난한 사람들을 위한 은행' 으로 알려져 있다. 그러나 그들은 그라민은행이 '가난한 사람들을 위한 은행' 에서 언젠가는 '예전에 가난했던 사람들의 은행' 으로 기억되길 바라고 있다. '가난 없는 세상을 이룩하는 것' 이 그라민은행의 꿈이기 때문이다. 그라민은행의 사례는 감동적이다. 방글라데시의 가난이 만들어낸 경영의 위대함이며, 경영이 얼마나 다양한 모습을 취할 수 있는지 지평을 넓혀놓은 것이다.

내가 이 사례를 특히 좋아하는 이유는, 모든 기업이 하는 것과 반대로 경영하면서 성공한 기업의 이야기이기 때문이다. 우리는 여기서 조건과 환경에 따라 얼마나 많은 해결의 묘법을 가질 수 있는지를 배운다. 이것이 바로 실험정신이다. 그리고 성공이란 늘 어느 날의 실험이 우리의 기대에 딱 부합할 때 만들어지는 것이다. 성공이 새로운 실험의 결과라는 것을 아는 것, 이 깨달음이 바로 성공한 자들이 터득한 지혜다.

〈그라민은행 직원의 하루 일과〉

• 6시 : 기상하여 세수 및 아침식사.

• 7시 : 서류와 가방을 챙겨 자전거를 타고 지점으로 향한다.

• 7시 30분 : 융자를 받은 40명의 사람들이 직원을 기다리고 있다. 이들은 자기네가 직접 만든 대나무 간이시설에 앉아서 직원을 기

다리고 있다. 이들은 서로 그룹을 지어 여덟 줄로 앉아 있는데, 각 그룹의 대표는 자기 자신을 포함한 그룹 구성원들의 통장을 모아서 가지고 있다. 미팅이 있기 전에 간단한 체조 시간을 갖는다. 직원은 각 그룹의 대표로부터 상환금과 통장을 넘겨받는다.

- 9시 30분 : 직원은 자전거를 타고 두 번째 미팅을 위해 다른 '센터'(그라민은행에서는 그룹 몇 개를 묶어 센터라고 부른다)로 향한다. 주중에 그 직원은 10개의 센터를 관리해야 한다. 그는 자기 책임하에 있는 400명의 회원을 만나야 하며, 여러 명목으로 제공된 융자(일반융자, 계절융자, 주택융자)에 대한 상황금과 회원들이 맡기는 예금을 받아야 한다. 직원은 두 번째로 들른 센터를 떠나기 전에 장부를 대조하다가 몇 타가가 남는다는 사실을 발견한다. 자세히 검토해 본 결과, 한 회원이 다음 주에 상환해야 할 금액을 미리 상환했다는 사실을 알아낸다.

- 11시 : 직원은 회원들을 방문하고 그들에게 조언을 한다. 이 방문을 통해 회원들이 무엇을 필요로 하며 어떤 문제점을 가지고 있는지를 파악한다. 이는 매우 중요한 업무 가운데 하나인데, 직원이 교육자로서의 재능을 구체적으로 발휘할 수 있는 기회이기도 하다.

- 12시 : 지점으로 돌아온 직원은 여러 서류들을 정리하고 회계장부에 기록을 한다. 지점장이 일단 일을 마치면 직원도 자기 시간을 가질 수 있다. 하지만 그는 회계 검토를 철저하게 해서 단 1타카의 오차도 없도록 해야 한다.

- 12시 30분 ~ 14시 : 점심식사 및 동료들과의 티타임.

- 14시 : 오전에 수금된 돈은 오후에 새로운 융자금으로 지급된다. 융자를 줄 때 직원들은 지점장을 보좌한다.

- 15시 : 이 직원과 다른 동료들은 새로 지급된 융자에 관한 내용을 장부에 기록한다.

- 16시 30분 : 차를 마시면서 동료들과 환담을 나눈다.

- 17시~18시 30분 : 융자 때문에 어려움을 겪고 있는 지점을 방문하거나, 아동을 위한 교육 프로그램을 구상한다.

- 19시 : 남아 있는 서류 정리를 마치고 하루 일과를 마감한다.

* 그라민은행의 사례는 변화경영연구소 홍승완 연구원이 정리하였다.

CORE

1장

사람을 남겨라

"우리가 가지고 있는 장점을 필요로 하는 기업에서 우리는 좋은 성과를 올릴 수 있다. 하지만 우리의 단점까지도 활용할 수 있는 기업에서 우리는 훨씬 더 뛰어날 수 있다."

— 알렉시스 드 토크빌

사람에게 공들여라. 그것이 핵심이다

무형자산의 시대

2001년 말 GM은 자사의 자산이 520억 달러라고 자랑했다. 그러나 GM의 시장가치는 300억 달러에 지나지 않았다. 반면 대차대조표에는 자산이 70억 달러라고 기재되어 있지만, 어마어마한 지적 재산권을 가진 제약회사 머크(Merck)의 실제 자산가치는 1,500억 달러에 달했다. 결국 GM은 머크의 5분의 1에 지나지 않는 초라한 기업이 되었다. 이러한 현상은 미국 전체 산업을 보아도 별로 다를 것이 없다. 1999년 미국은 온갖 노력을 다해 비행기를 만들었고, 그걸 팔아 290억 달러를 벌어들였다. 그러나 그해에 미국이 지적재산권을 팔아서 번 돈은 370억 달러였다.

1980년대 초 세계 최고의 부국인 미국의 기업가치 가운데 3분의 2를 차지한 것은 공장과 설비, 기업 보유 부동산 같은 물리적 자산이었다. 그러나 10년이 지난 1990년대 초에 이르러 물리적 자산이 차지하는 비율은 3분의 1 이하로 급격히 떨어졌다. 그리고 지금도 점점 더 줄어들고 있다. 서비스 산업에서는 이미 무형의 부드러운 자산이 기업의 모든 가치를 차지하고 있다고 해도 과언이 아니다.

미국에서만 그런 것이 아니다. 손정의의 소프트뱅크는 미국과 일본에 100개가 넘는 인터넷 관련 회사의 지분을 관할하고 있다. 야후 주식의 28퍼센트를 소유하고 있으며 지오시티즈, US 웹, 메시지미디어 등의 주요 지분을 장악하고 있다. 손정의 개인 주식을 포함하여 소프트뱅크와 방계 회사들의 시장가치는 약 250억 달러에 달하는 것으로 추산된다. 조그만 벤처로 시작한 소프트뱅크는 시가 총액 규모에서 소니를 능가하며 일본의 5대 기업으로 진입했다.

기업의 성공은 부드러운 무형의 가치에 의해 좌우되고 있다. 미래의 비즈니스 성공에 필수적인 것은 무엇일까 하는 질문의 답은 이제 분명해졌다. 그것은 사람이다. 두뇌와 가슴이다. 의문의 여지가 없다. 이제 우리는 당장의 재무적 성과를 내다보며 조직을 경영해서는 안 된다는 것을 알아야 한다. 기업 조직의 구조와 운영 원칙은 '앞으로 5년, 10년, 15년 뒤의 사업 목표를 겨냥하여 설계' 되어야 한다.

세계적인 기업들의 전략과 문화를 분석한 하버드 경영대학원 교수 로자베스 모스 캔터는 중요 무형자산을 3가지로 정리했다. 그녀는 이것을 '3C'라고 부른다.

첫째는 개념(concept)이다. 아이디어와 기술을 지칭한다. 이는 모두 기존 산업의 경계를 끊임없이 넘나드는 자유로운 정신적 혁신의 결과물이다. 이 대목에서 창의적이고 상상력이 강한 인간의 두뇌가 가장 중요한 역할을 한다. 그리고 이때 코리아니티는 두뇌의 작동방식에 영향을 준다.

둘째는 역량(competence)이다. 완벽하게 사업을 수행하고 실천하는 능력, 고객에게 더 높은 가치를 제공할 수 있는 능력을 의미한다. 이것은 학습의 결과물이다. 여기서는 인간의 두뇌와 더불어 가슴이 매우 중요한 역할을 할 것이다. 따라서 꿈, 열정, 몰입, 헌신 같은 뜨거운 경영이 중요할 수밖에 없다. 코리아니티는 다수의 가치와 정서를 지배하고 있기 때문에 역량의 보유와 실천에 결정적 영향을 미칠 것이다.

셋째는 연결(connections)이다. 이것은 강력한 파트너십을 통해 기업의 능력을 확장하고 새로운 시장에 진출하는 것이다. 조화와 협력이 중요한 대목이다. 세계화의 물결 속에서 형성되는 지역주의, 산업계의 경계를 무너뜨리며 새로운 시장과 고객을 찾아 움직이는 전략적 이동, 기술과 생산의 분리와 파트너십, 산업과 기업의 혼융 등은 이 대목에서 다루어질 것이다. 동양과 서양이 사물과 인간관계의 핵심에 대한 인식에서 차이를 보이듯이, 코리아니티는 '관계'의 작동원리에 결정적 영향을 미칠 것이다.

지식사회에서 경쟁력의 핵심인 3가지 무형자산은 결국 사람의 정신적·정서적 활동에서 나온다. 기술은 특허권으로 보호되며 지적재산권의 형태로 존재한다. 그러나 새로운 개념과 아이디어는 무료다. 누구나 창조할 수 있고, 빌려올 수 있고, 모방할 수 있고, 변형할 수 있다. 생각은 자유로운 것이기 때문이다. 그런 의미에서 우리는 누구의 아이디어든, 어느 나라의 아이디어든 그것이 훌륭한 대안이라고 생각하면 배워올 수 있고 우리의 환경에서 실험할 수 있다.

그러나 아이디어를 받아들이고 실천하는 역량은 아이디어보다 훨씬 더 제한적이다. 모든 생각이 다 행동으로 실천되지는 않는다. 어떤 전략이든 그것을 실행에 옮기는 것은 늘 도전적인 과제다. 좋은 아이디어지만 실천하기 어려운 사람이 있듯이, 좋은 아이디어지만 실천하기 어려운 문화적 장애를 가진 기업도 있다. 반대로 어떤 아이디어는 그 사람의 기질과 강점에 잘 부합하기 때문에 쉽게 성과에 이를 수 있듯이, 한 기업의 문화적 전통에 부합하여 훌륭한 경영 성과로 이어질 수 있는 아이디어도 있다.

아이디어는 오리지널리티가 중요하지 않다. 그것을 가장 잘 활용하여 자신의 것으로 만든 사람의 것이다. 그 점에서 아이디어는 범세계적이다. 그러나 아이디어의 실천에는 국경이 있다. 이 점에서 아이디어는 또한 국가와 문화의 자식이라고 할 수 있다.

코리아니티는 한국인 다수의 마음이다

경영은 기존 산업에서 경쟁하여 승리하거나, 차별성을 강화하여 경쟁이 없는 새로운 시장을 발견하고 그곳에서 번영하는 전략적 이동과 실천을 의미한다. 그러나 여기서도 반드시 기억해야 할 핵심이 있다. 전략도 아이디어와 마찬가지로 그 자체로는 국경이 없으나 실천에는 국경이 있다는 점이다. 전략은 소수 창의적 엘리트들의 작품이지만, 그 실천은 구성원 다수의 문화적 특성에 크게 의존하기 때문이다.

잭 웰치는 전략을 단순한 것으로 이해한다. 그는 전략이 마치 고도의 두뇌를 필요로 하는 과학적 접근방법인 것처럼 이해하는 전략 전문가들의 의견에 동의하지 않는다고 단언한다. 그들이 틀렸기 때문이 아니라 전략은 현실이며 생활이어야 하기 때문이다. 전략은 흥미진진하고 빠르게 전개된다. 그리고 그것은 살아 숨쉰다. 전략은 전문가가 제시하는 골치 아픈 수치나 분석 데이터가 아니다. 시나리오 기획, 수백 페이지의 보고서 등은 모두 쓰레기일 뿐이다. 그는 이렇게 말한다.

현실에서 통하는 전략이란 단순 명료한 것이다. 전체적인 방향을 설정하고 필사적으로 실행하면 되는 것이다. 그렇다. 이론은 흥미롭고 차트나 그래프는 멋있어 보인다. 그러나 전략을 너무 복잡하게 만들어서는 안 된다. 전략에 대해 많은 생각을 하고 데이터와 세세한 사항들을 파고들다 보면 점점 더 알 수 없게 된다. 그것은 전략이 아니다. 고통일 뿐이다. 이는 비생산적인 일이다. 승리하고 싶다면 전략에 대하여 더 적게 생각하고 더 많이 행동해야 한다.

그렇다. 그의 말이 옳다. 실천이 중요하다. 바로 이러한 이유에서 다수의 직원이 보유한 실천력을 중시하는 것이다. 한국 기업의 실천력은 코리아니티에서 나오고, 코리아니티는 우리가 받은 가장 커다란 유산이다. 마찬가지로 미국의 힘은 아메리카니티에서, 일본의 힘은 재패니티에서 나온다. 우리는 세계 1위의 국가와 2위의 국가가 매우 다른 경영모델을 가지고 성장해 왔다는 점에 주목할 필요가 있다. 정서와 신념과 가치 체계의 작동 없이는 가슴으로 이해되는 행동, 곧 열정적 실천과 헌신이 따를 수 없는 것이다.

하드웨어는 얼마든지 빌려오거나 모방할 수 있지만, 그 문화 특유의 가치체계와 정서는 결코 따라할 수 없다. 미국의 제도와 시스템 속에서 그것들의 작동을 가능하게 했던 아메리카니티를 우리가 모방할 수는 없다. 재패니티 역시 일본의 것이다. 우리가 그들이 만든 제도와 시스템, 프로세스와 조직을 빌려와서 사용해도 현장에서 제대로 작동하지 않는 이유가 바로 여기에 있다. 따라서 코리아니티는 실천 역량의 크기를 결정하는 가장 중요한 요소다. 잭 웰치는 한국의 경영자들이 간과하기 쉬운 간단하고 명료한 통찰을 제공한다.

조직에서 대부분의 일은 중위권에 속하는 70퍼센트의 사람들이 수행한다. 이 믿음직한 일꾼들은 그렇게 빛을 발하지는 않지만, 열심히 그리고 훌륭하게 직무를 수행한다. 이들은 충분한 배려와 관심만 받으면 빛을 발할 수 있는 사람들이다. 중위권 70퍼센트의 사람들이 아무도 알아주지 않는 암흑의 상태에서 일하게 해서는 안 된다. …… 이들은 아주 중요한 사람들이다. 그들은 기업의 심장이자 영혼, 즉 핵심부다. 인력의 다수를 차지하는 그들을 절대로 잊어서는 안 된다.

코리아니티는 특히 이 중위권 70퍼센트에 속하는 다수의 사람들이 공통으로 가지고 있는 공유의식이며, 정서적 공감이라는 점을 기억해야 한다. 한국인 다수의 마음, 다수의 정신적 자세, 이것이 코리아니티다. 모든 문화에는 '침묵의 영역'이 있다. 그것은 그 문화를 이루는 구성원들이 너무도 당연히 여겨서 평소에는 의식하지 못하는, 잠재의식 속에 살아 있는 신념과 정서다. 소수가 다수를 소외시켜서는 안 된다. 소수를 위한 차별적 인사시스템과 정책이 건강한 다수를 좌절하게 하거나 무기력하게 만드는 현상이 빚어져서는 안 된다는 뜻이다. 그러나 대부분의 기업은 소수의 뛰어난 인재들에게 차별적 지원을 제공하는 한편, 다수의 건실하고 묵묵한 직원들의 사기와 잠재력을 활성화하는 데는 적극적이지 못하다. 우리의 인재정책은 창조적 소수를 빛나게 하고, 건실한 다수의 자부심과 건강함을 증진할 수 있는 방향으로 추진되어야 한다.

이 장에서 나는 코리아니티를 충분히 살려낸 경영방식들을 논의하고 제안할 것이다. 코리아니티란 본질적으로 한국인 다수가 가지고 있는 내면적 일관성이다. 그러나 그것은 고착성을 의미하지 않는다. 환경과 조건에 따라 모양을 바꿀 수 있는 유연한 코리아니티의 창조가 중요하다. 물을 보라. 넓고 완만한 곳에서는 천천히 여유롭게 흐른다. 그러나 협곡에 이르면 소리치고 구르며 엎어질 듯 쏟아져 내린다. 물의 2가지의 모습은 서로 상반되는 듯하지만 하나의 특성, 곧 '물은 낮은 곳을 취한다' 는 특성을 따르고 있다. 에드워드 사이드가 말하듯, 정체성은 '흐르는 것' 이다. 코리아니티 경영은 하나의 실험이다. 그리고 한국의 경영현장에서 반드시 실험되어야 할 일이다. 그것은 세계적인 베스트 프랙티스들을 만들어내기 위한 차별성의 모색이다.

기회와 몰락의 변곡점, 사람

인재 전쟁

'장사는 이문을 남기는 것이 아니라 사람을 남기는 것' 이라는 말은 참 멋있다. 평생을 비즈니스맨으로 살아가는 사람들은 비즈니스에도 도(道)가 있다는 것을 즐긴다. 사고팔고 이해를 다루는 영역에서도 인간다운 위대한 정신이 살아 숨쉬기를 바란다. 더욱이 인간이 경쟁력의 원천이 된 지식사회에서 우리는 인간 중심의 원칙과 도가 살아 있는 경영에 대한 목마름을 느낀다. 그것은 인재전쟁(war for talent)이 도처에서 벌어지는 지금, '관계' 를 통해 핵심 역량을 가진 사람들의 열정과 참여를 이끌어내고 싶기 때문일 것이다.

이런 농담이 있다. 어느 날 마이크로소프트가 망해 빌 게이츠의 전 재산이 동결되면, 빈털터리가 된 빌 케이츠는 여생을 가난 속에서 살다 죽게 될까? 답은 아니다에 가깝다. 마이크로

소프트가 망하더라도 빌 게이츠는 망하지 않을 것이다. 그는 할 일이 많다. 또 하나의 기업을 만들어내든지, 다른 회사에 스카우트되어 CEO가 되든지, 경영컨설턴트가 되든지, 강연가가 될지도 모른다. 아니면 '모든 것을 잃은 후의 빌 게이츠'라는 제목으로 책을 써서 베스트셀러 작가가 될 수도 있을 것이다. 타이거 우즈가 모든 것을 잃어도 마찬가지일 것이다. 골프채 하나만 쥐어주면 다시 시작할 수 있다. 파블로 카잘스에게는 첼로가 있으면 되고, 피카소에게는 붓과 물감이 있으면 충분하다.

인적자원에 대한 연구로 노벨상을 받은 경제학자 게리 베커는 지금의 자본주의를 '인적자본주의'라고 불렀다. 그는 교육, 훈련, 기술, 건강 등의 총합이 현대 국부의 75퍼센트를 차지한다고 주장한다. 사람이 자산이고 경쟁력의 핵심이 된 것이다. 실제로 이런 현상을 기업의 성과와 자산에 대한 평가에 반영하려는 움직임이 점점 영향력을 발휘하고 있다. 한 예로 로버트 하웰이나 바루크 레부 같은 회계혁명주의자들은 전통적 회계원칙(GAAP:Generally Accepted Accounting Principles)으로는 지식집약형 기업들의 가치와 실적을 제대로 평가할 수 없다고 믿고 있다. 따라서 기존의 대차대조표를 던져버리고 지적자산, 연구개발, 인사채용과 훈련, 직원의 건강 등이 지닌 가치를 평가할 수 있는 새로운 기준을 마련해야 한다고 주장한다. 이런 움직임을 지금은 충격회계법(Shock Accounting)이

라고 부르지만, 우리 생각보다 훨씬 빨리 새로운 회계원리로
받아들여질지 모른다.

말과 신념의 차이

자본주의도 진화한다. 지나온 세기가 효율성과 생산성의 시대
였다면, 21세기는 효과성과 재능의 시대이다. 과거와 지금의
사이에는 분명히 '전략적 변곡점'이 존재한다. 성공과 좌절의
분기점 말이다. 때로 이 분기점은 기술혁명이었고, 경쟁관계
의 변화였고, 시장의 변화였다. 예를 들어 디지털 혁명의 변화
를 알아채지 못한 모토롤라는 무명의 노키아에게 통신단말기
시장의 리더 자리를 내주고 말았다.

　이 기회와 몰락의 변곡점에는 '사람'이 있다. 한국의 경영
자들은 그동안 '인사가 만사'라는 말을 즐겨 써왔다. 그러다
가 조직, 제도, 시스템, 프로세스, 규정 등을 앞세운 미국식 기
능주의 경영의 성공에 밀려 구시대적 발상으로 매도되기도 했
다. 실제로 예전의 경영은 비과학적 수준에 머물러 있었고 학
연과 혈연, 지연으로 얽힌 배타적 인사가 많았던 것이 사실이
다. 그러나 '인사가 만사'라는 말은 새로운 시대, 새로운 변곡
점에서 다시 한 번 힘을 얻었다. 우리의 문화 속에 깊이 자리 잡
고 있는 이 개념을 훌륭하게 복원해낼 수 있다면, 한국의 경영
은 세계 속에서 경쟁력을 갖춘 새로운 경영모델로 부상할 수

있을 것이다.

코리아니티 인재경영은 단 한 가지 믿음에서 시작한다. 사람이 제일 중요하다는 전제를 진실로 믿는 것이 가장 중요한 출발점이다. 차용한 가치관은 신념이 될 수 없다. 말과 신념의 차이는 결국 믿음이다. 정말로 믿는다는 말은 인재를 선발하고 계발하고 유지하는 일을 경영의 가장 우선적 가치로 인식한다는 뜻이다. 곧 훌륭한 인재의 발견과 계발과 유지가 단지 인사부서의 일이 아니라 최고경영자와 관리자들의 가장 중요한 활동이 되어야 한다. 이러한 신념은 조직의 심리적 상태를 고무한다.

예를 들어 회사가 병들었을 때 나타나는 가장 대표적인 증상은 직원들의 퇴사다. 직원이 떠나려고 한다면 그 조직은 이미 병든 조직이다. 이것은 직원의 충성심이 부족해서가 아니라, 직원의 열정을 끌어내지 못한 경영자의 믿음이 부족한 탓이다. 최고의 일터를 제공함으로써 출근하고 싶은 회사를 만들어내는 것이 경영자의 신념이 되어야 하며, 일선 관리자들의 실천을 통해서 구현되는 가치여야 한다. 잭 웰치가 한 말을 기억하자.

GE는 여러분의 희생을 요구하지 않는다. GE에서 희생당하고 있다고 생각하는 사람들은 GE를 떠나라. GE는 여러분의 성장과 번영을 원한다. GE에서 그렇게 될 수 있다고 믿는 사람만 이곳에 남아라.

우리는 여기에 한 가지를 더할 수 있다. '이곳에서 번영할 수 있는 사람뿐 아니라 이곳을 위해 헌신할 수 있는 사람도 남아라.' 한국인은 미국인들과 달리 '우리' 이면서 '나' 일 수 있는 헌신과 번영의 공간을 끊임없이 모색하기 때문이다.

사람을 얻고 사람을 남기려면 2가지 기본 태도가 중요하다. 첫째는 사람에게 시간과 공을 들이는 것이다. 둘째는 비즈니스가 정치가 되게 해서는 안 된다는 것이다.

사람에게 시간을 써라

경영자들에게 기업경영에서 가장 중요한 것이 무엇이냐고 물으면 대부분 '사람' 이라고 대답한다. 옳은 말이다. 매킨지(Mckinsey)는 오랜 연구를 통해 '인재가 기업 경쟁우위의 필수적인 원천' 이라는 결정을 내렸고, 지금을 인재전쟁의 시대라고 규정했다. 그러나 이 연구를 통해 알아낸 한 가지 아이러니는 경영자들이 인재의 중요성에 대해 적극적으로 동의하지만, 실제로 인재 육성을 최우선 순위에 두고 실천하는 기업은 연구대상 기업의 4분의 1에 불과하다는 점이다. 사람의 중요성은 대부분의 경영자들이 머리로 받아들인 수사였을 뿐 믿음이 되지 못했다.

더 리미티드(The Limited)의 창업자인 레스 웩스너(Les Wexner)는 1963년 젊은 여성들을 겨냥한 작은 옷가게에서 시작하여 1990년에는 3,800개의 상점을 보유하고 50억 달러의 매출을 올렸다. 그러다가 1990년대 초반에 회사 사정이 급격히 나빠졌다. 해결 방안을 찾지 못한 그는 영화감독인 스티븐 스필버그, GE의 잭 웰치, 펩시의 웨인 캘러웨이 등을 만나 자문을 구했다고 한다.

웩스너는 그들에게 얼마나 자주 영업매출을 확인하는지 물어보았다. 그들은 "한 달에 한두 번"이라고 말했다. 그러나 웩스너는 하루에 두 번을 확인하고 있었다. 새로운 광고를 검토하는 데는 얼마나 시간을 쓰는지 물어보았더니 그들은 "거의 안 한다"고 답했다. 이번에는 새로운 상품 콘셉트를 잡는 데 얼마나 시간을 쓰는지 물어보았다. 그들은 "가끔, 그것도 예산 지출이 많은 새로운 상품의 콘셉트일 경우에 그렇다"고 대답했다. 상품과 광고에 시간의 절반을 투자하고 있었던 웩스너는 놀라워하면서 "그럼 도대체 무슨 일을 하시는 겁니까?"라고 물었다. 그러자 그들은 한결같이 "새로운 인재를 채용하고, 직위에 적합한 인물을 선별하고, 젊은 인재를 훈련하고, 글로벌 관리자를 육성하고, 성과 미달자들의 문제를 처리하며, 전체 인력창고를 검토하는 등 사람에게 시간의 절반 정도를 쓴다"고 대답했다.

영국인들이 가장 좋아하는 경영자 가운데 한 명인 버진 그룹의 리처드 브랜슨(Richard Branson)도 무엇보다 중요한 것은 직원이고, 두 번째가 고객이며, 세 번째가 주주라는 사실을 늘 강조한다. 그는 이 3가지 주요 비즈니스 주체들의 관련성을 쉽고 분명하게 규정했다.

우리는 회사에 대한 좋은 평판과 고객만족이 우리 회사 직원들이 제공하는 서비스 수준에 달려 있다는 점을 잘 알고 있다. 최고 수준의 서비스는 직원들이 가지고 있는 회사에 대한 자부심에서 비롯된다. 바로 이것이 우리가 사람을 가장 첫 번째로 여기는 이유다. …… 장기적 차원의 주주 이익도 직원들을 최우선으로 여길 때 가장 만족스럽게 달성될 수 있을 것이다.

고객과 주주를 만족시키는 원천인 직원들의 자부심은 돈으로 살 수 있는 것이 아니다. 자부심은 자신이 하고 싶고 가장 잘할 수 있는 일을 부여받았을 때 최고로 배양된다. 갤럽(The Gallup Organization)은 이 사실을 통계적으로도 입증하였다. 지난 25년간 100만 명의 직원과 8만 명에 이르는 관리자들을 조사한 결과, 자신의 재능을 발휘할 수 있는 일을 하는 직원이 많은 기업일수록 가장 중요한 경영 성과지표인 고객만족도, 수익성, 생산성이 높다. 다시 말하자면 직원들의 재능을 발견하고 적절한 곳에 배치해서 그 재능을 효과적으로 발휘하도록 하는 기업이 훌륭한 기업이라는 것이다.

재능(talent)은 지식(knowledge)이나 기술(skill)과는 다른 개념이다. 가장 중요한 차이는 기술이나 지식은 가르칠 수 있지만 재능은 가르칠 수 없다는 점이다. 또 한 가지 반드시 기억해야 할 점은 지식과 기술은 비교적 용이하게 평가할 수 있지만, 재능에 기반을 둔 인력채용과 육성은 그렇게 쉽지 않다는 것이다. 재능은 눈에 잘 보이지 않아 파악하기 어려우며, 심지어 본인도 잘 모르고 있는 경우가 허다하다. 이런 점 때문에 적합한 사람을 뽑기 위해 노력하는 기업일수록 채용 절차가 엄격하고 시간이 오래 걸린다. 다른 기업에 비해 면접과 인터뷰가 많고 소요되는 시간도 길다. 그뿐 아니라 채용 후의 인력 평가 프로세스도 신중하게 설계하고 철저하게 도입한다. 훌륭한 기업은 유능한 사람을 적합한 자리에 앉히는 데 들이는 시간과 노력이 나중에 몇 배의 값을 한다는 사실을 매우 잘 알고 있다. 따라서 뛰어난 리더들은 그런 노력을 아까워하지 않는다. 오히려 그것이 경영의 핵심이며, 자신만이 할 수 있는 최우선의 임무라고 믿고 있다.

래리 보시디(Larry Bossidy)는 얼라이드시그널(AlliedSignal)의 최고경영자가 된 후 첫 2년 동안은 하루 일과의 30~40퍼센트를 인재 육성에만 썼고, 그 뒤에도 거의 20퍼센트를 쏟았다고 밝혔다. IBM을 성공적으로 재건한 루 거스너(Louis V. Gerstner)가 부임 초기에 한 일도 자신을 도와줄 적합한 사람을 모으는 것이었다. 세계 최고의 면도기 회사인 질레트의 전성기를 이끈 콜먼 모클러(Colman Mockler) 역시 최고경영자로 취임한 뒤 2년 동안은 근무시간의 절반 이상을 경영팀을 신중하게 고르고, 최고위임원 50명 가운데 38명을 바꾸거나 자리를 이동하는 데 사용했다.

훌륭한 기업은 자신의 가치에 부합하는 '재능'을 가진 사람들을 채용하고, 가치를 강화하고, 직원들이 재능을 발휘할 수 있는 환경과 적극적 지원을 제공한다는 명료한 기준을 가지고 있다. 이것이 그들이 실천하고 있는 인사관리의 핵심이다. 내가 말콤볼드리지의 평가관으로서 IBM 단위 조직의 경영 수준을 평가하고 자문할 때, 가장 중요한 평가 요소 중 하나가 바로 최고경영자의 리더십이었다. 평가관들은 경영자가 얼마나 많은 시간을 직원과 고객을 위하여 쓰고 있는지를 볼 수 있는 데이터를 늘 요구했다. 경영 수준이 높은 기업일수록 경영자가 직원이나 고객 그리고 협력업체에게 쏟는 시간의 양이 압도적으로 많다.

비즈니스는 정치가 아니다

인재경영의 신념은 누구나 분명히 인식할 수 있는 원칙과 전략, 제도로 가시화해야 한다. 은밀한 인맥과 정치가 승진과 발탁을 결정지어서는 안 된다. 이렇게 되면 정치가 비즈니스를 지배하게 된다. 비즈니스가 주가 되지 못하는 기업은 내부의 권력 다툼으로 모든 힘이 고갈되고 만다. 비즈니스는 없고 정치만 남으면 비즈니스에 도움이 되는 진짜 인재는 조직 속에서 견디기 어렵다.

이때 중요한 것이 투명성이다. 투명성이란 제약이 아니다. 투명성은 오히려 장점의 부각으로 전환될 수 있다. 예를 들어 보자. 보너스 미터(bonus meters)라는 것이 있다. 이것은 직원이 자신의 보너스에 영향을 주는 성과지표들을 간단하게 입력하면, 현재 자신의 보너스 현황을 볼 수 있는 장치이다. 이렇게 관리자의 주관적 판단에 따라 개인에 대한 평가가 이루어지고 이것이 승진과 수입에 영향을 주는 시스템을 보완함으로써 수입에 대한 객관성과 예측성을 높이면, 직원들의 동기 부여와 생산성 향상 효과를 기대할 수 있다. 가시적이고 투명한 제도적 장치는 직원들이 정치가 아니라 비즈니스를 통해 자신을 증명할 수 있도록 만들어 준다.

이 지점에서 우리가 분명히 기억해야 할 정신적 유산은 선비들의 '명분' 이다. 명분은 누구에게나 적용되는 투명한 행동 기준이었다. 누구든 명분을 잃는다면 선비로 남을 수 없었다. 오늘날 기업에서도 성과의 측정과 보상, 승진의 기준이 명확하면 투명한 인사가 이루어질 수 있다. 승진은 상사가 부하에게 주는 선물이 아니다. 그것이 스스로 열심히 일하여 얻어낸 자연스러운 결과물일 때, 훌륭한 동기 부여의 요소로 작동할 수 있다.

위대한 경영자만이 사람의 가치를 알아본다

유능함이란 어울림이다

당신은 유능한 사람인가? 이 말은 직장인들에게 매우 중요한 질문이다. 자부심과 더불어 승진과 보상이 달려 있는 말이기 때문이다. 그러나 이 질문은 모호하다. 왜냐하면 유능함의 기준 때문이다. 우선 누가 유능함을 판단할 것인지가 불분명하다. 자기 자신인가? 아니면 상사와 동료인가? 다른 사람이 인정해 주면 세속적인 성공의 길을 갈 수 있다. 동료들의 박수와 포상 그리고 고속 승진 속에서 유능함을 마음껏 인정받는 이들이 그런 사람들이다. 그러나 그들은 다른 사람들의 기대에 맞춰 너무 높은 곳까지 올라가다가 문득 두렵고 무능력해진 자신을 만나게 된다. 보통 '피터의 법칙' 이라고 불리는 덫, 곧 '사람들은 자신이 무능력해질 때까지 승진하게 되어 있다' 는 발견을 한다. 이때는 심리적 공허감에서 벗어나기가 어려워지기도 한다. 때로는 다른 사람이 정한 성공의 기준에 빠져 실패의 길로 자랑스럽게 돌진해 온 자신을 만나기도 한다. 그리고 자신의 길이 아닌 곳에서 성공하는 것, 이것이 바로 실패의 또 다른 정의라는 것을 깨닫는다.

그런가 하면 스스로 괜찮은 구석이 있다고 믿던 사람들이 그저 무대를 빛내는 관중으로 남아 구석자리에서 박수를 치는 초라한 시절을 겪을 수도 있다. 자신을 알아주지 않는 상사와 동료들의 평범함을 비웃지만, 스스로를 원망하는 경우도 많다. 그때 우리는 질문한다. 나는 이 일, 이 회사에 어울리는 사람인가? 불행이 우리에게 질문하도록 하는 것이다. 이것이 불행의 위대한 점이다. 적절하고 절실한 질문만이 어둡고 힘든 세월에 대한 해답을 찾을 수 있도록 우리를 인도하기 때문이다.

나는 유능함이란 어울림이라고 생각한다. 일과 자신과의 어울림, 회사의 기대와 자신의 기대 사이의 어울림, 세상의 기준과 자신의 기준 사이의 화해 같은 것을 유능함의 기준이라고 말하고 싶다. 따라서 두 사람을 놓고 누가 더 유능한가 하는 질문은 위험하다. 사람마다 유능함이 발휘되는 분야가 다르기 때문이다. 중요한 것은 우리가 필요로 하는 일에 그 사람이 '적합한' 사람인가를 묻는 것이다.

기업이 유능한 사람들로 가득 찬 생명력 있는 조직이 되기 위해서는 첫째로 적합한 사람을 채용해야 한다. 둘째는 기존 직원들의 잠재력과 능력을 계발하여 훌륭한 인재로 육성하고 활용하는 것이다. 인재를 육성하기 위한 전문성 계발과 배치가 중요하다. 그리고 마지막으로 좋은 인재들이 하나의 팀으로 활동할 수 있도록 해야 한다. 함께 일함으로써 최대의 시너지를 얻어낼 수 있어야 한다.

채용은 구매가 아니라 마케팅이다

적합성이 유능함의 가장 중요한 특성 가운데 하나라면, 유능한 사람으로 조직을 가득 채우기 위한 가장 중요한 인사경영의 선행 과제는 채용이다. 잘못 뽑은 사람은 본인에게나 기업에게나 커다란 부담이다. 적합하지 않은 사람이 교육과 훈련을 통해 적합성을 획득하도록 한다는 것은 매우 비효율적이며 거의 불가능하다. 힘은 들지만 성과는 범상하고, 개인의 열정은 사라지고 일은 품삯에 지나지 않게 된다. 이런 사람에게 회사는 성장과 번영의 공간이 아니며 자부심의 근원이 되지 못한다. 반대로 이런 직원과 함께하는 기업은 '위대한 기업'으로 전환할 수 없다. 그래서 마이크로소프트의 회장 스티브 발머는 "우리의 일 가운데 가장 중요한 일은 유능한(적합한) 인재를 채용하는 것"이라고 말한다. 매킨지가 '인재전쟁'이라는 말을 쓰자, 이 말은 이내 비즈니스 세계의 보편적 언어가 되었다.

중국 고대의 뛰어난 정치가 관중의 생각과 일대기를 적은 책 《관자》에는 사람을 어떻게 써야 하는지에 대한 짧지만 정채 있는 대목이 나온다. 하루는 제나라 환공이 마구간을 둘러보다 그곳에 근무하는 벼슬아치에게 물어보았다. "마구간 일을 하다 보면 가장 어려운 일이 무엇인가?" 벼슬아치가 대답하지 못하자 대동했던 관중이 대신 답했다.

저도 예전에 이 직책을 맡아본 적이 있습니다. 말을 세울 우리를 만드는 일이 가장 어렵습니다. 처음에 굽은 나무를 쓰면, 굽은 나무가 다시 굽은 나무를 요구하기 때문에 곧은 나무를 쓰려야 쓸 수가 없습니다. 이와 반대로 처음에 곧은 나무를 쓰면, 이 곧은 나무가 다시 곧은 나무를 원하기 때문에 굽은 나무를 쓰려야 쓸 수가 없는 것입니다.

이 말은 명쾌하다. 처음에 투명하고 윤리적인 사람을 쓰면 다음 사람도 그런 부류여야 함께 일하는 것이 가능하고, 그 반대의 경우에는 다음 사람도 탁한 사람일 수밖에 없다는 의미로 해석할 수 있을 것이다. 처음에 유능한 사람을 쓰면 그 다음에도 유능한 인물이 모이지만, 처음에 무능한 사람이 들어오면 이후 무능한 인물들이 꾀게 마련이다. 유유상종이다. 이 말처럼 '관계'의 요체를 짚은 말은 없다. 그러므로 애초부터 유능한 인재와 적합한 인물을 선택하여 채용하는 것이 경영자와 관리자의 핵심적인 경영 활동이 되어야 할 것이다.

그동안의 채용은 회사에 들어오기 위해 줄을 선 사람들 가운데서 최고의 인물을 선발하는 방식으로 이루어졌다. 그러나 이제부터는 수시로 각계각층에서 인재를 물색하여 데려오는 방식이 필요하다. 노동시장에서 인재를 사오는 방식이 아니라, 기업 스스로 가장 매력적인 회사임을 마케팅해서 최고의 인재들이 선호하는 기업으로 전략적 전환을 해야 한다는 뜻이다. 이제 채용은 구매가 아니라 마케팅임을 명심할 일이다. 몬스터닷컴(monster.com) 설립자인 제프 테일러의 말을 기억하자.

우리는 심각한 기술 인력의 부족을 맞게 될 것이다. 앞으로 10년 동안 많은 기업들이 상품이나 서비스의 제공에 실패하기 때문이 아니라, 직원을 채용하는 데 실패하기 때문에 문을 닫게 될 것이다.

채용은 무엇으로 결정해야 하는가?

그렇다면 어떤 사람들을 어떤 기준에 따라 뽑아야 할까? 미국 프로풋볼 리그의 신인선수 선발제도는 우리에게 2가지 일반적인 대안이 있음을 시사한다. 우선 어떤 프로구단들은 선수들의 대학풋볼 성적을 기준으로 선발한다. 과거의 기록이 선발 기준이 되는 것이다. 그러나 일부 구단은 선수의 기량을 테스트할 수 있는 개별 트레이닝을 통해 선발한다. 그들은 과거가 아니라 미래의 가능성을 선발 기준으로 삼은 셈이다.

지금까지 기업들은 일반적으로 과거의 기록에 따라 직원을 선발했다. 학벌, 성적, 경력, 성취, 자격증 등이 선발의 중요한 요소들이었다. 이것은 한 사람의 과거에 기초하여 채용하는 전형적인 방법이다. 그러나 변화가 모든 것을 바꾸어 놓는 오늘의 환경 속에서 과거의 성공은 미래의 성공을 보장하지 못한다. 특히 과거에 획득한 기술은 믿을 것이 못된다. 가장 빨리 진부해지는 것이 기술이니 말이다. 그래서 첨단 산업의 기업들은 가장 적합한 인재를 뽑기 위한 최선의 과정을 만들기 위해 무진 애를 쓰고 있다. 어떤 경우는 수차례의 정밀 면접을 통해 그 사람의 가능성을 집중적으로 검토하기도 한다. 그러나 이때 조심할 사항이 있다. 아래의 연구 결과에 주목해 보자.

하버드 대학의 심리학자 암베디(Nalini Ambady)와 로젠탈(Robert Rosental)은 효율적인 교수법 실험을 위해 하버드 교수들의 교수능력에 대한 평가를 시도했다. 교수가 강의하는 모습을 10초 정도 녹화하여 그 테이프를 평가관들에게 보여주고 미리 정한 15개의 항목에 대해 평가하도록 하였다. 그리고는 다시 한 교수당 5초의 녹화 테이프를 만들어 보여주고 평가하게 했다. 물론 두 실험의 평가단은 전혀 다른 사람들이었다. 그런데 10초짜리와 5초짜리 2가지 테이프는 녹화 길이와 상관없이 매우 유사한 평가 결과를 가져왔다. 또다시 2초로 편집한 뒤 다른 평가단에게 보였는데 역시 비슷한 결과를 얻었다. 마지막으로 한 학기 동안 그 교수의 수업을 들은 학생들의 평가와 비교했다. 놀랍게도 결과는 비슷했다.

로젠탈의 제자 두 사람은 이 연구에 한 가지 실험을 더했다. 그들은 면접관 2명에게 면접 기술을 6주간 가르쳤다. 그리고 두 사람에게 다양한 배경을 가진 98명을 15~20분간 면접한 뒤 평가하도록 했다. 그런 다음 이 테이프를 편집하여 지원자당 15초짜리 자료를 만들었다. 이 테이프에는 지원자가 들어와서 면접관과 악수를 하고 자리에 앉는 장면을 주로 녹화했다. 이 테이프를 자료로 다른 평가자들에게 평가를 시켰는데 결과는 비슷했다. 훈련받은 평가단과 그렇지 않은 평가단, 20분의 밀착 인터뷰와 15초짜리 테이프의 결과가 별다른 차이를 만들어 내지 못한 것이다.

이 연구 결과는 정교한 기준과 훈련받은 평가자들에 의한 수차례의 정밀 면접이 적합한 직원을 채용하게 해주리라는 우리의 가정이 적절하지 못했음을 보여준다. 사람을 평가할 때 그 사람과 나눈 이야기의 내용이 중요하게 작용하는 것이 아니라, 처음 몇 초 사이에 받은 인상이 평가에 큰 영향을 미친다는 것이 더욱 뚜렷해졌다. 그리고 그 몇 초의 인상은 이후에 어떤 상황이 벌어지더라도 잘 바뀌지 않는다. 결국 면접관은 대상자가 의자에 앉는 순간 마음을 결정한다. 따라서 인터뷰 중의 대화는 형식적인 것이 되고 만다. 그저 이성적인 걸러내기 과정을 거쳤다는 것을 서로에게 확인시키는 기만에 지나지 않는다는 것이다. 사람에 대한 인상은 단 2초 만에 결정된다!

그래서 어떤 기업들은 변별력을 높이기 위한 매우 새로운 모험을 시도하기도 한다. 특히 월스트리트의 투자 은행이나 첨단 산업의 기업들은 지원자의 경력을 기준으로 1차 선발한 뒤, 여러 차례의 로직 퍼즐과 수수께끼 인터뷰를 통해 대답이 불가능한 문제에 대한 논리적 접근방법을 테스트한다. 또한 향후 참여하게 될 프로젝트의 기술적 문제에 대한 토론 등을 통해 변별력을 높여가는 추세다. 여기서 분명한 것은 그들이 과거에 무엇을 했는가가 아니라 무엇을 할 수 있는가를 핵심역량으로 생각하고 있다는 점이다. 5년 뒤, 10년 뒤에 기업을 이끌어 갈 인재를 원하는 것이다. 그래서 특정 직무능력보다는 일반적인 문제해결력과 상상력, 창의력을 가려내는 것이 중요한 추세가 되고 있다.

그러나 이 같은 채용 프로세스의 새로운 모색과 시도가 정말로 구직자에 대한 확신을 얻는 과정으로 적합한지는 신중히 생각해 보아야 한다. 누가 어떻게 하고 있는가를 벤치마킹하는 것은 좋은 일이다. 그러나 단순 모방과 유행에 따라 한번 찔러보는 식의 절충은 금물이다. 자신의 기업이 '어떤 기업'이며 앞으로 어떤 기업이 되려 하는지에 대한 명료한 비전에 바탕을 두지 않고는 최적의 파트너를 채용하고 계발해낼 수 없다. 중요한 점은 어떤 과정을 거치든 그 결과로 기업의 미래 비전에 가장 '적합한' 인물이 선정되어야 한다는 것이다. 기질과 재능은 교육을 통해 얻어지지 않는다. 오직 채용을 통해 얻을 수밖에 없다. 이것이 바로 채용이 중요한 이유다.

이런 상황을 상상해 보자. 당신은 아침 7시에 회의에 참석하기 위해 출근해야 한다. 그리고 아침마다 이렇게 외쳐댄다. "우리는 최고! 우리는 해낼 수 있다." 이 회사의 입사 관련 자료에는 이렇게 씌어 있다. "만약 당신이 모든 사람들이 부산을 떨며 분주한 분위기 속에서 바삐 일하는 것을 즐기지 않는다면 우리 회사는 당신에게 잘 맞지 않을 것입니다."

이 회사에는 하나의 규칙만이 존재한다. '어떠한 상황에서도 당신의 현명한 판단력을 최대한 사용하십시오. 그 외에는 어떠한 규칙도 없습니다.' 대고객 서비스에 대한 신화가 나돌고 '영웅 찬미'라는 메모들이 나돌기도 한다. 시간당 판매고(SPH : Sales Per Hour)에 따라 인센티브와 승진 그리고 특혜가 주어진다. 특혜 가운데는 자신들이 파는 상품을 33퍼센트 디스카운트된 가격에 구입할 수 있는 권한도 들어 있다. SPH는 급여명세서에 기록되고 공공연하게 게시된다. 당신은 종종 SPH 리스트의 맨 끝에 자신의 이름이 적혀 있는 악몽을 꾸며 땀에 푹 젖은 채로 잠에서 깨어난다. 이 회사에서 유능함을 인정받으면 30세가 채 되기도 전에 백화점 하나를 통째로 경영하기도 한다. 그러나 신입사원의 절반은 1년 안에 회사를 떠난다.

이 회사에서 11개월을 지내다 결국 못 버티고 다른 동종업체로 옮겨 승승장구하는 한 사람은 이렇게 말한다. "그 회사에서 보낸 11개월은 참 좋은 경험이었습니다. 하지만 내게는 잘 맞지 않았죠. 내 친구들 중 몇몇이 그곳에서 믿을 수 없을 정도로 잘하고 있다는 것을 압니다. 그들은 정말 회사를 사랑합니다. 의심할 여지가 없지요. 그 회사는 정말 대단합니다. 그러나 나에게는 이곳이 더 잘 어울립니다."

이 기업은 바로 백화점 노드스트롬(Nordstrom)이다. 미국에서 가장 일하기 좋은 100대 기업 중 하나로 늘 꼽히는 곳이다. 우리의 기대와는 달리, 훌륭한 기업이 누구에게나 근무하기 좋은 직장은 아니다. 좋은 기업은 반드시 문화와 핵심적인 가치를 가지고 있다. 스탠포드 대학의 제임스 콜린스는 이것을 '컬트적인', '사교와 같은' 종교적 특성이라고 부른다. 이 특성과 기준에 적합한 사람들만이 그 집단에서 성장하고 번영할 수 있는 유능한 사람이고 영웅이다. 낯선 사람들을 만나 대화를 즐기거나 상품을 팔려는 목적에서 사람에게 접근하는 것을 수치로 아는 사람이 노드스트롬에 들어간다면 하루하루가 악몽과 고역의 연속일 것이다. 비록 그가 최고의 대학을 수석으로 졸업했기 때문에 이 좋은 회사에 들어왔다 하더라도, 이 만남은 불행한 만남이며 결국 파국으로 끝날 것이다. 노드스트롬이 원하는 유능한 인재란 아마 '판매고에 따른 성적이 게시되면 순위가 주는 숫자의 매력에 피가 끓어오르는 경쟁적인 사람, 낯선 사람과의 만남이 하나의 모험이고 전율인 외향적

인 사람, 일을 꾀하고 더불어 즐기고 유쾌하게 떠들면서 하루
가 정신없이 흘러가는 것을 즐기는 사람, 야망과 활력으로 가
득 찬 사람'일 것이다.

　노드스트롬이 원하는 인재와 IBM이 원하는 인재는 다른 사
람이며, 마이크로소프트가 원하는 인재와 정부기관이 원하는
인재는 분명 다른 사람일 것이다. 그런데도 목적과 성격이 다
른 조직이 동일한 채용 및 직원 계발 프로세스를 가지고 있다
는 점에 놀라곤 한다. 성공은 유능함을 떠나서는 얻어질 수 없
다. 따라서 개인은 반드시 자신의 유능한 점을 먼저 인식하고
그것을 꽃피울 수 있는 직장과 일을 선택해야 한다. 훗날 이것
이 가장 훌륭한 선택임을 알게 될 것이다. 일반적 기준이 아니
라 자신의 기준을 설정하고, 그에 충실한 용기와 꿋꿋함이 반
드시 필요하다.

스스로 배우도록 도와라

밖에서 인재를 찾아오는 것만이 능사가 아니다. 수혈된 인재
는 기존 직원들과 문화적 갈등을 일으켜 오히려 조직운영의 짐
이 될 수도 있다. 기존의 인적자원은 기업이 짊어져야 할 과거
의 은총이기도 하고 저주이기도 하다. 그러나 그들을 제대로
활용할 수 없다면 엄청난 부담으로 남을 수밖에 없다. 따라서
새로운 인재의 채용 못지않게 이미 가지고 있는 인적자원을 가

장 효과적으로 활용할 수 있는 계발 전략이 중요하다. 예를 들어 일반적 교육훈련보다는 개개인의 재능과 적성 그리고 취향을 잘 발휘할 수 있는 부서나 직무로 자발적으로 이동할 수 있는 제도적 장치가 훨씬 유용할 수 있다. 아울러 유능한 관리자의 코칭과 멘토링이 유용한 현장교육이 된다는 점을 간과해서는 안 된다.

그러나 무엇보다도 직원 스스로 배우도록 도와야 한다. 10년간 경험을 쌓았다고 해서 꼭 무언가를 터득한 것은 아니다. '1년의 경험을 10번 되풀이하는 사람들'도 많다. 평생직장을 보장한다는 것은 신선한 사고와 기술로 무장한 젊은이들의 앞길을 방해하는 것이 아니다. 진정한 장애는 나이가 아니라 경험을 쌓으면서도 그 경험 위에 새로운 것을 채우지 못하는 것이다.

《맹자》에는 좌우명으로 삼을 만한 경구가 많다. 그 가운데 '불영과불행(不盈科不行)'이라는 말이 있다. 이 말은 물이 흐르다 구덩이를 만나면 그 '구덩이를 다 채운 다음에야 앞으로 흘러가는 것'을 뜻한다. 지름길에 연연하지 않고 정도를 걸으며 우직하게 앞으로 나아가는 고집이 바로 훌륭한 전문가에 이르는 비결이다. 당연히 경영자들도 이런 학습방식을 권장하고, 또한 이런 사람을 크게 쓸 수 있어야 한다. 스스로 배우는 힘이 약하면 정규교육에 크게 의존할 수밖에 없다. 그러나 공식교육에는 한계가 있다. 피터 드러커는 "100년간 미국의 경

영대학은 단지 쓸 만한 행정사무직원을 양산했을 뿐이다"라고
개탄한다. 리 아이아코카 역시 "정규교육에서도 많이 배울 수
있지만 정말 필요한 것은 대부분 혼자 터득해야 한다"며 스스
로 배우는 자세를 강조했다.

전체를 훈련시켜 하나로 만든다

기업은 조직이다. 유능하고 전문적인 개인만으로는 기업이 성
장하고 번영할 수 없다. 개인을 묶어 하나의 뜨거운 팀이 되게
하지 않으면 안 된다. 그동안 우리가 성공적 모델로 삼은 산업
자본주의 시대의 경영은 사람을 핵심으로 다루지 않았다. 근
로자는 노동을 위한 '손과 발' 일 뿐이었다. 경영은 냉정하고
몰인정한 것이었다. 그러나 이제 인간이 경쟁력의 핵심이 된
시점에 이르자, 앞선 경영자들은 경영을 인간을 다루는 영역
으로 인식하고 있다. 그리하여 차가운 경영 속에 몰입, 열정,
헌신, 사명, 꿈, 개인의 번영과 성장 같은 뜨거운 요소를 가미
하고 있다.

한국 문화의 바탕인 공동체주의는 따뜻하고 역동적이며 관
계 중심적이다. 이 점에서 새로운 인재경영이라는 전략적 변
곡점은 한국의 경영자들에게 매우 유리한 문화적 기회를 제공
한다. 서구가 배워야 할 것을 우리는 이미 정신적 근육 속에 문
화적 DNA로 체화해 놓고 있는 것이다. 그동안 많이 학습해

온 서구적 접근법들과 제도적이고 기술적인 보완장치들을 검토하고 활용하여 한국인들의 문화적 DNA와 잘 결합한다면, 우리는 세계적 경영 리더십을 이끌 만한 매우 유효한 인재경영 모델을 찾아낼 수 있을 것이다. 그리하여 더 이상 사람이 문제가 아니라 사람이 미래가 되는 새로운 경영의 변곡점을 만들어낼 수 있을 것이다. 나는 이 대목이 코리아니티 경영의 가장 커다란 잠재력이라고 생각한다.

《주역》은 점을 치는 책이다. 그러나 점괘를 해석할 때는 해석자의 세계관과 가치관이 들어간다. 따라서 주역은 단순히 길흉을 점치는 책이 아니라 동양 문화권의 사람들이 자연과 사회를 바라보는, 오래도록 누적된 인식의 틀이다. 예를 들어 주역의 64개 대성괘 가운데서 가장 이상적인 괘는 지천태괘(地天泰卦)라고 한다. 이 괘의 모양은 '하늘 위에 땅을 올려놓은 형상'이다. 상식적으로는 매우 불안정하고 불길해 보인다. 그런데 왜 이것이 가장 이상적인 괘가 되었을까? 기상천외한 해석이 가능하기 때문이다. 이 괘는 지금은 매우 불안정한 상태지만 하늘의 기운은 위를 향하고 땅의 기운은 밑을 향한다. 그러므로 하늘과 땅이 서로 교통하여 태평하게 된다는 것이다. 《주역》은 이 괘를 인간관계와 연관해서 좀더 설명해 놓았는데 대략 "능력이 뛰어나지 않은 멀리 있는 사람도 포용하고, 맨발로 황하를 건너온 과단성 있는 사람도 포용하고, 남아 있는 사람 곧 주변의 비주류도 멀리하지 말고, 붕당을 만들지 않고 중용을 행하면 태평하다"는 의미로 풀었다.

능력이 모자라는 사람을 잘라내고, 내 편이 아니라 잘라내고, 주변에 머무는 사람을 격리시키면 그 사회와 조직은 태평하지 않다. 한마디로 잘 어울려 살 수가 없는 것이다. 유능한 개인만이 기업의 미래에 기여하는 것이 아니라 다중의 어울림이 팀을 이루고, 힘을 모으고, 물결을 만들어 훌륭한 결과를 만들어낼 수 있는 것이다. 팀의 장점은 그 속에 여러 관점과 다양한 의견을 가지고 있다는 것이다. 팀원을 자극하고, 동기를 부여하고, 가지고 있지만 발휘되지 않은 것, 아직 발견되지 않은 것을 활성화하면 위대한 팀을 만들 수 있다. 재능이란 종종 숨어 있기 때문이다. 조직운영의 요체는 '개인을 훈련시키는 것이 아니라 전체를 훈련시켜 하나로 만드는 것'이다. 채용의 과정을 거쳐 일단 한 무리를 이루면, 관계 지향적인 코리아니티를 활용하여 건강한 팀워크를 형성해야 한다.

적합한 인재를 채용하고, 적합한 배움과 기회를 제공하여 열정을 이끌어내고, 적절한 자리에 적절한 사람을 배치하여 적합한 대우를 해줌으로써 '사람들이 스스로 경영할 수 있도록 만드는 것'이 훌륭한 경영자와 리더가 실행에 옮겨야 할 과제이다. '사람'은 경영자가 대부분의 시간을 할애하여 집중할 만한 훌륭한 투자처다. 매출과 수익을 챙기는 데 시간의 대부분을 쓰는 경영자는 삼류다. 그러한 경영자는 결코 위대한 기업을 만들어낼 수 없다. 회사의 입장에서는 '적합한' 사람들

을 가려내기 위한 분명한 기준과 프로세스가 계발되어야 한
다. 인재의 기준은 위대한 조직의 창조를 지향하는 구체적인
비전에서 비롯되어야 하며, 직원의 채용과 계발 그리고 함께
일할 수 있도록 끊임없이 열정을 불어넣은 활력화가 경영 활동
의 근간이 되어야 할 것이다. 왜냐하면 회사의 가장 중요한 자
산은 '적합한 직원' 이며, 가장 큰 손실은 '부적합한 직원' 이기
때문이다.

미래의 비즈니스 성공에 필수적인 것은 무엇일까 하는 질문의 답은 이제 분명해졌다. 그것은 사람이다. 두뇌와 가슴이다. 의문의 여지가 없다. 이제 우리는 당장의 재무적 성과를 내다보며 조직을 경영해서는 안 된다는 것을 알아야 한다. 기업 조직의 구조와 운영 원칙은 '앞으로 5년, 10년, 15년 뒤의 사업 목표를 겨냥하여 설계' 되어야 한다.

2장

직원을 기업가로 만들어라

"안전한 직장은 없다. 어느 직장에도 안정적인 일(job security)이란 존재하지 않는다. 유일한 안전망은 자신을 어디서나 고용하도록 만드는 것뿐이다. 시장 어디서나 고용될 수 있는 능력(employment-ability), 이것이 바로 안전장치이다. '그대, 스스로를 고용하라!' 이것이 메시지이다."

'일을 아주 잘하는 사람'의 함정

감동의 서비스

루디 피터슨(Rudy Peterson)이라는 미국인 사업가가 있었다. 스톡홀름의 그랜드호텔에 묵고 있던 어느 날, 그는 스칸디나비안 항공으로 코펜하겐에서 개최하는 회의에 참석하게 되었다. 이것은 매우 중요한 회의였다. 그런데 공항에 도착한 루디는 비행기 표를 호텔에 놓고 왔다는 사실을 깨달았다. 그는 코펜하겐의 회의에 참석할 수 없는 현실을 받아들일 수밖에 없었다. 그러나 매표창구에 가서 딱한 사정을 얘기했을 때 그는 놀라운 체험을 했다.

걱정하지 마세요, 피터슨 씨. 여기 보딩 패스가 있습니다. 제게 그랜드호텔의 객실번호와 코펜하겐에서 묵을 곳을 알려주시면, 나머지는 모두 알아서 처리해드리겠습니다.

루디 피터슨이 비행기에 탑승하는 동안 그 여직원은 호텔에 전화를 해서 그의 비행기 표가 거기에 있다는 것을 확인했다. 그러고는 회사 차를 보내 그것을 가져오게 했다. 코펜하겐행 비행기는 아직 뜨지 않았다. 한 승무원이 루디 피터슨에게 다가왔다. "여기 선생님 비행기 표가 있습니다." 그는 놀랄 수밖에 없었다. 그는 정시에 회의에 참석할 수 있었다. 이 사례는 스칸디나비안 항공사의 사장인 얀 칼존(Jan Carlzon)의 책《결정적 순간 The Moment of Truth》의 첫 페이지에 나오는 아주 유명한 이야기다.

이처럼 기분 좋고 분명한 이야기는 흔치 않다.《익숙한 것과의 결별》에서도 인용한 아주 오래된 사례지만, 나는 여전히 이 이야기를 즐겨 인용한다. 사람들은 이 이야기를 좋아하지만 이런 일은 일상 속에서 잘 만들어지지 않는다. 왜 그럴까? 직장인들이 이런 기분 좋은 서비스를 제공할 수 없게 만드는 여러 이유들을 한번 나열해 보자.

하나, 나는 비행기의 좌석을 배정해 주는 체크인 담당 직원이다. 이 일이 기본 업무다. 비행기 표가 있으면 좌석을 배정해 주는 것이고, 비행기 표가 없으면 좌석을 배정해 줄 수 없다. 손님도 알고 나도 아는 일이다.

둘, 나는 내 일도 바쁜 사람이다. 이 사람 뒤에 벌써 다른 사람이 차례를 기다리고 있다. 더 이상 다른 서비스를 해줄 수 있겠는가?

셋, 호텔로 회사 차를 보낸다고? 어림없는 소리다. 나에게는 회사 차를 보낼 수 있는 권한이 없다.

넷, 회사 차가 호텔까지 다녀오는 데는 비용이 든다. 회사 차는 물로 가는 것이 아니니까.

다섯, 내가 부탁을 하더라도 운전기사나 스튜어디스가 내 말을 들어줄 수가 없다. 왜냐하면 그들에게도 그들의 직무가 있는 것이니까.

여섯, 내 매니저가 이 일을 알면, 아마 더 많은 일을 줄지도 모른다. 시간이 남아돌아 쓸데없는 일까지 하고 있다고 생각할 테니까. 나는 시키는 일만 하면 되는 것이다.

규정집을 던져버려라

훌륭한 서비스가 이루어질 수 없는 아주 많은 이유들이 있다. 그 가운데서도 가장 커다란 이유는 조직 구성원들이 직무기술서(job description)의 좁은 울타리 속에 갇혀 있기 때문이다. 그들은 회사로부터 직무를 받고 그에 따라 매일 정해진 일을 수행하며, 주어진 기준에 따라 평가를 받고 평가에 따라 보상받는다. 이것이 관리의 방식이다. 이 방식으로 만들어낼 수 있는 가장 훌륭한 직장인의 모델은 '주어진 일을 아주 잘하는 사람'이다. 이는 직장인이면 누구나 듣고 싶어 하는 말일지 모른다. 그러나 조그만 달리 표현하면 이 말은 '자신이 맡은 일만 하는 사람(box server)'이라는 뜻으로 쉽게 바뀔 수 있고, 이는 아주 다른 뜻을 가진 말이 되고 만다.

'자리만 채우는 사람(slot filler)'과 더불어 고객이 가장 섭섭해 하는 말 가운데 하나가 바로 '자기가 맡은 일만 하는 사람'임을 명심해야 한다. 고객은 늘 더 많은 것, 더 많은 범위를 원한다. "그건, 내 일이 아닌데요. 옆 사람에게 물어보세요"라는 말처럼 고객을 화나게 하는 말도 드물다.

대부분의 직장인들은 직무기술서가 설정한 좁은 영역에서 자신이 담당한 일을 하며 갇혀 지낸다. 업무가 갇히면 정신이 갇히고, 일상이 다람쥐 쳇바퀴 돌듯 반복되고 동일화된다. 이것은 사람을 서서히 고사시키는 방식이다. 특히 한국인들처럼 역동적인 문화적 DNA를 가지고 태어난 사람들에게는 적절한 관리의 방식이 아니다. 더욱이 지금처럼 다양한 요구를 가진 고객들이 있고 경쟁이 치열한 시장 속에서 '고체와 같이 딱딱하고 정형화된' 관리는 대단히 위험하다.

사우스웨스트 항공사는 직원들의 자유로운 참여와 일상 업무 속에서의 창의성과 유머를 중요시한다. 이 회사의 인사부는 직원들의 차별적 특성을 고취시키고 지원하기 위해서는 일종의 경찰처럼 감시하는 역할을 해서는 안 된다는 것을 깨달았다. 그래서 이 회사는 300쪽에 이르는 기업운영지침을 과감히 없애버렸다. 그들은 일선의 관리자들이 용기가 있어야 한다고 믿었다. 그러나 대부분의 관리자는 모험을 하지 않는다. 배짱도 없고 과감하게 결정할 엄두도 내지 못한다. 왜냐하면 일이 잘못되면 해고당한다는 두려움이 있기 때문이다. 사우스웨스트는 규정집을 없앰으로써 직원들이 규정에 매이지 않고 과감하게 행동할 수 있게 했다. 특히 이 회사의 인사부는 다른 기업의 인사부에 비해 권한과 역할이 막강하다.

스스로 비즈니스를 하게 하라

어떤 사업을 하든 그것은 물건을 파는 일이 아니다. 모든 사업은 결국 '고객을 돕는 사업(customer helping business)' 이다. 관계를 관리하고, 고객의 요구에 특별한 관심을 보이고, 즉각적으로 그들의 말에 귀를 기울이는 것이다. 비즈니스란 결국 관계(customer relationship), 고객화(customization), 대응성(resposiveness)을 파는 일이다. 나는 이 일을 한국인들보다 잘 해낼 수 있는 문화전통을 가진 사람들은 많지 않다고 생각한다. 왜냐하면 이러한 특성은 바로 코리아니티를 이루는 기본 요소이기 때문이다. 일본인들 역시 관계 지향적이고, 형식적인 측면에서 매우 친절하며, 특수주의적 관점에서 세심하게 반응할 수 있다는 강점을 가지고 있다. 이것이 일본인들이 그동안 성공을 이룰 수 있었던 이유 중 하나였다.

그러나 코리아니티는 이 대목에서 재패니티와 차별적이다. 일본인들은 조직과 위계에 개인을 묶어두기 쉽지만, 한국인들은 너무 묶어두면 의기소침해진다. 묶이기에는 지나치게 역동적인 사람들이기 때문이다. 일본인들이 전체 구도 속에서 자신의 자리에 맞게 분수껏 처신하는 데 능한 풍토를 가지고 있다면, 한국인들은 훨씬 더 자리 이탈적이다. 올라가려 하고 달려가려 한다. 코리아니티의 가장 큰 특징이 '우리'라는 공동체 속에 뿌리를 내리고 있으면서도 '나'를 실현해가는 여정이며, 좀 거칠어 보일 만큼 강한 생명력과 역동성이다.

조직에서 이 생명력과 역동성을 살릴 수 있는 방법은 직원 개개인에게 힘을 실어주고 도와줘서 스스로 하나의 비즈니스를 성취할 수 있도록 하는 것이다. 우리는 이 대목에서 직원을 모두 기업가로 만들어 줄 수 있다. 명령과 지시에 따라 움직이는 풀 죽은 조직 구성원에서, 책임질 수 있는 모든 일을 해보는 다이내믹한 기업가로 전환시키는 방법을 모색하는 것이 중요하다. 나는 이것이 우리가 실험해야 할 새로운 인재경영의 가장 중요한 대목이라고 생각한다. 한국인은 미국인처럼 개인주의적일 수도 있고, 일본인처럼 집단주의적일 수도 있다. 이 특성이 바로 '우리' 속의 '나'라는 코리아니티의 특별함이다.

직원을 1인 기업가로 만드는 전략

그들은 왜 몰입하지 못할까?

직원을 기업가로 만드는 방법은 의외로 간단하다. 한 사람에게 직원 복리를 담당하게 하고 싶다고 가정하자. 지금까지는 직무기술서에 따라 거기에 적힌 1번부터 20번까지의 일을 시키면 되었다. 이때 직원은 비로소 해야 할 일이 생긴다. 시키지 않으면 할 것이 없고, 명령받지 않으면 하지 않으려는 피동성과 '월급만큼 일한다' 는 직업관은 이렇게 해서 배양된다. 직무기술서는 최소한의 것을 세부적으로 규정함으로서 책임을 정해주는 것이다. 책임을 다하는 것, 그것은 직원이 능력의 일부만을 사용하게 만들고 늘 그만큼만 하면 충족되는 것이다. 이것이 대부분의 직원만족도 조사에서 "현재의 일에 내 능력을 100퍼센트 활용하고 있다" 고 대답하는 직원들의 수가 그렇게 적은 이유이기도 하다.

여러 조사기관에서 발표한 직장인 대상 설문조사의 다음과 같은 공통된 결과를 보면, 대략 그들의 업무 몰입도를 파악할 수 있다.

직장인들 가운데 4분의 1만이 자신의 모든 능력을 다 바쳐서 일한다.

어쩌면 이보다 더 적을지도 모른다는 것이 내 생각이다. 나는 20년간 직장생활을 하였고, 아주 많은 직장인들을 알고 있다. 그들은 늘 일상적으로 반복되고 동일한 방식으로 처리되는 업무 탓에 호기심과 실험정신이 멈춰 있는 듯하다. 관성적 일과 속에서 특별한 도전과 실험을 시도하지 않고 있는 이들이 압도적으로 많다. 더 정확히 말하면, 능력을 다 써보지 않았기 때문에 자신의 능력이 무엇인지조차 모르는 사람들이 태반이라는 것이다.

절반의 직장인들이 업무 수행을 위해 별로 노력하지 않는다. 그저 직장을 유지할 수 있는 선에서 그친다.

이 말도 쉽게 이해된다. 다만 한국처럼 다이내믹한 시장에서는 직장을 유지하려면 다른 나라보다 좀더 노력하지 않으면 안 된다는 점을 간과해서는 안 될 것이다. 그러나 노력은 많이 하지만 부가가치가 적다는 것은 쓸데없는 일에 소요하는 시간이 많다는 뜻이다. 바쁘면서도 효과는 떨어지고 노동이 낭비되는 모델을 경계해야 한다. 창의력과 상상력이 작동되는 혁신적인 지적 활동이 별로 일어나지 않는 노동은 지식사회에서 부가가 치를 만들어내기 어렵기 때문이다.

10명 가운데 6명이 예전보다 덜 열심히 일한다고 응답했고, 4명 중에서 1명은 지금보다 훨씬 더 효과적으로 일할 수 있다고 응답했다.

이 점은 기업이 현재 당면한 핵심 고민이지만, 앞으로 훨씬 나아질 수 있다는 가정을 뒷받침해 주는 희망의 메시지이기도 하다. 의욕이 떨어지고 능력을 발휘하지 못하는 직원들을 고무하고 지원하고 능력을 찾아 키워주면, 훨씬 더 수준 높은 업무의 질을 제공할 수 있기 때문이다. 이 지점이 바로 인재경영 혁명이 대단한 효과를 낳을 것이라고 기대하는 부분이다.

서비스 계약을 체결하라

이제부터는 직무기술서를 잊어버리도록 하자. 반대로 회사가 직원에게 받고 싶은 서비스를 주문하자. 이것이 직원을 '1인 기업가'로 만드는 가장 확실하고 효과적인 출발점이다. 그리고 직원은 회사의 주문 사항을 바탕으로 해서 자신이 제공할 수 있는 가시적인 서비스 내용을 구체화하자. 아마 직무기술

서의 내용과 직원이 제시한 내용이 별로 다르지 않다고 느낄지
도 모른다. 처음에는 대부분 그럴 가능성이 높다. 그러나 거기
에 담긴 정신은 매우 다른 것이다.

이것은 회사와 회사 사이의 거래와 계약의 형식이다. 회사
가 직원을 피고용자로 가정한 것이 아니라, 계약관계를 체결
한 '아주 작은 1인 기업' 으로 가정한 것이다. 이로써 회사는
'복리후생 서비스' 를 제공할 '1인 기업' 과 서비스 계약을 맺
은 것이다. 여기서 개인은 더 이상 과거의 직원이 아니다. 개
인 기업을 경영하는 1인 기업가가 되는 것이다. 이 정신적 가
정, 곧 패러다임의 차이가 엄청난 성과의 차이를 만들어낸다.

이제부터 개인은 스스로 비즈니스를 경영해야 한다. 어제와
같은 방식으로 주어진 일을 처리하는 것이 아니다. 자신의 사업
을 경영하듯 스스로 리더십을 발휘하고 새로운 실험을 감행해
야 한다. 1인 기업가는 적어도 다음과 같은 일들을 해야 한다.

첫째, 약속한 영역에서 언제나 균질의 서비스를 제공해야
한다. 이는 서비스 수준이 언제나 일정한 품질을 유지해야 한
다는 뜻이다.

둘째, 끊임없이 서비스의 품질 향상을 도모하고, 새로운 서
비스를 개발하기 위해 노력해야 한다. 이것이 바로 모든 경영
자가 힘쓰는 대목이다.

우리가 '1인 기업가' 를 상정하는 이유는 특히 두 번째 부분
에서 혁명을 도모하기 위해서다. 작년에 제공했던 서비스보다

올해의 서비스가 나아져야 한다. 이것은 회사 차원의 '위로부터의 경영혁신' 과 다르다. 진정한 경영혁신은 고객과의 접점에서 고객에게 인지되고, 그들의 감동을 받아내는 서비스를 만들어내는 것이다. 스칸디나비아 항공사 창구 직원의 사례를 기억하자. 1인 기업가로서의 직원은 회사라는 내부 고객의 고객(진정한 외부 고객)에 집중함으로써 올바른 서비스의 대상에 몰입할 수 있다.

직무기술서가 일이 목적인 구성방식이라면, 서비스 계약서는 고객이 목적인 구성방식이다. 창구에서 체크인을 하든, 복리후생을 맡든, 마케팅을 하든 간에 자신이 무슨 일을 하는가는 일의 범위에 불과할 뿐이다. 정말 중요한 것은 그 일과 관련하여 고객을 만족시키는 것이다. 그리고 그 방법은 비즈니스맨으로서 개인이 스스로 개발해내야 한다. 이것이 경영자의 마음가짐이다. 모두가 '내가 맡은 일을 어제의 익숙한 방식으로 처리한다' 는 직원의 마음에서, '내가 할 수 있는 모든 방법을 동원하여 고객을 돕는다' 는 경영자의 마음으로 전환해야 한다. 우리가 정말 바라는 것이 바로 이것 아니었던가?

이력서로 관리하고 평가하라

직무기술서를 폐기해버렸으니 이제 평가는 무엇으로 할까? 서비스 계약서를 가지고 하면 될까? 아니다. 계약서는 계약서일 뿐이다. 그것은 계약 항목이 준수되었는가를 참고할 수 있는 리스트에 불과하다. 직원이 1인 기업가로서 직장의 보스가 아닌 고객을 얼마나 만족시켜 주었는지를 평가할 수 있어야 의미가 있는 것이다. 관리자는 서비스 계약서의 성과를 판단하기 위해 지금까지 해온 것처럼 주관적 잣대를 가져다 대면 절대 안 된다. 관리자는 많은 고객 가운데 한 사람, 그것도 내부 고객일 따름이다. 1인 기업가로서 직원의 성과는 고객이 평가하게 해야 한다. 고객의 피드백이 가장 객관적인 평가라는 것을 인식하고, 고객의 평가를 반영할 수 있는 새로운 방안을 마련하는 것, 이것이 제도적 장치의 핵심이다.

이처럼 직원이 지난 1년간 얼마나 훌륭한 대고객 서비스를 제공했느냐가 평가의 한 축을 이룬다면, 또 하나의 축은 그가 지난 한 해 동안 자신의 서비스 수준을 올릴 수 있도록 얼마나 많은 자기계발을 했는가가 되어야 한다. 고객에 대한 서비스의 품질은 결국 이를 제공하는 직원의 자세와 역량에 달려 있기 때문이다. 잭 웰치는 이 점에 대하여 매우 명확한 견해를 가지고 있다. 그는 20명 정도의 직속 중역들을 평가할 때 손수 적은 메모를 활용하였다. 거기에는 2가지가 적혀 있었다. 첫째는 '이 사람이 잘하는 것은 무엇인가' 이고, 둘째는 '그것들을 어떤 방식으로 향상시킬 수 있나' 였다. 그는 '강점' 과 '계발' 에 초점을 두었던 것이다.

톰 피터스(Thomas J. Peters)는《경영파괴》라는 책에서 한

여성 컨설턴트가 자신의 성과와 가치를 다음과 같이 평가하는
것을 예시한 적이 있다.

- 과거 나의 경력을 입증할 만한 완성된 프로젝트 중 가장 성공적인
  두세 개를 선별할 것.
- 내가 고객 한 명 한 명에게 제공했던 질적·양적인 효익(benefits)
  을 열거할 것.
- 지난 12개월 동안 나의 존재 이유를 입증해 줄, 고객으로부터 받은
  인증서와 감사장을 챙겨둘 것.
- 내가 한 해 동안 새로 배운 것들을 정확하게 설명할 것.
- 나의 자질이 지난해보다 얼마나 더 향상되었는지를 정확하게 설
  명할 것.
- 불어난 명함첩을 정리하고, 나의 네트워크에 추가하여 새로운 관
  계로 발전시킨 사람들의 이름을 들어볼 것.
- 내가 1년 전보다 크게 달라진 점들을 이력서에 명기할 것.

이런 모색의 결과로 제안된 것이 바로 1인 기업가로서의 직원
을 '이력서'로 관리하는 것이 적합하다는 생각이다. 톰 피터
스는 이미 10년 전에 이 일의 중요성을 설파했고, 나는 그의 주
장이 코리아니티에 매우 어울린다는 생각으로 관심 있게 연구
해 보았다. 이것은 이미 미국의 컨설팅사들을 중심으로 일반
화되어 있고, 지식산업의 기업들도 긍정적으로 받아들이는 개

념이다. 그러나 아마도 문화적 차이 때문에 일본인들에게는 적용하기가 쉽지 않을 것이다. 나는 이 방식이 '우리' 라는 공동체 속에 '나' 라는 주체와 핵심을 잊지 않는 한국인들에게 충분히 실효성을 얻을 수 있는 것이라고 생각한다. 일반 직장인들에게 적용할 수 있는 이력서의 견본을 상상해 보면 아마 다음과 같은 모습이 되지 않을까 싶다.

〈이력서〉

1. 전반적 경력 – 입사에서 현재까지

• 과거 나의 경력 중에서 가장 성공적인 두세 가지를 선별하여 자세하게 기술할 것.

• 현재 내가 맡은 분야에서 가장 뛰어난 업적 2가지를 선별하여 자세하게 기술할 것.

• 과거와 현재의 성취를 감안하여 가까운 장래에 가장 잘 해낼 수 있는 도전적인 과업이나 비즈니스 분야에 대하여 자세하게 설명할 것(미래의 경력계발에 우선적으로 반영하게 될 것임).

• 전체 경력을 통해서 내가 구축한 전문성에 대하여 자세히 기술할 것(자격증, 인증서, 학위, 프로젝트 참여, 멤버십, 논문, 저서 등).

2. 현재의 경력 – 지난 12개월 동안의 성과

• 현재의 비즈니스 분야에서 내가 고객 개개인에게 제공한 질적 ·

양적 효익을 열거할 것.

- 나의 존재 이유와 서비스 수준을 입증해 줄, 고객으로부터 받은 인정의 표시를 정리할 것(감사의 e-mail, 감사장, 공식적인 감사 멘트 등).

- 그동안 고객에게서 받은 피드백의 종류를 나열하고, 이를 반영한 사례와 고객의 불평을 해결하기 위해 취한 조처들에 대하여 설명할 것.

- 한 해 동안 새로 배우려고 계획한 것 3가지를 쓰고, 그것을 어떻게 습득했는지에 대하여 정확하게 설명할 것.

- 지난해보다 자신의 자질이 얼마나 향상되었는지를 설명할 것(교육 이수과목과 투자일수, 취득한 자격증과 인증서, 프로젝트 투입, 논문과 저서 등).

- 내가 네트워크에 추가하여 새로운 관계로 발전시킨 사람들의 이름과, 그들과의 관계를 증진시키기 위해서 한 일들을 열거할 것.

- 1년 전보다 크게 달라진 점들을 명기할 것.

카운슬링과 멘토링

고객으로부터의 피드백, 자기계발, 휴먼네트워크 확대라는 3가지 항목에 초점을 둔 이 같은 이력서의 항목을 채워 넣는다는 것은 매우 어려운 과제임에 틀림없다. 아마도 직장인들이 지금처럼 일해서는 3분의 1도 채우기 어려울 것이다. 이 이력서를 채우기 위해서는 끊임없이 공부하고, 고객을 만족시킬 수 있는 새로운 방식을 개발해야 한다. 본인이나 회사의 관계자는 이 이력서를 통해 개인의 경력과 자질 및 성과를 한눈에 파악할 수 있다. 건강하고 도전적인 이력서는 개인에게 가장 중요한 비즈니스 건강 차트인 셈이다. 이것이 고용과 보상, 승진을 결정한다면 이보다 훌륭한 기준은 없을 것이다. 따라서 회사나 개인이 서로 훌륭한 성과를 내기 위해 검토하고 실험해 보아야 할 효과적인 장치가 아닐 수 없다.

이력서 관리가 현장에서 잘 실현되기 위해서는 다음과 같은 보완이 필요하다.

첫째, 분기별 상담을 실시한다. 12개월의 업적을 크게 넷으로 나누어 관리자가 분기별로 직원과 심도 있는 경력 상담을 하도록 제도화하는 것이 좋다. 이 상담을 통해 관리자는 카운슬링과 멘토링을 해줄 수 있다.

둘째, 수정과 보완이 필요하다. 분기별 상담을 통해 관리자는 직원이 고객이 원하는 서비스를 고객이 원하는 때에 고객이 원하는 방식으로 제공하고 있는지를 바르게 평가할 수 있다. 이때 서비스 계약서를 참고하되 이력서의 항목들을 기초 자료로 활용하여 평가하고, 직원의 역량에 따라 일을 재분배하거나 항목을 수정하고 보완하게 한다.

셋째, 서비스 수준을 중간평가한다. 분기별 상담을 통해 현재의 서비스 수준이 객관적으로 어느 정도 평가받을 수 있는지에 대하여 서로 확인할 필요가 있다. 이 과정을 통해서 좋은 성과를 낸 것이 무엇이고, 더 잘해야 할 것은 무엇인지에 대한 공유가 이루어져야 한다.

넷째, 관리자의 적극적인 지원이 필요하다. 직원이 1인 기업의 경영자로서 훌륭한 자기경영과 계발을 하기 위해서 관리자가 지원해야 할 일이 무엇인지를 분명하게 검토하고, 관리자는 결정된 바가 반드시 이루어질 수 있도록 해야 한다. 예를 들어 늘 시간에 쫓기는 직원이 있다면 다음과 같이 지원해 줄 수 있다.

- 일의 절대량이 많다면, 일을 재분배한다.
- 일의 양보다는 직원의 일 처리방식에 문제가 있다면, 적절한 방식을 제시해서 코치해 준다.
- 기술적 문제 때문에 시간에 쫓긴다면 관련 교육에 참가하게 하거나, 멘토를 선정하여 직원이 현장에서 일하며 기술을 습득할 수 있도록 주선한다.

소프트웨어업체인 SAS는 실적평가제도를 폐지했다. 그 대신 관리자들이 부하직원들과 최소한 1년에 3번 정도는 만나서 허심탄회하게 의견을 교환하고 업무를 도와준다. SAS의 기본 방침은 업무 처리나 실적 면에서 기대 수준을 높게 설정하고, 대신에 직원들이 그 기대 수준에 도달하기 위하여 자율적으로 행동할 수 있도록 보장한다는 것이다. 마음껏 일할 수 있는 환경을 마련해 주는 대신 결과에 대한 책임을 지게 하는 것이다. 예를 들어 SAS는 제품설명서에 개발자와 검사자의 이름을 적는 실명제를 실시한다. 직원들은 자율적으로 결정하고 회사는 그러한 결정을 신뢰한다. 그러나 신뢰를 저버리는 행위는 결코 용납하지 않는다.

SAS에서 관리자는 원칙적으로 우수한 인재를 유치하고 지속적으로 보유할 수 있는 능력으로 평가받는다. 기술과 노하우가 가장 중요한 소프트웨어 산업에서 최고의 인재들을 확보하고 유지할 수 있다면 나머지 일들은 순조롭게 풀릴 것이기 때문이다. 따라서 직원들이 마음껏 일할 수 있도록 도와서, 하나의 단순한 아이디어를 커다란 사업 기회로 만들어내는 것이 관리자가 해야 할 일이다. 이들을 관리자보다는 스폰서나 사업가로 불러야 하는 이유가 여기에 있다.

관리에서 지원으로

분기별 상담과 코칭을 잘하면 직원의 경력계발에 대한 밀착 지원이 가능하다. 또한 분기별 잠정 평가를 통해서 관리자와 직원 사이에 업적 평가와 관련된 기본적 합의가 이루어지면, 평가 결과에 대한 불일치가 줄게 된다. 그렇다고 해서 현장에서 이 장치가 잘 작동하리라고 낙관해서는 안 된다. 실제로 IBM

은 오랫동안 PPC & E (Performance Planning, Coaching & Evaluation)를 해왔지만, 관리자들이 사실상 실무자의 위치에서 자신의 일을 처리해야 했기 때문에 분기별 상담이나 직원의 경력계발에 관심을 쏟기가 어려웠다. 꼼꼼하게 이 일을 잘 해내는 관리자도 있었지만, 이 제도가 귀찮고 형식적인 것으로 전락하기도 했다. 이것이 현장에서 벌어진 현실이다.

이 제도는 기본적으로 관리자라는 개념이 존재하는 한 제대로 작동하기 어려운 현실적 장애를 가지고 있다. 모든 직원을 고객에게 서비스를 제공하는 비즈니스맨으로 전환하려면, 관리자라는 개념이 해체되어야 한다. 직무기술서에 따라 일이 효율적으로 돌아가도록 감독하는 사람이라는 개념이 존재하는 한, 관리자들은 '전 직원을 1인 기업의 경영자' 로 만들어낼 수 없는 것이다. 그러므로 이제는 관리자와 직원의 관계가 '실무는 1인 기업가인 직원들이 현장에서 실행한다. 그리고 관리자는 직원이 일을 얼마나 잘하고 있는지 감독하는 대신, 그들이 최고가 될 수 있도록 멘토링하고 지원하고 전반적 경력을 챙겨주는 역할을 맡아야 한다' 는 가정과 전제 아래서 새롭게 정의되어야 한다.

이 새로운 정의에 따라 관리자라는 개념을 지우고 다른 형식의 지원 형태를 실험해 보아야 한다. 나는 관리(managing) 대신에 지원(sponsoring) 그리고 관리자 대신에 스폰서라는 개념을 도입하기를 제안한다. 만일 그렇게 한다면, '정말 해야 할 일, 기대했던 일' 들이 현장 곳곳에서 놀라운 감동으로 연출되는 것을 직접 확인할 수 있을 것이다. 관리자가 스폰서로 바뀌면 이력서 관리가 스폰서의 본업이 될 것이고, 그는 실무에서 벗어나 이 일에 몰입할 수 있을 것이다.

관리자에서 커리어 스폰서로 도약하라

다빈치의 자기추천장

여기서 스폰서의 역할에 대해 조금 더 자세히 알아볼 필요가 있다. 스폰서라는 말은 르네상스시대의 인물들을 떠오르게 한다. 천재와 만능인들의 시대인 르네상스가 꽃필 수 있었던 것은 메디치가처럼 '위대한 피렌체'를 만들어 보려는 훌륭한 스폰서들이 있었기 때문이다. 중국의 백가쟁명시대 역시 천하의 인재들이 스폰서의 지원을 받아 꿈과 이상을 펼쳤다. 인류 역사에서 르네상스와 백가쟁명시대처럼 역동적인 열정으로 가득 찬 시기는 없었다. 그리고 지금 우리는 다시 그 역동성과 자유로운 상상력을 요구하는 시대에 살고 있다.

'인간과 세계의 재발견'으로 정의되는 유럽의 르네상스를 이끈 천재들 가운데 레오나르도 다빈치와 미켈란젤로는 꽃 중의 꽃이었다. 특히 다빈치는 다양한 호기심을 가진 사람이었다. 후원자를 찾아 밀라노에 온 그는 스포르차 공작에게 그 유명한 '다빈치의 자기추천장'을 제출했다. 그는 자신에 대한 소개를 아홉 항목에 걸쳐 자세히 열거한 뒤, 마지막에 비로소 '그림도 누구보다 잘 그릴 수 있다'고 한마디 덧붙였다. 30대에 막 들어선 다빈치의 패기만만한 거드름인지도 모르지만, 어쨌든 우리는 그가 하늘을 나는 일부터 인체의 신비까지 다양한 호기심의 스펙트럼을 가진 천재라는 점을 의심하지 않는다.

지금은 인재와 전문인들의 시대다. 천재는 '운명으로부터, 신으로부터 최고의 축복'을 받은 사람들일지 모르지만, 인재는 만들어지고 스스로 만들어가는 것이라고 생각한다. '자기추천장'이라는 말에 주목해 보자. 이것이 바로 스스로 쓴 이력서다. 대부분의 사람들은 다빈치처럼 이력 사항에 10개의 전문 항목을 써내려갈 수는 없을 것이다. 그러나 한두 개의 항목만이라도 분명하게 쓸 수 있다면 전문가라고 불러도 좋다. 그 한두 개가 무엇일까? 우리는 그 한두 가지의 전문성 때문에 먹고살 수 있고 세상에 자신을 표현할 수 있다.

내가 이력서에 써야 할 가장 잘하는 일은 무엇일까? 나는 직장인들 가운데 이 한두 가지를 적을 수 있는 사람이 그리 많지 않다는 것을 알고 있다. 그리고 그것이 바로 많은 직장인들을 괴롭히는 큰 이유라는 것도 알고 있다. 한두 가지 일에서 인정을 받아 이름을 얻으면, 우리는 그 명성을 브랜드 파워라고 부른다. 각 개인은 자기 경력을 현명하게 관리하는 관리자가 되어야 한다. 동시에 기업은 모든 직원을 훌륭한 전문가로 키워낼 수 있어야 한다.

기업은 의인화되었다. 기업은 심장을 가지고 있다. 기업은 인간의 욕망을 결합함으로써 새로운 제품과 서비스를 만들어낸다. 더욱 안전한 자동차, 인간 친화적인 컴퓨터, 어디서나 걸리는 모바일 폰 등은 그렇게 해서 만들어진 것들이다. 경영은 이제 모든 경제활동의 이면에 숨어서 인간의 욕망을 구체화하고, 가치를 결정하고, 생산요소를 결합하는 가장 중요한 경쟁력으로서 인간의 문제를 우선적으로 다루어야 한다. 그러나 종종 우리는 우수한 기술과 최신의 설비, 검증된 프로세스와 프로그램에 얽매여 제품과 서비스를 생산하는 사람과 그것을 소비하는 고객으로부터 멀어지는 실수를 범할 때가 많다. 이것이 기업이 몰락하는 가장 큰 이유다. 경영은 사람이다. 사람의 마음을 달궈내지 못하면 좋은 경영자도 좋은 리더도 될 수 없다.

커리어는 큰 팀, 일은 작은 팀

앞으로 관리자는 일에 매일 것이 아니라 사람에 매여야 한다. 비즈니스는 결국 고객이다. 고객에게 부가가치를 만들어 주는 것은 직원이고, 행복한 직원은 행복한 고객을 만든다. 따라서 직원과 고객에 매이지 않는 비즈니스란 없다. 그리고 직원들에 대한 스폰서로서 관리자의 역할은 '글로벌리제이션' 과 '우리 문화'라는 2가지 요소에 적합하게 설정되어야 한다.

일본인들은 기업 내에서 셈파이 - 고하이(선배와 후배) 관계를 선호한다. 연장자의 지위는 확고하고 그들이 손아래 사람을 보살핀다. 그러나 이 방법은 편협한 '우리 관계'에서 벗어나지 못함으로써 개인적 의리가 지배하는 폐쇄 공간을 만들 수 있기 때문에 글로벌리제이션의 방향과 맞지 않는다. 반면 막스 베버식의 합리적 형식 관계도 우리에게 적합하지 않다. 그는 노동의 세계는 이익사회(Gesellshaft)이기 때문에 이것이 제대로 돌아가려면 친밀함에 바탕을 둔 공동사회(Gemeinschaft)를 끊임없이 떠나야 한다고 주장한다. 그러나 이 생각은 '얼굴 있는 만남'과 '관계'에 바탕을 둔 한국적 문화와 어울리기 어렵다.

나는 코리아니티와 어울리는 스폰서링과 관련하여 '커리어는 큰 팀, 일은 작은 팀'이라는 융합적인 방법을 제안하고 싶다. 이것은 인사관리권을 가진 커리어 스폰서가 20명 내외의 직원을 지원하는 것이다. 이것을 '큰 팀'이라고 부른다. 큰 팀 밑에는 프로젝트나 업무의 성격에 따라 3~7명으로 이루어진 '작은 팀'이 있는데, 이들은 팀 리더가 지도한다. 팀 리더는 인사권을 가지고 있지 않지만 프로젝트와 업무의 성과에 대한 책임을 진다. 직원들은 작은 팀의 일원이 되어 일상의 업무를 수행한다.

그리고 두 단계 높은 곳에 위치한 커리어 스폰서는 직원의 업무 성과와 프로젝트 참여 성과, 팀 리더의 피드백, 개인 면담

등을 통해 직원의 기질과 재능, 관심 분야와 전문성 등을 심도 있게 자문하고 중장기적인 경력 지원을 해준다. 일과 경력관리를 '유기적으로 이원화' 함으로써 팀이라는 수평적 구도 속에서 직원이 다양한 시도와 실험을 할 수 있는 자유 공간을 제공하는 것이다. 아울러 현재의 업무에 갇혀 고착화하는 것을 막고, 관심 분야의 전문가로 '영원한 혁신'을 주도할 수 있도록 지원해 주는 것이다.

우리에게는 기술과 품질 외에 영혼이 필요하다. 고객만족은 시스템의 문제이기 이전에 무의식의 문제이기 때문이다. 지금이 커다란 경력관리 로드맵 가운데 한 지점이며 이 지점을 성공적으로 통과하면 전문가로 성장할 수 있다는 사실을 제도적으로 확인하고 지원해 줄 때, 직원은 지금 하고 있는 일에 영혼을 실을 것이다. 한 사람의 스폰서를 통해 20명 내외의 직원이 전문가이자 투철한 1인 기업가로 성장할 수 있다면 이 실험을 마다할 이유가 없을 것이다. 우선 특별한 부서 두세 군데를 정해서 파일럿 테스트를 해보아도 좋다. 그러나 몇 명의 커리어 컨설턴트를 두어 지원하는 형태는 바람직하지 않다. 컨설턴트는 힘을 가지지 않은 주언자이며, 현장을 떠나 있는 이론가일 수밖에 없기 때문이다. 경력관리를 원하는 개인은 조언만이 아니라 실제적인 지원을, 잠재력을 발휘할 수 있는 적합한 현장으로의 배치와 성과에 대한 올바른 평가를 원하는 것이다.

기업 차원에서 전반적인 경력관리를 지원하는 방법 가운데 가장 효과적인 것은 직원들의 욕망과 재능, 전문성에 부합하는 현장을 제공하는 것이다. 그러나 기업 인사관리의 최대 맹점은 적절한 잠재력과 전문성을 적절한 직무에 배치하는 시스템을 가지고 있지 못하다는 점이다. 통계에 따르면, 직원 10명 가운데 8명 정도는 현재의 직무에 자신이 가진 능력을 100퍼센트 발휘하지는 못한다고 생각한다. 자신의 기질과 재능에 어울리지 않는 분야에서 능력의 일부만 활용하여 평균 수준의 성취밖에 하지 못하는 직원들이 태반이라는 뜻이다. 따라서 회사가 직무와 개인의 능력을 제대로 연결해 주기만 해도 이로 인해 얻을 수 있는 혜택이 대단히 클 것이다.

재능과 직무 사이의 미스매치를 풀어주는 데 엄청난 인사관리 시스템이 필요한 것은 아니다. 우선 스폰서링를 원하는 직원들에게 앞에서 설명한 이력서나 자기추천장을 쓰게 하라. 이력서는 이미 한 가지라도 전문성을 갖춘 사람들의 것이며, 자기추천장은 앞으로 자신이 어떻게 전문성을 획득할 것인지에 대한 계획서이다. 예를 들어 자기추천장에는 자신의 기질과 재능에 대한 소견, 그 소견을 뒷받침할 수 있는 과거의 개인적 성취 그리고 특정 부서나 직무를 원하는 자신만의 이유 등을 담을 수 있을 것이다.

회사는 이 같은 이력서나 자기추천장을 근거로 인사 시스템 안에 이들에 대한 정보를 보관해두고 직무 전환과 순환 배치에 활용할 수 있다. 이미 전문성을 확보한 사람 중에서 직무와 전문성이 미스매치되어 있는 사람들을 적절한 인정 과정을 거쳐 적합한 자리로 배치할 수 있다. 아직 전문성은 없으나 앞으로 자신이 가려고 하는 전문 분야를 설정한 사람들에게는 적절한 인력수급 원칙을 정해 매년 일정 비율을 본인이 원하는 분야나 근접 분야로 전환 배치하는 조정이 가능할 것이다. 예를 들어 한 해에 10퍼센트 정도의 직원이 자기가 원하는 직무를 찾아갈 수 있다면, 5년 뒤에는 전 직원의 절반 정도가 자신이 원하는 부서에서 자신이 선택한 직무를 수행하고 있을 것이다.

무역협회는 매년 3월 인사평가를 하기 전인 1, 2월에 인사상담 시스템을 가동한다. 인사담당자가 직접 대면하거나 전화 또는 서면 등으로 팀장을 제외한 전 직원 200여 명과 상담을 실시한다. 절반 이상이 대면상담으로 진행되는데, 이러한 제도를 통해 직원들은 인사상의 고민과 진로상담 그리고 자신이 겪고 있는 고충을 해결할 수 있다. 인사상담만큼 직원들의 의사를 잘 반영해 주는 것은 이동제도이다. 이는 한 포스트에서 3년 이상 근무한 사람은 근무지 이동에 지원할 수 있으며, 직원들의 의사를 신중히 고려하여 포스트를 결정한다는 제도이다. 신청서류에 업무만족도, 희망하는 업무분야, 관심분야, 현재의 팀에 더 근무하고 싶은 정도 등을 표시하여 다양한 관점으로 인사상담을 한다. 희망하는 업무분야에 대해서는 1지망부터 3지망까지 선정할 수 있다.

전문가가 되려는 사람에게 배울 수 있는 현장을 제공해 주는 스폰서링보다 더 커다란 지원은 없다. 이것은 추가 비용이 많이 발생하지 않으면서도 매우 효과적이라는 점에서 매력이 크다. 오랫동안 길들여진 직무에서 해방되어 매너리즘을 벗고, 제2의 인생을 걸고 새로 배우고 익혀야 하는 긴장 속으로 즐겁게 투입할 수 있다는 것만큼 좋은 동기 부여는 없다. 좋아서 하는 일, 잘할 수 있는 일을 선택한 사람들의 공통점은 몰입도가 높고 스스로 일을 즐긴다는 점이다. 자신의 일을 즐길 수 있을 때 성과 또한 빛나게 마련이다. 이는 회사를 위해서나 개인을 위해서나 축하할 일이 아닐 수 없다.

기업 속의 작은 기업가

피고용인이 아니라 스스로 사업을 꾸려가는 1인 기업가라는 새로운 자기인식은 훌륭한 비즈니스맨으로 성장하기 위한 '꿈의 가정(dream assumption)' 이다. 1인 기업가라는 정신을 개인들에게 불어넣고, 동시에 개인이 가진 힘들을 모아 훌륭한 소규모 기업으로 만들어 주면 상당한 시너지를 만들어낼 것이라는 가정이다. 이 개념은 각각의 팀과 부서를 하나의 독립된 사업체로 인식하고, 부서장이나 팀장을 독립 기업을 운영하는 경영자로 대우하는 것이다. 예를 들어 매킨지의 팀들은 각기 작은 회사처럼 운영된다. 팀은 각각의 비전과 원칙을 가지고 가치를 만들어내는 작은 기업이다. 그리고 이 작은 기업들은 서로 연결되어 있어 한 군데서 산출된 결과물이 네트워크를 통해 전체에 유통되며, 기존의 능력이 즉석에서 결합되어 더 커다란 작업이나 프로젝트를 수행하는 힘으로 전개된다.

이처럼 전 부문을 이익집단(profit organization)으로 만드는 방법은 미국식 접근법이지만, 나는 이것이 미국보다 한국에서 더 잘 작동할 수 있는 개념이라고 생각한다. 왜냐하면 이것은 한국인들이 가진 내집단 공동체의식과 자기중심적 역동성을 함께 활용하는 방법이기 때문이다. '1인 기업가들을 위한 스폰서'나 '기업 속의 작은 기업가'는 이제 관리자를 부르는 새로운 이름이 되어야 한다. 나는 이 말들이 그동안 관리자라는 단어를 대체해 온 '리더'라는 모호하고 포괄적인 표현보다 훨씬 더 기업 지향적이며 밀도 있는 개념이라고 생각한다.

PWC와 IMD 경쟁력 평가 자료에 따르면 역량, 거버넌스, 혁신능력 등 기업 관련 주요 경쟁력 지표 전반에 걸쳐 한국 기업들은 주요 경쟁국가 30개국 가운데서 중하위권에 머물러 있다. 그러나 유일하게 한국이 경쟁력 1위인 지표가 있다. 바로 '기업가 정신'이라는 평가 항목이다. 이 지표에서 미국은 4위, 프랑스는 17위, 일본은 20위에 지나지 않는다. 또한 기업의 혁신과 관련된 경쟁력 지표 가운데 '개혁에 대한 요구 정도'에서 한국은 2위를 차지했다. 이 분야의 지표에서 일본은 11위, 미국은 13위, 프랑스는 29위에 머물렀다. 여기서 우리는 한국 기업이 개혁에 대한 요구가 매우 강한 집단이며, 최고의 장점은 기업가 정신에 있음을 알 수 있다. 우리가 이 강력한 모멘텀과 에너지를 활용하지 못한다면 매우 애석한 일이 아닐 수 없다.

모든 부서는 개념상 수익집단(profit unit)이 되어야 한다. 수익을 내지 않고는 존재할 수 없다. 수익은 기업의 태생적 성과물이기 때문이다. 수익을 측정하는 데는 여러 가지 기준이 있다. ROI(투자자본수익률)가 있고, ROA(자산자본수익률)가 있고, ROE(주주자본수익률)도 있다. 이런 복잡한 개념 말고도 그저 단순히 매출액과 수익을 따지는 경우도 있다. 그러나 지식사회가 무르익어가면서 요즘은 여기에 ROT(인재자본수익률)라는 것을 넣어야 한다는 주장이 참신한 설득력을 얻고 있다. 인재에 투자를 하여 지식을 창출하면 그것이 바로 엄청난 수익이라는 개념이다. ROT는 '혁신의 이익'을 만들어낸다. 프로세스를 혁신하여 생산성을 높이고, 비용을 줄이고, 고객의 요구 사항에 집중함으로써 고객만족도를 높이는 것은 결국 매출액과 수익률의 증가라는 결과를 낳는다.

'기업 속의 작은 기업가'들은 ROT라는 관점에서 반드시 수익성 있는 성과를 만들어내야 한다. 그런 의미에서 내근 부서도 본질적으로 수익집단이어야 한다. 그러려면 자신과 한 팀을 이루고 있는 사람들과 함께 성과를 만들어내야 된다. 그들의 기질과 재능을 파악하고, 그들을 지원하고 동기 부여를 하며, 그들을 적절한 직무에 투입하고 알맞은 역할을 할 수 있도록 도와주어야 할 것이다. 이렇게 그들을 계발하고, 그들이 만들어낸 지식이 기업의 공유재산이 되도록 기록하고 보관하고 유통시켜야 할 것이다. 그런가 하면 이 창조적 지식의 새로운 가능성을 끊임없이 모색하여 수익성 있는 비즈니스 모델로 만들어낼 수 있어야 한다. 이것이 대략 기업 속의 기업가들이 해야 할 일이다. 한마디로 규모는 작지만, 그렇기 때문에 더욱 정교한 기업을 경영하는 최고경영자의 역할과 같다. 나는 이것이 관리자의 새로운 미션이고 운명이어야 한다고 믿는다.

인생을 졸지 않고 살 수 있는 방법

자신의 팀을 강력한 작은 기업으로 전환하는 일을 반드시 회사가 시작해야 하는 것은 아니다. 한 팀의 팀장도 얼마든지 시작할 수 있다. 구체적인 예를 들어보자. 어느 관리자가 있다. 그는 오랫동안 한 내근 부서에 근무했고, 그곳에서 청춘을 보냈다. 사실 그 직무는 객관적으로 크게 매력적이진 않았다. 다시 말해서 승진하고 주목받고 인센티브를 많이 받을 수 있는, 경력관리상 요직은 아니었다. 어찌어찌하여 그 일을 시작하게 되었는데 달리 대안을 찾아내지도 못했고, 그럴만한 기회도 없었다. 하지만 그 일이 싫지는 않았다. 아마도 자신이 가장 잘할 수 있는 일 가운데 하나라고 여겼다. 세월은 흐르고 일과는 반복되었다. 새로운 일들이 생기기도 했지만, 크게 보면 매년 되풀이되는 일들이었다. 어느덧 그는 몇 명의 부하직원을 거느리게 되었다. 이 사람들은 그 부서에서 뼈를 묻을 생각을 하는 것은 아니다. 한두 해 머물다 다른 곳으로 떠나가는 사람들도 있었고, 비교적 오랫동안 머무는 사람도 있었다.

그는 평범한 관리자에 지나지 않았다. 늘 성과에 쪼들리고, 해야 할 일들 속에서 하루하루를 보내고, 직원들에게 일을 분담하고, 그들이 좀더 적극적이고 성실하고 창의적으로 일하지 못하는 것에 대해 불만을 터트리기도 하는 그저 그런 관리자였다. 그러던 어느 날, 그는 한 직원이 잠시 조는 모습을 보았다. 그 사람은 부서에서 가장 나이 많은 직원이었고 자신보다도 서너 살 위였다. 창문을 타고 들어오던 봄철 햇빛이 졸고 있는 직원의 얼굴 반쪽을 비추는 것을 지켜보다가, 그는 문득 자신이 더 좋은 관리자가 될 수 있으리라는 생각을 하였다. 돌연한 일이었다. 그는 졸고 있는 직원을 깨워주고 싶었다. 그러나 몸을 흔들어 깨우는 대신 스스로 졸지 않게 만들어 주고 싶었다. '인생을 졸지 않고 살 수 있는 방법', 그때 그의 머리를 스치고 지나간 이 생각이 그의 인생을 바꾸었다.

그는 '관리자' 라는 단어에 대해 생각해 보았다. 관리자란 무엇을 관리하는 것일까? 직원들에게 일을 시키고, 그 일을 만족스럽게 수행했는지 평가하고 코치하는 것일까? 그는 실제로 자신이 매일 하고 있는 일들을 적어보았다. 몇 가지의 고유 업무가 있고, 수시로 해야 할 일정이 주어져 있다. 그리고 그 일을 담당한 직원들을 관리하는 일이 있다. 그의 업무는 대부분 직원들을 불러 일의 진행 상황을 알아보고, 때때로 재촉하고, 지원할 일이 있으면 도와주고, 문제가 생기면 함께 풀어나가는 것이었다. 그것은 늘 반복되는 프로세스를 가지고 있었다. 어떤 것들은 부가가치가 낮은 일이었고, 특별한 도전도 문제도 없는 일이었다. 그런 일들은 전문성을 갖고 있지도 않았고, 미래에 어떤 기회를 가지고 있는 비전도 아니었다.

이 같은 사색 끝에 그는 위에서 눌리고 밑에서 치받치는, 권리는 작고 책임은 과다한 중간적 존재로서의 관리자라는 개념을 지우고 스스로 이 작은 부서의 경영자라는 인식을 갖기로 했다. 회사를 다니는 동안 깨달은 것은 하루에 자신이 대면하는 사람들이 열두어 명 정도라는 점이다. 같은 부서 사람 다섯, 연관된 업무로 매일 보아야 하는 사람 대여섯 그리고 그의 상관이었다. 이 사람들이 그의 하루를 결정하는 파트너이고 고객이었다. 그는 매일 만나는 사람들 중 절반 정도를 책임지고 있는 관리자였던 것이다. 그것은 작은 일이 아니었다. 하루하루 다른 사람들의 행복과 불행에 엄청난 영향을 줄 수 있는 자리라는 것을 깨달은 것이다. 그는 이 부서가 자신의 왕국이라고 생각했다. 그리고 이 왕국의 훌륭한 책임자가 되고 싶었다.

그는 자신이 할 수 있는 일들을 생각나는 대로 써보았다.

첫째, 나는 이 사람들의 하루에 결정적인 영향을 미친다. 불쾌하게 할 수도 있고, 행복하게 만들 수도 있다. 신나게 할 수도 있고 주눅들게 할 수도 있다.

둘째, 나는 이 사람들의 미래에 결정적인 영향을 줄 수 있다. 그들의 경력관리를 도와주고, 전문성을 기를 수 있도록 도울 수 있다. 또한 그들이 경력상의 좋은 기회를 가지도록 도울 수도 있다.

셋째, 나는 이 사람들이 자신의 기질과 강점을 발견하고 계발하도록 돕고 가장 적합한 일에 배치함으로써, 자신을 표현할 수 있는 살아 있는 현장을 제공할 수 있다.

넷째, 각자의 기질과 재능을 합하면 우리는 이 분야에서 가장 차별적인 서비스를 제공하는 한국 최고의 부서가 될 수 있다.

이 4가지 정신적 발견이 그를 더 좋은 관리자로 만들어 주었다. 그는 더 이상 자신이 관리자라는 말이 적절치 않으며, 자기가 하려는 일들이 기업을 경영하는 것과 다르지 않다는 사실을 깨달았다. 회사는 우리를 고용한 것이 아니라 서비스를 사는 것이다. 계약은 1년이나 2년 단위로 갱신될 것이다. 전문 서비스 부서로서 우리의 가치는 '우리'라는 사람의 가치이며, 전문성의 가치이며, 열정의 가치이며, 계발된 재능의 가치이다. 그는 이것이 바로 스스로를 고용하는 방식이며, 한 부서가 기업 속의 또 다른 작은 기업이라는 인식의 원천임을 깨달았다.

자, 이제 회사를 하나 만들어 볼까?

당신도 부서원들과 함께 다음과 같은 간단한 작업을 해보라. 직원들에게 회사를 하나 만들어 보자고 제안하고 기업 속의 작은 기업, 그러나 위대한 기업이 탄생하는 과정을 즐겨보자.

첫째, 가장 차별적인 전문 부서는 어떤 모습일까? 예를 들어 당신이 회계부서의 관리자라면 그곳을 회계 전문 서비스업체라고 가정하고, 다른 동종업체와 차별화할 수 있는 10개 정도의 요소를 적어보자. 톰 피터스는 이런 전문 서비스업체를 '생각 주식회사'라고 부른다. 생각의 혁명이 구체적인 위대한 기업을 만들어낸다는 의미일 것이다.

둘째, 2주 이내에 동일한 일을 하는 다른 업체의 부서를 방문하여 인터뷰를 하라. 일을 가장 잘하는 것으로 알려진 전문 부서를 두 군데쯤 골라 회사 탐방을 하든지, 함께 점심을 하든지, 퇴근 뒤에 가벼운 술자리를 갖도록 하라. 그리고 모임 전에 10개 항목 정도의 질문서를 보내 그들이 어떻게 해서 좋은 서비스를 제공할 수 있는지를 물어보라. 이런 일들을 귀찮아하지 말자. 어쨌든 지루한 일상에 주어진 특별한 일이지 않은가!

셋째, 자신의 전문 서비스 기업을 가장 잘 알릴 수 있는 슬로건을 만들어 보라. 나는 변화경영연구소라는 1인 기업을 경영

하는데, '우리는 어제보다 아름다워지려는 사람을 돕습니다'
라는 슬로건을 명함에 새겨두었다. 노키아의 슬로건은
'connecting people' 이다. 멋지지 않은가? 이제 그대의 작은 기
업에 적합한 슬로건을 만들어 고객들의 마음을 빼앗아 보자.

넷째, 슬로건과 차별적 서비스에 대한 선언서를 회사 내외
부의 클라이언트들에게 홍보하라. 전문 서비스업체의 고객은
클라이언트다. 얼굴 없는 고객과 달리 우리에게 무엇인가를
의뢰한 사람들이다. 따라서 차별적 서비스 선언은 어쩌면 도
끼로 제 발등을 찍는 일일 수 있다. 중간 정도만 하면 되던 일들
을 이제는 아주 잘하지 않으면 안 되기 때문에 몸이 고되고 신
경도 더욱 많이 쓰일 것이다. 그러나 잊지 말자. 우리 팀은 이
제 하나의 회사를 차린 것이다. 전열을 가다듬고, 홍보를 하고,
마케팅을 하지 않고서 먹고살 수 있겠는가? 바로 이런 시도가
아주 훌륭한 '아웃플레이스먼트(out-placement)' 의 예행연습
이기도 하다는 점을 명심하면 즐거운 이벤트가 아닐 수 없다.

훌륭한 경영의 역설은 밖에 나가서 아주 잘할 수 있는 사람
들에게 지금 이 회사 안에서 훌륭한 기업을 차려보라고 권장하
는 것이다. 잭 웰치의 말을 잊지 말자. "내가 아주 오랫동안 공
들여 하고 싶었던 것은 커다란 회사 안에 아주 작은 창조적 기
업들을 수없이 만들어내는 것이다." 회사 내에서 성공하고 말
겠다는 집착에 빠져 주어진 일에만 죽어라 매달리는 관리자가
되지 말자. 오직 사다리를 타고 오르기 위해 정해진 길만 달려

가는 조직인간으로는 충분치 않다. 이 폐쇄적 경직성이 결국 다른 훌륭한 가능성을 매몰시킬 것이고, 팀원들의 사기를 꺾을 것이며, 그들의 창의력과 상상력을 죽일 것이다.

기업 속의 작은 기업가들은 주어진 일을 수행하는 것으로 만족하지 않는다. 그들은 소중한 인력이 낭비되지 않도록 가치 없는 일을 제거하고, 새로운 부가가치를 만들기 위해 힘을 결집하고, 적합한 자리에 가장 적절한 인재를 배치함으로써 성과를 올리고, 개인들이 자신의 브랜드를 획득할 수 있도록 도와주는 사람들이다. 관리자에서 경영자로 스스로를 승진시키는 이 흥미로운 도약을 바로 지금 시도해 보자.

작은 기업들의 연합체

한국인들은 모기업에서 떨어져 나와 법적으로 다른 회사가 되어 먹고살아야 하는 '스핀오프(spin-off) 기업' 이 되는 것을 매우 두려워한다. 잘 안 될지도 모르는 상황에서 아무런 사업 준비 없이 떨어져 나오는 것은 결코 만만한 일이 아니기 때문이다. 또한 일반적으로 스핀오프 기업은 3년 정도 모기업의 배타적 지원을 받지만, 지금까지 이것이 결국 사람을 잘라내는 방식의 하나로 실행되었다는 점에서 부정적 이미지를 가지고 있다. 그러나 기업의 많은 기능을 각각 작은 기업으로 쪼개어 마치 작은 기업들의 연합체 같은 대기업을 그려가는 정책은 다음과 같은 큰 장점을 가지고 있다.

첫째, 팀을 독립적인 소기업으로 가정함으로써 자생력과 자율성을 강화할 수 있다. 지시와 전달에 따른 피동적 업무 수행을 넘어서 스스로 고객을 관리할 책임을 진다.

둘째, 매년 경쟁력을 강화하기 위하여 스스로를 혁신해감으로써 더 좋은 서비스, 더 나은 제도적 장치, 더 효율적인 프로세스를 만들어내야 한다는 도전적 과제를 갖는다.

셋째, 스핀오프 때 일반적으로 느끼는 '축출되었다'는 정서 없이 자신의 팀을 하나의 기업으로 성장시키기 위한 긍정적 경쟁이 조직들 사이에서 이루어질 것이다. 스핀오프가 잘라내기의 벼랑 끝 작전이라면, 팀과 부서의 소기업화는 분화를 통해 기능을 효과적으로 다시 연결하는 방식이다. 3M은 이런 사내기업가(intrapreneur) 개념을 적용함으로써 이 분야에서 유명한 기업이 되었다.

넷째, 소기업화하면서 그들은 성과를 놓고 경쟁하지만, 고객을 위해서는 다면적 공동지원이 가능할 것이다. 그 자체가 존재의 이유이며 훌륭한 서비스의 유일한 기준이기 때문이다.

다섯째, 팀별로 갈라져서 성과를 내지만, 좀더 높은 지점에서 몇 개의 소기업들을 지원하는 중기업(예전의 부서나 본부 단위)들의 통합적인 조율과 조정을 받을 수 있기 때문에, 같은 기능을 가진 소기업들(예를 들어 수십 개의 영업조직)이 서로 공통의 시장을 놓고 경쟁하는 일은 벌어지지 않을 것이다.

여섯째, 각각의 소기업들이 경영마인드로 운영될 것이다. 그러므로 이들을 평가하는 방법은 크게 2가지일 수밖에 없다. 하나는 고객에 대한 서비스 결과에 따라 평가한다는 원칙이고, 다른 하나는 이 조직의 서비스 수준에서 나아진 것이 무엇인지를 평가하는 것이다. 이것은 이 소기업이 지난 1년 동안 얼마나 더 전문적인 기업으로 성장했는지를 묻는 것이다. 여기서 결국 우리가 소기업화를 통해 얻으려는 것은 고객서비스에 대한 성과의 개선이며, 소기업의 핵심역량을 계발한다는 것임을 알 수 있다.

피터 드러커는 "어떤 조직도 완전한 조직은 아니며, 그 조직은 결국 모든 것을 파괴한다는 점을 전제하라"고 강조한다. 훌륭한 경영자는 솔선해서 기존 조직을 끊임없이 해체해가는 사람이어야 한다. 이 대목에서 가장 그럴듯한 구호는 도요타의 '타도! 도요타'이다. 어제의 도요타를 타도함으로써 늘 새로운 도요타가 되겠다는 뜻이다. 이것이 혁신 기업의 공통된 모습이다.

3장

상생과 수평의 기업문화

"비전 기업은 역설을 쉽게 받아들인다. 상반된 두 개의 힘이나 사상이 동시에 존재한다. 이들은 or라는 악령에 결코 사로잡히지 않는다. 많은 사람들에게 세상은 'A and B'가 아니라 'A or B'라는 흑백논리를 신봉하도록 강요하였다……. 그러나 비전 기업은 여러 극단을 동시에 포용하는 and의 영신을 받아들임으로써 or의 악령에서 벗어난다."

—짐 콜린스

일과 개인생활의 조화

선택과 포기

조화와 균형은 좋은 말이다. '훌륭한 직원' 으로 회사에서 인
정받으면서 아이들에게 '훌륭한 부모' 가 되는 것은 개념적으
로 서로 배타적인 목표가 아니다. '훌륭한 직업인' 인 동시에
'개인적 삶을 즐기는 사람' 은 모두가 바라는 이상형이다. 그
러나 개념적으로는 얼마든지 가능해 보이는 것들이 실제로는
서로 배타적이며 상충한다는 것을 살아가면서 누구나 깨닫게
된다. 2가지를 다 잘 해보려는 사람은 언제나 둘 사이를 넘나
드는 위험한 곡예를 할 수밖에 없다. 특히 여성들은 더욱 그렇
다. 여성들에게 가정은 또 하나의 직장이기 때문이다. 일과 가
정생활 2가지를 다 잘 해낸다는 것은 참으로 힘든 일이다.

　신기한 것은 한국인들이 조화와 균형이라고 부르는 것들을
서양인들은 '선택' 이라는 이름으로 부르는 경향이 있다는 점

이다. 서양인들이 균형(balance)이나 조화(harmony)라는 단어를 사용하지 않는다는 뜻이 아니라, '모두를 다 잘 해낼 수 있다' 보다는 '어느 하나를 잘하려면 다른 하나는 어느 정도 포기해야 한다' 는 입장을 선호한다는 것이다. 그들은 '선택과 선택되지 않는 것들의 포기(select and give up if not selected)' 라는 이분법 속에서 조화와 균형을 이해하는 경향이 강하다. 그래서 일과 생활의 균형(work-life balance)은 실제로 '교환(swap or trade off)' 또는 '선택과 선택되지 않는 것들의 포기'로 정의되는 경우가 많다. 예를 들어 잭 웰치는 일과 개인생활의 균형에 대해 다음과 같이 견해를 밝힌다.

일과 생활의 균형이라는 개념이 발전되고 확장되어 왔다는 점은 의문의 여지가 없다. …… 이것은 어떻게 우리의 생활을 관리하고 시간을 분배할 것인가의 문제다. 즉 우선순위와 가치의 문제라는 것이다. 기본적으로 일과 생활의 균형은 우리가 일에 대하여 얼마나 많은 비중을 둘 것이냐에 관한 논쟁이다. …… 어느 균형을 선택했건 당신은 어느 한 쪽을 조금 양보해야 할 것이다. …… 대부분의 사람들은 한 가지를 선택하면 다른 한 가지는 조금 포기해야 한다.
(만일) 일에서의 성공을 첫 번째로 꼽는 사람들은 자녀들과의 친밀한 관계를 어느 정도까지는 포기해야 한다. 일과 생활의 균형은 교환(swap)이다. 다시 말해 무엇을 지키고 무엇을 포기할지를 스스로 나누는 것이다.

잭 웰치는 이 주제와 관련하여 호주 멜버른에서 열린 기업체 임원들을 위한 강연회의 '질의응답' 시간에 생긴 에피소드 하나를 소개했다. 이 강연회에서 사회를 맡은 사람은 호주에서 가장 유명하고 존경받는 뉴스캐스터 가운데 한 사람인 맥신 맥큐(Maxine McKew)라는 여성이었다. 그녀는 여성의 직장생활과 개인생활의 희생에 대한 논의가 한창일 때, 이렇게 자신의 입장을 밝혔다.

여성들은 무엇인가를 포기합니다. 그것이 생활입니다. 저는 커리어를 원했습니다. 그래서 아이를 갖지 않았습니다. 아마 지금도 아이를 키우면서 경력을 함께 키워갈 수는 없을 것 같습니다. 제가 25년 전 방송계에 입문했을 때는 아이를 키우면서 직장생활의 높은 단계까지 오르는 것은 절대로 불가능한 일이었습니다. 결국 그것은 저의 선택이었습니다. 아이를 원했지만 저는 제 커리어를 최우선에 놓기로 했습니다. 그러므로 그것으로 인한 나의 행복과 부족함에 대해 누구도 비난할 수 없는 것입니다.

맥신 매큐는 커리어를 위해 아이를 낳지 않았다. 잭 웰치는 《포춘》지에 의해 '세기의 경영자'라는 칭송을 받았지만, 두 번이나 이혼의 아픔을 겪어야 했다. 잭 웰치나 맥신 맥큐가 개인적 선택을 한 것 그리고 그 선택의 결과는 자신들이 감당할 몫이다. 그것은 개인의 선택이었다. 그러나 여기에는 조화와 균형은 없고 선택과 포기만이 있다. 선택을 통해 하나를 고르는 방법은 분명히 문제를 해결하는 한 방법이다. 그러나 그것은 조화와 균형에 이르는 방법은 아니다. 오히려 조화와 균형에 다가서야 할 고민의 진원지를 싹둑 잘라버림으로써 문제를 해결한 셈이다.

or의 악령과 and의 영신

대부분의 사람들, 특히 한국인들은 일과 가정 사이에서 조화와 균형을 이루어 보려고 애를 쓴다. 매일같이 이 문제를 해결하고자 노력한다. 나는 이 고민과 노력이 중요하다고 본다. 일과 가족, 커리어와 개인적 삶은 어느 것을 선택하고 어느 것을 버릴 수 있는 문제가 아니다. 선택은 중요한 것과 그렇지 않은 것 사이에서 일어나는 일이다. 그러나 조화와 균형은 중요한 것들 사이에서 둘의 모순적 관계를 상생시키는 것이다. 삶에서 중요한 것들, 예를 들어 일, 가정, 친구, 배움 등은 버릴 수 없는 것이다. 그것들은 삶을 받치는 기둥이어서 버리는 순간 삶이 무너져 내리기 때문이다.

제임스 콜린스와 제리 포라스가 쓴 《Built to Last》(국내에서는 '성공하는 기업들의 8가지 습관' 으로 번역되었다) 곳곳에는 음양의 문양이 그려져 있다. 저자들은 그 이유를 이렇게 말한다. "비전 기업은 역설을 쉽게 받아들인다. 상반된 2가지의 힘이나 사상은 동시에 존재한다. 이들은 or라는 악령에 결코 사로잡히지 않는다. 많은 사람들에게 세상은 'A and B'가 아니라 'A or B'라는 흑백논리를 신봉하도록 강요하였다.…… 그러나 비전 기업은 여러 극단을 동시에 포용하는 and의 영신을 받아들임으로써 or의 악령에서 벗어난다." 아주 길지만 예를 들어보자. 비전 기업들은 다음과 같이 모순으로 가득 차 있다.

- 실질적 이윤을 추구하면서 이윤 추구를 초월하는 목적을 가지고 있다.
- 격심한 변화를 겪으면서도 변함없는 핵심이념을 고수한다.
- 활기찬 변화와 개혁을 추구하지만 핵심이념에 대한 보수적 성향을 가지고 있다.
- 점진적이고 진화적인 개선과 동시에 거칠고 무모한 목표를 추구한다.
- 운영의 자치권을 허용하지만 기업이념은 철저히 통제한다.
- 변하고 적응하는 능력을 가지고 있지만 극도로 폐쇄적인 기업문화를 가지고 있다.
- 단기업적에 집착하지만 장기적 안목을 가지고 투자한다.
- 빈틈없는 일상업무를 수행하면서 철학적 비전을 가진 미래 지향적 특성을 가지고 있다.
- 환경에 순응하는 조직이면서 기업의 핵심이념에 일치하는 조직이다.

이는 중국인이나 한국인들에게 낯설지 않은 대구이며 익숙한 포맷의 지혜이다. 우리는 음양이 서로 갈등하고 조화를 이루는 것이 자연스러운 일이며, 상극을 통해 새로운 기운이 상생하는 것을 생활철학으로 터득해 왔다. 이처럼 모순을 품고 그 조화와 균형을 끊임없이 추구하는 마음가짐과 훈련이 21세기 한국의 가장 강력한 내면적 에너지일 것이다.

개인의 삶을 배려하는 기업정신

성공한 리더들을 보면 한결같이 자신의 직업에 헌신적이다. 헌신 없는 성공이란 없다. 그러나 자신의 일에 헌신하는 경영자나 관리자가 모두 행복한 것은 아니다. 성공을 위해 개인 삶이 커다란 희생을 치르고 있다면 결코 행복하다고 할 수 없다. 반대로 업무에서 불행한 경영자가 가정에서 행복할 가능성은 아주 적다. 업무에서 생겨나는 걱정과 불안, 스트레스를 집까지 가져가는 경우 풍요로운 개인생활을 누리기 어렵다. 어느 방향이 되었건, 한 곳에서의 부정적 감정이 다른 영역을 침범하는 것을 부정적 감정의 정서적 전이(emotional spillover)라고 부른다.

약 5년간에 걸쳐 2,000명의 경영자와 관리자를 연구한 한 보고서에 따르면, 직업에서 성공적인 리더들은 의미 있는 개인생활도 함께 영위하는 경향이 높다. 업무를 통해 유능함을 표현하고 만족감을 느끼면, 긍정적인 감정의 전이가 일어나 기분 좋게 개인생활에 몰입할 수 있기 때문이다. 아무런 문제도 없이 순조롭게 진행될 때, 일은 피로를 낳기보다는 활력을 낳는다. 자신에 대해 높은 성취 목표를 가지고 있는 사람들에게 효과적인 직장생활은 즐거운 개인 삶을 위한 필수조건이다. 직장의 일이 잘 진행되지 않으면 대개 2가지 방식으로 개인생활에 부정적인 전이를 일으킨다. 하나는 피로감이고, 다른 하나는 걱정과 스트레스 같은 정서적 긴장이다. 일에 대한 걱정과 불만족이 가정에 미치는 영향을 아내의 시선에서 들여다보면 대략 다음과 같다.

남편의 마음은 종종 다른 곳에 가 있어요. 아이들의 소리를 참지 못하고 아이들의 싫중을 견디지 못해요. 그때마다 화를 내고 소리를 지릅니다. 제가 하는 일은 저녁식사를 빨리 끝내고 아이들을 빨리 잠자리로 보내는 것이지요.

그는 난폭하지도 않고 좌절감을 표현하지도 않아요. 그러나 조개처럼 모든 것을 닫아버립니다. 집에서 시간을 보내지만, 가족과 함께 시간을 보낸다고는 할 수 없어요.

남편의 일이 얼마나 많은지는 잘 모르겠어요. 그의 마음은 늘 숫자에 짓눌려 있는 듯했습니다. 늘 개인적인 시간이 더 많았으면 좋겠다고 입버릇처럼 말하지만, 정작 주어진 시간도 만족스럽게 쓰지 못하곤 했어요. 나는 남편이 일터에서 가지고 오는 불행 때문에 너무 화가 났습니다.

자신이 하고 있는 일에 만족하지 못할 때 가장 어려운 시간을 보내고 있다고 말해도 좋다. 대부분의 사람들은 깨어 있는 시간의 3분의 2를 직장에서 보낸다. 일에서 발생하는 것들에 감정적으로 잘 대응할 수 없다면 일상의 3분의 2가 스트레스 속에 던져지는 셈이다. 설령 직업적 성공을 달성하더라도 감정의 대응에 실패함으로써 개인생활 역시 부정적 정서에 휩싸이기 쉽다.

그동안 기업은 개인생활과 직장생활 사이에 엄격한 경계를 두어왔다. 경영자의 기본 입장은 '이곳에서 일어나는 일은 내가 관리하지만, 이곳 밖에서의 생활은 그대가 관리하라' 는 것이었다. 그러나 일이 개인생활에 막대한 영향을 미친다는 것을 부정할 사람은 없다. 마찬가지로 개인생활은 조직의 사기와 생산성 그리고 성과에 영향을 주는 대단히 중요한 변수이다. 이제는 기업이 개인의 삶을 배려하는 조직으로 변모하기 위해 중요한 모색과 실험을 해야 할 때다.

불행에 이르는 길

바톨로메와 에반스에 따르면, 일과 개인생활이 조화를 이룬다는 것은 구체적으로 다음 3가지의 감정이 느껴지는 경우를 말한다.

첫째, 스스로 유능하다고 느껴야 한다. 곧 능력과 기술을 가지고 있다는 뜻이다. 만일 일을 잘 처리할 수 있는 기술과 능력이 부족하면 능력 부적응자(competence misfit)가 되어 기업의 짐이 되고 개인생활도 어려워진다.

둘째, 일을 즐긴다고 느껴야 한다. 일을 즐기지 못하면 만족 부적응자(enjoyment misfit)가 되어 일에 대한 혐오감과 스트레스에 빠지고 만다.

셋째, 업무와 자신의 도덕적 가치가 일치된다고 느껴야 한다. 예를 들어 자신조차 효능을 믿지 못하는 건강식품을 팔면서 그 일을 자랑스럽게 여길 수 없는 것이다. 이것을 도덕 부적응자(moral misfit)라고 부른다.

조직 내에서 사람들이 자신에게 적합하지 않은 직무를 떠안고 불만족을 느끼는 이유는 대부분 조직이 적합한 경력계발 및 관리 시스템, 보상방식 등을 가지고 있지 못하기 때문이다. 자신과 잘 맞지 않는 일을 함으로써 스스로를 긴장과 좌절의 나락으로 끌고 가는 주요 원인은 대체로 다음과 같다.

• 사람들은 외적 보상에 민감하다. 금전과 지위 그리고 조직 속에서 얻는 상대적 권력은 언제나 매력적인 보상이고 유혹이다. 그러다 보니 자신에게 잘 맞는 일을 선택하기보다 보상이 큰 일을 선호한

다. 일에 대한 성취가 크면 외적 보상과 인정은 크지만, 스스로는 자신답지 않은 이질성에 시달리고 개인생활은 점차 고통스러워진다.

- 대부분의 조직은 사람을 새로운 자리에 보낼 때, 그 자리에 적합한 능력을 가졌는지를 선택의 기준으로 삼는 경우가 많다. 직원이 그 일을 좋아하는지, 그 일을 자랑스럽게 여기는지에 대해서는 별로 고려하지 않는다. 따라서 제안을 받는 사람의 입장에서는 할 수 있는 능력은 있지만, 즐거운 일도 아니고 자랑스러운 일도 아닐 때가 많다. 겉으로는 '더 나은 경력계발'의 일환으로 권유되지만, 개인은 수락하지 않을 수 없다는 압박감에 시달린다. 이 경우 거절했을 때 받을지도 모르는 불이익에 대한 두려움과 믿을 수 없는 '훌륭한 기회'에 대한 막연한 희망 때문에 대부분의 사람들이 받아들이고 말지만, 나중에 부적응자가 되어 고통을 당하는 사람이 많다.

- 더욱이 현실적인 어려움은 일과 자신의 적성이 조화를 이루는지 스스로 평가하기가 쉽지 않다는 점이다. 특히 젊은 직장인은 자신이 어떤 일에 적성이 맞는지를 알기 위해 다양한 분야의 일과 스스로를 조율해 볼 기회를 가지지 못한다. 많은 기업들이 이들의 경력 속에 나타나는 시행착오의 단계를 성공적으로 지도해 줄 수 있는 제도적 장치를 가지고 있지 못하기 때문이다.

직원과 조직의 상생

경영자가 일과 개인생활의 균형을 통해 행복한 직원을 만들고, 행복한 직원을 통해 행복한 고객을 만들어냄으로써 훌륭한 성과를 이루려면 다음과 같은 일들에 초점을 맞추는 것이 좋다.

첫째, 일과 개인생활의 공존이라는 목표에서 하나를 선택하는 방식(trade-off approach)은 적절하지 않다는 믿음을 가져야 한다. 모두 중요한 것들, 그 가운데 하나라도 상실하면 그만큼 불행이 자리 잡는 일에는 조화와 균형이라는 통합적 접근방식(integrated approach)을 써야 한다. 직원과 조직이 협력하여 상생의 길을 찾아야 한다는 경영철학이 가장 중요하다.

둘째, 일에 대한 긍지를 존중해 주어야 한다. 노력과 승진을 과대평가하는 반면, 직무에 대한 긍지와 성실에 대해서는 과소평가하는 관행과 보상제도는 장기적으로 역효과를 가져온다. 역설적으로 들리겠지만 최고가 되려는 야심만만한 사람들은 야망이 지나쳐서 다른 사람들과 함께 일하는 능력이 부족한 경우가 많다. 사실 조직에서 야심적이고 재능이 뛰어난 사람은 소수면 족하다. 오히려 직무와 조화를 이루며, 일에 자부심을 가지고 적절한 보상을 원하는 다수가 더욱 필요하다. 이들은 조직의 사다리를 타고 오르는 것보다 자신의 일을 즐기며, 기대되는 성취를 이룰 수 있는 능력이 있는 사람들이다. 따라서 인력을 배치할 때는 능력뿐 아니라 일에 대한 관심과 만족도, 도덕적 자부심의 정도도 기준으로 삼아야 한다. 길게 보면 이것이 바로 부적응자를 양산함으로써 직무의 질을 떨어뜨리는 것을 막을 수 있는 건강한 접근법이다.

셋째, 직원들이 갖고 있는 업무 외의 관심사를 알아내고, 개인적 꿈이 일과 함께 잘 성취될 수 있도록 도와주려는 배려와 멘토링이 중요하다. 예를 들면 사무실에서 일한 시간을 가지고 평가하는 대신 업무의 질을 평가하는 것이 좋다. 이는 초점경영(tipping point management)과 마찬가지로 사소한 일들로 인해 시간이 소모되는 것을 막고, 부가가치가 높은 중요한 일에 더 많은 시간을 쓸 수 있도록 만드는 방법이다. 이런 평가 시스템은 일에 대한 집중력을 증가시키고, 개인생활의 질적 향상을 위해 쓸 수 있는 시간을 확보하게 해준다.

넷째, 다양한 경력을 반영할 수 있는 보상방식을 작동할 필요가 있다. 대부분의 조직이 가진 보상방식은 매우 단순하고 일차원적인 계층구조로 되어 있다. 승진은 높은 곳으로 오르는 계단이며, 더 높이 올라갈수록 더 많은 보수를 받는다. 사다리의 높이와 성공은 동일한 것으로 간주된다. 기업이 필요로 하는 유일한 인재가 숙련된 관리자라면 이런 보상구조도 나쁠 것이 없다. 하지만 사실은 전혀 그렇지 않으며, 앞으로는 더욱 그렇지 않을 것이다. 이제 보상의 방식은 훨씬 더 다양해지고 세분화되어야 마땅하다.

종신 고용과 성과주의

사람을 만드는 회사

구조조정이라는 말은 쓰이는 지역에 따라 의미가 다르다. 구조조정(restructuring)이라는 서구의 경영기법은 사업 영역의 개편을 통해 경쟁력을 확보하는 것이 목적이다. 한국에서 이 말은 인원감축의 의미를 강하게 풍기고, 일본에서는 기업의 체질 개선이라는 의미가 강하다. 이러한 인식은 구조조정이라는 이름으로 어떤 일들이 벌어졌는지에 대한 결과론적인 평가에서 나온 것이다. 한국에서는 IMF 구제금융의 시기에 많은 기업이 일시에 도산하는 과정을 겪었기 때문에, 구조조정이라는 말이 인원감축이라는 충격적인 개념으로 다가왔다. 반면, 10년 동안의 경기 불황을 거쳐 기업의 위기가 서서히 다가온 일본에서는 구조조정이 기업의 DNA를 변화시키는 방식으로 진행되었다.

이제 세계 어디에도 평생직장이라는 개념은 거의 존재하지 않는다. 그러나 종신고용은 다른 의미의 대안을 찾아 때로 대단한 성과를 올리며 여전히 존재 의미를 증명하고 있다. 일본의 평생직장 전통과 관련하여 마쓰시타의 사례는 유명하다. 1929년 마쓰시타 고노스케의 나이는 서른다섯 살이었다. 20대 후반에 이미 청년 실업가로 떠오른 그에게도 대공황의 바람이 몰아쳤다. 미국과 독일, 일본의 은행들이 도산했으며 많은 기업이 종업원을 해고했다. 마쓰시타 공업사도 역시 불황에 대처해야 했다. 그러나 그는 다른 기업의 방식을 따르지 않고 자신만의 방법을 써보기로 했다.

우선 그는 모든 직원에게 외부의 상황을 알림과 동시에 회사의 경영 실태를 모두 공개했다. 그러고 나서 직원들의 협력을 구했다. '유리창 경영' 이라는 말은 여기서 유래했다. 한편 주2일 휴무제를 도입해 생산량을 줄였다. 공장을 반나절만 가동했지만 직원들의 급료는 그대로 지급했다. 대신에 전 직원이 휴일을 반납하고 재고품의 판매에 나섰다. 결국 재고는 소진되었고 다시 정상 조업에 들어가기 시작했다. 이 과정에서 그는 한 사람의 직원도 해고하지 않았다.

마쓰시타의 이 사례는 일본 종신고용 철학의 중요한 시발점이 되었다. 마쓰시타는 살아 있는 동안 한 명의 직원도 해고하지 않은 것으로 유명하다. 그는 생전에 "마쓰시타 전기는 전기기구를 만드는 회사가 아니라 사람을 만드는 회사" 라는 말을 자주 했다. 사람에 대한 그의 남다른 욕심은 자신에 대한 낙관적 애정에서 비롯된 것으로 보인다. 그는 자신에 대해 이렇게 평가한다.

하나님은 내게 3가지 은혜를 주셨다. 첫째, 나는 가난했기에 어릴 때부터 보모, 공장의 직공 등 많은 경험을 쌓을 수 있었다. 둘째, 몸이 약했기에 늘 운동에 힘써 건강을 유지할 수 있었다. 마지막으로, 초등학교도 채 졸업하지 못했기에 세상 사람들을 다 스승으로 여기고 언제나 배우는 자세를 가질 수 있었다.

마쓰시타는 자신의 말대로 작고 보잘것없는 체격을 가졌지만 어려운 상황에 굴하지 않는 도전정신을 가진 사람이었다. "지금 하지 않으면 언제 하겠는가?"라는 마쓰시타의 말은 어떤 악조건 속에서도 자신의 방식을 실천하는 그 자신을 가장 잘 표현하는 말이 되었다. 일본인들은 그를 '경영의 신'으로 추앙한다.

유기체의 경영

캐논의 경우에서 볼 수 있듯이 일본의 종신고용 전통은 현재에도 좋은 결과를 낳고 있다. 앞에서 본 것처럼 캐논은 '종신고용'을 고수해 오면서 비전을 공유하며 오랫동안 충성을 다하는 직원을 중요시했다. 그것은 일본의 인적자원들이 생산성이 높고, 충성심이 강하며, 가이젠이라는 지속적 개선에 익숙한 인력이라는 점 그리고 제품의 연구개발에 걸리는 기간을 고려할 때 종신고용이 적합한 시스템이라는 판단 때문에 가능했던 것이다. 물론 캐논에 구조조정이 없었던 것은 아니다. 그러나 캐논의 구조조정은 인력감축이 아닌 인력의 재배치 형태로 실행되었다. 여력의 인원을 회사 밖으로 내몰지 않고, 갈수록 수요가 커지는 디지털카메라나 컬러복사기 등의 분야로 배치하면서 회사와 종업원의 공존과 성장이라는 상생의 길을 걸었다.

캐논과 같은 훌륭한 성과가 있지만, 종신고용을 유동성이 높은 고용방식과 비교하여 더 낫거나 못하다고 비교하기는 쉽지 않다. 또한 종신고용이 동양의 고유한 경영 형태라고 말하려는 것도 아니다. IBM도 과거 공황기에 직원을 해고하지 않은 것으로 유명하다. 그러나 종신고용이 온정주의와 연결된 우리의 문화적·정서적 유산과 어울리는 경영방식이라는 점은 분명하다. 또한 우리가 종신고용과 성과주의를 배치하는 개념으로 보아야 할 아무런 이유도 없다. 캐논이나 유한킴벌리 그리고 NUMMI에서처럼 종신고용은 때로 훌륭한 성과를 낳는 바탕으로 작용하기 때문이다. 중요한 것은 바로 무해고 원칙과 성과주의를 함께 묶어 활용하는 방식이다.

경영의 방법은 한때의 유행을 탈 수 있으나, 그것이 유행을 따른 기업마다 동일한 효과를 가져다주는 것은 아니다. 어떤 기업은 다른 기업이 성공한 방식에서 실패한다. 물론 그 반대도 있다. 상황은 유기체처럼 복잡하기 때문에 직접적인 문제에 대한 통제와 관리를 통해 효과를 볼 수 없는, 원인을 알 수 없는 미열과 나른함 속으로 기업을 몰아가서 만성피로가 누적되게 할 수도 있다. 이때 한방의학적 접근은 몸을 보해주고 기가 흐르게 하고 유기적 관계를 원활히 해줌으로써 조직의 건강을 되찾아 준다. 그러나 병의 원인이 분명할 때는 서양의학적인 직접 시술이 유효하고 적합하다. 맹장염은 직접 잘라내야 하고, 피가 흐르는 외상은 곧 그 부위를 소독하고 꿰매고 지혈해야 하며, 세균에 의한 질병은 투약을 통해 세균을 궤멸시켜야 한다. 우리는 운동과 섭생을 통해 평소 건강을 유지할 줄 알아야 하고, 질병이 생기면 또한 적절한 치료법을 선택해야 한다. 이것이 바로 유기체의 경영이다.

스스로를 고용하라

달인이란 한 분야의 한계를 확장한 고수를 말한다. 이들은 그 분야의 전통적 방법을 익혔을 뿐 아니라, 거기에 자신의 특별한 비법을 더한 사람들이다. 전문가라는 표현이 '편협한 깊이' 라는 뉘앙스를 감추지 못하는 반면, 달인이라는 말은 경계를 넘나드는 모호함이 매우 돋보이는 표현이다. 재미있는 것은 '영역이 모호한 깊이'가 바로 지금의 인재상을 가장 적절하게 함축한 단어일 수 있다는 점이다.

정보사회에서는 폭넓게 아는 것이 중요하다. 이것도 알고 저것도 아는 것이 힘이다. 말하자면 노웨어(know-where)가 중요하다. 그러나 지식의 시대에는 전문성이 필요하다. 앎의 깊이가 중요하다. 노하우(know-how)나 노와이(know-why)가 관건이라는 말이다. 그러므로 정보와 지식이 결합한 복잡화 시대에는 이것저것 두루 알면서도 그 가운데 한 가지 일에는 전문가이며, 동시에 다른 한두 가지 분야에도 제법 식견이 있는 준전문가 수준의 멀티테스커들이 각광을 받을 수밖에 없다. 여기에 글로벌 시대가 가진 특성을 반영한다면, 훌륭한 직업인은 당연히 세계인으로서의 자격도 갖추고 있어야 한다. 그러니까 자국의 문화뿐 아니라 다른 문화에 대한 감수성과 식견을 자신의 전문성 속에 담아둘 수 있어야 한다는 말이다. 예를 들어 삼성은 많은 돈을 투자하여 현지 전문가들을 육성했다. 달리 말하면 현지의 문화적 골목을 드나들 수 있는 교두보를 만들어낸 셈이다. 또한 영어나 중국어에 대한 학습 열기도 가장 영향력 있는 문화권의 일상에 접근하고자 하는 노력이라고 이해할 수 있다.

이 같은 융합은 문화뿐 아니라 기술에서도 나타난다. 황창규 삼성전자 반도체 총괄사장은 타이베이의 웨스틴호텔에서 열린 '삼성 모바일 솔루션(SMS) 포럼 2005'에서 모바일 반도체 부문의 전략을 밝힌 바 있다. 그 핵심은 1980년대 이후 20년 이상 PC가 장악해 온 정보통신(IT) 시장을 모바일과 디지털가전이 대체하는 상황에서 새로운 패러다임의 변화를 삼성전자가 주도하겠다는 것이다. 지난 10년간 PC 관련 수요가 세계 반도체시장의 28퍼센트 수준이었으나 2004년을 분수령으로 모바일 28퍼센트, PC 26퍼센트로 전세가 역전되었다. 삼성전자는 3세대 휴대전화가 보편화되는 2008년쯤에는 모바일이 전체 반도체시장의 35퍼센트, PC 부문은 20퍼센트 초반대가 될 것으로 전망했다.

모바일 기기의 융복합화가 빠르게 진행되는 모바일 컨버전스 시대에는 가장 먼저, 가장 좋은 가격에, 기존 상상력을 뛰어넘는 파괴력 있는 제품을 내놓는 회사가 IT산업을 리드할 것이다. 삼성전자는 플래시 메모리, 퓨전 메모리, 모바일 D램, 모바일 CPU 등을 고루 갖춘 사실상 유일한 토털 모바일 솔루션 업체이기 때문에 모바일 컨버전스 분야에서 상당 기간 유리한 고지를 점할 것으로 전망한다.

전문성은 이제 영역과 분야를 가리지 않는다. 애견 미용사부터 줄기세포를 통해 생명을 복제해내는 생명공학도까지, 지금은 의사나 회계사부터 푸드 스타일리스트나 네일 아티스트에 이르기까지 전통적 전문 직종과 새로 만들어진 틈새가 공존한다. 따라서 우리 시대의 새로운 인재상은 장르를 넘나드는 관심을 가진 전문가로서의 멀티테스커, 다양한 문화적 특성을 수용할 수 있는 다문화주의자 또는 다문화경험자, 기존의 직업에 기질과 재능을 결합해 자신만의 특화된 틈새를 만들어낸 사람들이다. 지금은 전문 분야와 전문 분야를 융합하고, 직업과 자신의 내면적 역량을 결합하여 자신만의 차별성을 만들어낸 사람들의 시대라고 말할 수 있다.

이런 새로운 인재들은 공통적인 특성을 가진다. 첫째, 자신에 대하여 잘 알고 있다는 점이다. 무엇을 원하고 무엇을 할 수 있는지 자신의 욕망과 능력을 잘 가늠하고 있다. 자신에 대한 정보와 지식을 가장 중요한 지적재산으로 먼저 확보하고 있는 셈이다. 둘째, 취미를 직업화하는 데 성공했다는 점이다. 이들은 원하는 일을 자신만의 방법으로 특화함으로써 자신의 영역을 구축하는 데 성공했다. 이는 자신의 내면적 특성을 세상이 원하는 방식으로 구현하는 법을 터득했다는 것을 의미한다. 그러므로 이들은 유일함을 무기로 삼는다. 셋째, 매일 학습한다는 점이다. 빠른 시간대에 속한 사회가 개인에게 주는 최대의 스트레스는 터득한 지식이 단명한다는 점이다. 어제 통용된 지식이 오늘 이미 진부해져 쓸 수 없다면, 이에 대응하는 방법은 날마다 새로운 실험과 모색을 하는 것뿐이다. 이들은 평생학습의 길을 걸음으로써 전문가로서의 자격을 유지한다. 넷째, 자신의 욕망과 기질 그리고 경험을 연결함으로써 새로운 직업적 변종을 만들어내는 데 능하다는 점이다. 기존의 직업을 계승하기보다는 새로운 직업을 만들어내는 직업 창조자의 역할을 즐기는 것이다.

　새로운 인재상이 우리에게 주는 시사점은 아주 조금만 노력하면 지금보다 훨씬 더 자유로운 직업인으로 생활할 수 있다는 가능성이다. 주변부에 속한 지극히 평범한 개인들이라도 자신의 강점을 재발견하고 계발한다면 세상의 중심으로 진입할 수 있는 시대가 바로 지금이다. 이것이 이 시대의 메시지다. 세상이 만들어 주는 대로 살지 않는 사람들, 스스로 만들어가는 세상에 참여한 사람들, 그 주역이 바로 한때 평범했던 우리라는 인식의 전환이 중요하다. 어제의 나에 갇히지 말자. '한국을 넘어선 한국인'이 되자. 연결하고 특화하여 새로운 직업적 변종을 만들자. 이것이 스스로를 고용하는 원칙이며, 자신의 강점을 활용하는 최상의 전략이다.

노사관계 — 투쟁 모드에서 공존 모드로

한국 IBM의 경우

내가 한국 IBM에 입사한 것은 1980년이 저물어갈 무렵이었다. 그때 인사담당자는 내게 한국 IBM에는 노동조합이 없으며, 직원의 권익은 노동조합의 방식이 아닌 고충해소와 의견 수렴 방식을 통해 보호된다고 자랑했다. 나는 이 말을 들으면서 그 담당자가 비판의식이 결여되었거나 수사적인 표현을 하는 것이라고 생각했다. 그 뒤 얼마 지나지 않아 경영자와 직원 사이의 간담회가 있을 때, 나는 일본 IBM에는 노동조합이 있는데 한국 IBM에는 왜 없는지를 질문한 적이 있다. 대답은 같았다. 노조가 있어야 할 이유가 없다는 것이다.

세월이 흘러 1980년대가 저물어갈 무렵, 어느 날 갑자기 한국 IBM의 노동조합이 탄생했고 장기 연좌농성으로 회사 앞은 꽹과리 소리로 소란스러웠다. 평소 얌전해 보이던 사람들이 머리에 띠를 두르고 참여했으며, 경영자와 관리자들에게 이 문제는 당황스러운 경영 현안이 되고 말았다. 모두에게 이것은 새로운 자기주장 방법이었고, 협상은 처음 해보는 사람들이 빠지기 쉬운 과격한 대립의 방식을 벗어나기 어려웠다. 몇 사람의 징계가 결정되었고, 그것이 다른 불씨가 되어 가족들과 아이들까지 참여하는 연좌로 비화하기도 했다. 한국 IBM 노동조합의 활동은 다른 사람들에게 '귀족 직원들의 데모' 처럼 인식되었던 것 같다. 이미 주5일 근무를 실시하고 있었고, 월급은 다른 한국의 대기업보다 훨씬 많았으며, 복리후생도 상대적으로 훌륭했고, 카펫이 깔린 근무환경은 쾌적했다. 내가 20년간의 근무를 마치고 퇴사한 2000년까지 노동조합은 여전히 존재했지만, 설립 첫해를 제외하고는 10년 이상 특별한 분규 없이 지냈다.

우리 사회에서 노동조합은 가혹하고 독단적이며 차가운 경영에 대한 노동자의 대응방식으로서 훌륭한 역할을 했다. 그러나 한국 IBM의 경우처럼 노동조합은 당연히 있어야 할 조직은 아니었는지도 모른다. 20년 동안 회사를 다니면서 나는 IBM의 경영방식에 신뢰를 가지고 있었다. 한국의 기업들도 이 회사만큼 성숙할 수 있기를 진정으로 바랐다. 물론 개인적으로 모든 것에 만족한 건 아니었지만, 그것은 적어도 회사에 대한 불만은 아니었다. 내가 필요하다고 생각하는 것들은 회사에 제안해서 적절한 해결책을 찾아갔다고 믿고 있다. 또한 그렇지 못한 경우에도 나는 회사 측 의견의 타당성을 인정했다. 내가 IBM에 대하여 이처럼 좋은 이미지를 가지는 데는 계급이라고 불릴 만한 것을 가지지 않은 이 회사의 문화가 크게 작용했을 것이다. 직급과 직위가 존재했지만 개인은 존중되었다. 사측과 노측이라는 이분법적 대립도 필요하지 않았다. 우리는 모두 회사였고 또한 개인이었다. 기분 나쁘고 불쾌한 일들도 있었지만, 그것은 대부분 회사의 방침과 제도 탓이라기보다는 성숙하지 못한 사람들의 적절치 못한 태도와 행동 때문이었다.

NUMMI의 무해고 원칙

뉴 유나이티드 모터 매뉴팩추어링(NUMMI, New United Motor Manufacturing, Inc.)이라는 아주 긴 이름을 가진 기업이 있다. 지금은 미국 최고의 생산성을 자랑하는 자동차 공장 가운데 하나다. 그러나 이 공장은 아픈 기억을 가지고 있다. 이곳은 한때 GM의 캘리포니아 공장이었고, 당시 GM 사업장 가운데 생산성과 품질 면에서 최하위였다. 직원들의 고의적 결근율이 20퍼센트에 달했고 태업과 파업이 만연했다. 마약중독과 알코올 문제를 가진 직원도 상당수였다. 회사 측과 노조원들의 대립은 악화일로를 걸었다. 현장에서 근무하는 간부들은 신변의 위협을 느낀 나머지 총기를 휴대해야 할 정도였다. 그것은 거의 전쟁 상태였고, 노조는 '투쟁을 통해 얻어내야 한다' 는 것을 기본 가정과 전제로 여겼다. 결국 1982년, 공장은 폐쇄되었다. 그리고 이듬해 GM과 도요타는 합작투자를 통해 NUMMI라는 이름으로 이 공장을 다시 가동시켰다. 도요타가 경영을 맡았다. GM에서 해고된 직원들 대부분이 복직되었고, 당시의 노사협상위원회도 그대로 유지되었다. 새로운 비전과 목표에 동의하고 하나가 되기 위해서는 그들의 힘이 필요하다고 판단했기 때문이다.

 GM 시절의 노사협약서는 1,400쪽이나 되었지만 NUMMI의 협약서는 100쪽에 불과했다. 노사협약서는 첫 페이지에서 다음과 같이 새로운 관계를 규정하고 있다. "노사 양측은 혁신적인 노사관계를 구축하며 전통적인 적대관계를 청산하고 상호신뢰와 신의의 정신을 목적으로 …… 최선의 노력을 기울인다." 어디서나 볼 수 있는 문구지만, 그 정신이 달라졌다. 예를 들어 과거의 협약서에는 회사 측이 24시간 이전에 통고하여 직원을 정리해고할 수 있게 되어 있었다. 그러나 NUMMI는 무해고 원칙을 도입했다. 이 정책은 기업의 장기적 미래가 위협받지 않는 이상 누구도 정리해고의 대상이 되지 않는다는 약속이다. 실제로 노사협약서에는 정리해고를 하려면 반드시 먼저 외주 계약을 철회하고, 고위 경영간부 65명의 연봉을 삭감하는 조치를 실시한 뒤 그래도 부득이한 경우에만 할 수 있다고 명시되어 있다. 이 약속을 천명한 후 NUMMI는 4번의 위

기를 겪었다. 예를 들어 1998년에는 매출 감소로 생산량을 40
퍼센트 정도 줄여야 했다. 이때 회사는 조업을 단축하고 휴가
를 적극 권장했다. 그리고 생산, 팀워크, 문제해결 등의 재교육
을 실시하고 특별 개선 프로젝트를 만들어 직원들이 참여하게
했다. 위기는 지나갔고 누구도 해고되지 않았다. 한 여론 조사
에 따르면, 직원의 80퍼센트 이상이 NUMMI의 최고 장점으
로 일자리를 보장해 주는 회사의 정책을 꼽았다.

그렇다고 해서 이 회사의 노사가 늘 밀월관계에 있는 것은
아니다. 긴장의 연속이기도 하다. 그러나 늘 마음을 터놓고 공
동의 노력을 하는 것이 노사 양측의 기본 입장이며 자세이다.
관리자들은 기본적으로 직원을 존중하고, 건강한 현장담당자
로서 의사결정을 할 수 있는 환경을 만들어 주었다. 과거 GM
시절처럼 철저한 감독과 보상을 통해 통제하려는 대신, 공동
운명체라는 믿음을 바탕으로 직원이 잠재력을 발휘할 수 있도
록 배려하고 지원해 주었다. 직원들은 소규모의 팀으로 나뉘
어 스스로 계획하고 관리하면서 목표를 달성해간다.

평범하지만 실천하기 어려운 원칙

그렇다면 GM의 다른 공장이나 다른 기업들은 왜 이런 성과를
낼 수 없었을까? 이유는 분명하다. 시스템과 하드웨어뿐 아니
라 모방이 불가능한 근본적 차이가 있었기 때문이다. 그것은

인간에 대한 가정이다. 과거 GM의 경영자들에게 직원들은 '열심히 일하기 싫어하고, 책임지지 않으려 하고, 노력을 회피하고, 시키는 일만 하는 사람들' 일 뿐이었다. 그것이 직원에 대한 기본 가정이었다. 그러나 NUMMI가 되면서 이 가정이 달라졌고, 신뢰는 회복되었다. 한때 과격한 노조원이었던 한 사람은 이렇게 말했다. "나는 지금 쉰한 살이다. GM에서 31년간 근무했다. 지금까지 살아오면서 처음 제대로 일하는 재미를 느꼈다. 정말 일하는 맛이 난다. …… 이제는 해야 할 일이나 방법을 우리 스스로 결정한다. 팀장은 1주일에 한 번, 30분 정도 작업장을 둘러볼 뿐이다. 나는 팀워크가 기업 성공의 가장 첫 번째 요소라고 생각한다. 팀워크만 좋으면 관리자가 없어도 아무 문제가 없다."

실제로 NUMMI에서는 근무시간에 늦거나, 해야 할 필수 과정을 빼먹거나, 함께 지켜야 할 규칙을 어겨도 팀장에게 불려가 야단을 맞지는 않는다. 그러나 동료들이 한 번도 그냥 넘어가지 않는다. 누군가 근무시간에 늦으면 동료가 나서서 부탁한다. '급한 일이라면 사전에 말해라. 그러면 우리가 해줄 수 있다. 그러나 아무 말 없이 늦으면 모두에게 피해를 준다. 그러니 그러지 말아라.' 동료에게서 이런 부탁을 받는다면 누구라도 늦기 어려울 것이다. 이들은 서로 부탁하고, 실수가 생기면 일을 더 잘할 수 있도록 도와준다. 과거 GM에서 근무했던 똑같은 사람들이 어떻게 NUMMI에서는 이렇게 다르게 행동할 수 있었을까? NUMMI의 경영진들은 성공의 비결을 다음 3가지 원칙으로 정리한다.

하나, 회사와 노조는 공동운명체이다. 공동목표를 위해 서로 협력한다.
둘, 직원이 자발적으로 열심히 일할 수 있도록 모든 직원을 공정하게 대우한다.
셋, 시스템이 효율적으로 운영되도록 협동정신과 상호신뢰 및 존중에 바탕을 둔다.

평범한 원칙이다. 그러나 이 원칙을 만든 정신이 구현되고 실천된다는 것은 참으로 어려운 일이다. NUMMI의 사례에서 우리가 기억해야 할 점은 다음의 3가지로 정리할 수 있다.

첫째, 인간에 대한 가정과 전제가 중요하다는 점이다. 이는 인간에 대한 문화적 유산이다. 공동체의식과 협동은 개인주의적인 미국 문화의 유산이 아니라 동양문화의 정신적 유산이다. 곧 미국인들에게는 그것이 새로 배우고 체득해야 하는 과제이지만, 이미 정신적 유산으로 가지고 있는 동양인들은 그것이 제대로 발현되는 것을 막아온 장애들을 치우는 순간 자연스럽게 재가동할 수 있다는 것이다.

둘째, 그럼에도 불구하고 신뢰와 믿음은 그것을 지키려는 지속적인 노력 없이는 얻을 수 없는 보물이라는 점이다. 경영자가 노조원을 '그들'이라고 부르고, 노조원이 경영진과 비노조원을 '그들'이라고 부르면, 그것은 신뢰관계에 있는 것이 아니다. 우리와 그들이라는 대립구조만 존재할 뿐이다. 여기에는 회사 차원의 공동체의식도, 협력도 없다.

셋째, 시대가 바뀌어가면서 노사관계 역시 새로운 방향으로의 모색이 절실하다는 점이다. 산업화 초기에 부도덕하고 고압적이며 전제적인 경영자들로부터 자신을 보호하기 위해 사용되었던 단결과 투쟁 모드에서, 이제 화합과 상생의 모드로 전환해야 한다. 그러지 못한다면 회사도 노조도 미래가 없다.

인간에 대한 가정이 가장 중요하다

1780년부터 1830년까지 잉글랜드의 노동계급을 연구해 온 역사학자 에드워드 파머 톰슨(Edward. P. Thomson)은 《영국 노동계급의 형성》이라는 책의 머리말에서 다음과 같이 말한다. 톰슨은 1924년 영국에서 태어나 케임브리지 대학을 다니던 때에 영국 노동당에 입당했고, 그 안의 역사학자 모임에서 유수한 사회주의자들과 교류했다. 그러나 1956년 소련이 헝가리를 침공한 후 영국 공산당을 탈당했다. 그리고 그 무렵 좌파 속에 뿌리 깊게 자리 잡은 스탈린주의 경향과 싸우면서 반핵운동에 깊이 관여했다. '예술 및 인문학 인용지수(Arts and Humanistic Citation Index)'에 따르면, 톰슨은 20세기 역사가들 가운데 가장 널리 인용된 사람이다.

계급이란 어떤 구조도 아니며, 어떤 범주도 아니다. 그것은 인간관계에서 실제로 일어날 수 있는 어떤 것이다. …… 역사적 관계라는 것은 특정 순간에 죽은 것으로 고정시켜 놓고 그 구조를 해부하려 든다면 제대로 분석할 수 없는 어떤 흐름이다. …… 관계란 언제나 실재하는 사람들과 현실적인 맥락에서 구체화될 뿐이다. 더욱이 우리는 서로 다른 두 계급을 각기 독립적인 존재로 보아오다가 나중에 이 두 가지를 어떤 관계 속으로 상호 연결시킬 수는 없다. 사랑하는 사람들 없이 사랑은 존재할 수 없다. …… 계급의식은 지식인들이 지어낸 못된 물건이다. 그들은 서로 다른 사회적 역할을 수행하는 여러 집단의 평화적 공존을 방해하는 것, 그리하여 경제적 성장을 지연시키는 것은 무엇이나 '옳지 못한 혼란 징후(disturbance-symptom)' 로 비난받아 마땅하다고 주장한다. 그러나 문제는 그것이 사회적 역할을 얼마나 잘 받아들일 수 있는 조건을 갖추고 있는지, 그리고 그들의 불만이 얼마나 잘 수렴되고 조정될 수 있는지를 규정하는 것이다. …… 계급이란 개개인이 자신의 역사를 살아가는 과정에서 다른 사람들에 의해 규정된다.

나는 톰슨의 견해에 동의한다. 노동자와 경영자, 피고용인과 고용인, 피지배자와 지배자라는 계급의식은 왜곡된 허위의식이다. 사람과 사람 사이에는 언제고 갈등이 생길 수 있으며 연민과 사랑이 싹틀 수 있다. 갈등과 혼란 자체가 문제인 것은 아니다. 만일 그것이 문제였다면 어떠한 인간관계도 성립할 수 없었을 것이다. 갈등 없는 사랑이 어디 있으며, 싸우지 않는 부부가 어디 있겠는가. 가장 가까운 사람들끼리의 관계가 이렇다면, 조직 내의 수많은 관계 속에서 생활해야 하는 직장인의 경우는 더 말할 필요가 없다. 실제로 NUMMI나 유한킴벌리의 사례는 현재 내·외부에서 많은 논란을 불러일으키고 있는 한국 노사관계의 전향적 발전을 모색하기 위해 깊이 탐구할 만한 매우 긍정적인 사례라고 생각한다. 중요한 것은 '희생당했다고 여기고 불만을 가진 사람들이 자신의 고통을 호소할 수 있는 적절한 채널이 마련되고, 그것을 받아들이고 잘 돌볼 수 있는 조정장치를 가지고 있다면' 우리는 공존하고 함께 번영할 수 있다는 점이다.

가장 커다란 전략, 어진 상술

합법과 불법의 경계

얼마 전에 나는 생명보험 하나를 해약했다. 당연히 손해를 보았다. 납부한 돈의 극히 일부만 되돌려 받았으니 속이 쓰리지 않을 리 없었다. 그동안 내 생명을 보장받았다는 것으로 스스로 만족해야 했다.

그러니까 처음 1인 기업을 시작했을 때 나는 아무런 울타리도 없는 곳으로 나왔고, 나 혼자 벌어먹고 살아야 했다. 그 해가 저물어갈 때 나는 불안해졌다. 내가 살아 있는 동안에는 가족이 먹고사는 데 큰 문제가 없을 것이다. 그러나 내가 죽는다면? 그래서 아무 생각 없이 거액의 생명보험을 하나 들었다. 그러고 몇 년이 지났다. 그동안 보험업에 종사하는 후배가 찾아오기도 하고 친지가 찾아오기도 하여 이래저래 내 보험의 구성은 복잡해졌다. 그래서 좀 정리할 필요가 있었다. 그것을 정리

하는 과정에서 나는 이 생명보험이 실제로는 아무짝에도 쓸모
없는 것임을 깨달았고, 당장 해약했다. 이때 유명한 사례 하나
가 문득 머리를 스치고 지나갔다.

1993년, 플로리다 주는 생명보험회사인 메트라이프(MetLife:
Metropolitan Life)의 조사에 착수했다. 메트라이프의 플로리
다 주 탐파영업소 직원들이 고객에게 1,100만 달러에 해당하
는 사기를 쳤다는 것이 조사의 이유였다. 사기를 당한 고객들
은 수천 명의 간호사들이었다. 그들은 '그 어떤 것보다 안전한
노후생활 계획' 이라는 영업사원들의 말에 속아넘어갔다. 이
들이 노후생활연금이라고 생각하고 가입한 것이 사실은 생명
보험이었기 때문이다.

　수많은 고객들을 우롱한 이 사건의 중심에는 릭 어소라는 인
물이 있었다. 그는 회사에 입사한 지 3개월 만에 영업소장으로
승진하였고, 탐파영업소를 메트라이프에서 가장 크고 수익을
많이 내는 영업소 가운데 하나로 성장시킨 주인공이었다. 어
소가 이끈 탐파영업소는 1990년과 1991년 연달아 최고판매
상을 받았다. 놀라운 실적과 성공 스토리 덕분에 그는 많은 사
람들의 부러움을 받으며 메트라이프의 스타가 되었다. 하지만
그의 굉장한 실적 뒤에는 놀라운 거짓이 숨어 있었다.

　어소는 실적을 높이기 위해서는 종신생명보험 상품을 많이
판매해야 한다는 점을 알고 있었다. 종신생명보험은 생명보험

과 저축보험을 결합한 상품이었지만, 저축성 보험이라기보다는 소멸성 생명보험에 가까웠다. 영업사원이 종신생명보험 상품을 판매하면 첫해 가입자가 내는 보험료의 55퍼센트를 수당으로 받을 수 있었다. 이에 비해 연금보험의 판매 수당은 첫해에 고객이 내는 돈의 2퍼센트도 채 되지 않았다. 메트라이프 영업사원들은 높은 수당 때문에 종신생명보험을 집중적으로 판매하기 위해 노력했다.

어소는 간호사들이 보험 판매의 표적으로 삼기 쉬운 계층이라는 사실도 파악했다. 그는 간호사들이 직업적인 특성상 죽음의 현장을 자주 목격할 뿐더러, 노년에 편안하게 살기 위해서는 젊어서부터 경제적 안전장치를 마련해야 한다는 강박관념에 사로잡혀 있다는 점을 간파하고 있었다. 어소는 영업소 내에 '간호사 전담 영업팀'을 구성했다. 이 특수 영업팀은 플로리다 주에서 일하는 간호사들뿐 아니라 미국 37개 주에서 일하는 간호사들에게 종신생명보험을 마치 은퇴연금인 것처럼 속여서 팔았다. 어소의 전략은 적중했고, 보험 판매량은 날로 증가했다. 보험 판매에 따라 커미션을 받는 어소의 수입도 영업소의 매출 증가와 더불어 크게 증가했다. 1989년 그가 받은 커미션은 27만 달러였는데, 1993년에는 100만 달러를 넘었다. 이때까지만 해도 회사와 어소 모두가 행복했다.

그러나 어소와 탐파영업소의 교활한 판매수법이 문제가 되기 시작했다. 1990년 텍사스 보험관리공단은 메트라이프에게 간호사들을 대상으로 하는 사기행각을 그만두라고 경고했다. 그렇지만 회사는 뛰어난 실적을 올리고 있는 담당자들에게 두 차례 경고 편지를 보내는 정도로 넘어갔다. 1991년에는 메트라이프 자체 감사에서도 문제가 되었다. 감사부에서 불법행위에 대해 경고를 내렸지만, 마케팅 부서에서는 탐파영업소가 회사 성장에 크게 기여하고 있다며 오히려 격려하는 분위기였다. 메트라이프와 탐파영업소는 관계 당국과 사내의 경고 목소리를 묵살하고 사기행각을 계속했다.

1993년 조사에 착수한 플로리다 보험관리국은 메트라이프에 벌금형을 부과하는 것 외에도, 어소와 86명의 영업사원들을 사기 판매행위로 고소했다. 보험관리국은 "이번 사건은 한 두 명의 영업사원이 일부 고객들에게 사기를 친 것이 아니라, 많은 영업사원들이 담합하여 생명보험 상품을 은퇴연금인 것처럼 속여 팔아 수많은 고객들을 우롱한 조직적인 사기 행위"라고 말했다.

릭 어소는 해임되었고 탐파영업소는 문을 닫았다. 탐파영업소의 간부사원 7명과 상당수 영업사원들도 해고되었다. 메트라이프 최고경영진의 방관적 자세와 비윤리적인 판매를 종용해 온 신입사원 연수 프로그램이 추가로 밝혀지면서 사건은 계속 확대되었다. 궁지에 몰린 메트라이프는 회사 차원에서 문제해결에 나서야 했다. 회사는 사내에 '윤리문제 해결 부서'를 신설하고, 조직 개편을 단행하여 직원 연수와 모든 법적 문제를 본사가 관할하는 방식으로 바꿨다.

그러나 이러한 조처에 대한 시장의 반응은 냉담했다. 보험
회사에 대한 일반인들의 인식이 나빠졌고, 주정부와 연방정부
의 규제가 강화되었다. 1994년 9월의 통계자료에 따르면, 메
트라이프의 개인고객에 대한 생명보험 상품 판매는 전년 대비
25퍼센트나 떨어졌고, 신용평가기관인 스탠다드 앤 푸어스(S
& P:Standard & Poor's)는 메트라이프의 신용등급을 낮춰버
렸다. 1999년 8월 18일, 메트라이프는 이 사건에 대한 최종 재
판에서 600만 명에 이르는 보험 계약자들이 무료로 1~5년 동
안 생명보험 가입의 혜택을 볼 수 있도록 합의했고, 17억 달러
를 배상했다.

물론 나는 사기를 당하지는 않았다. 하지만 보험회사의 영업
사원이 나를 돕기보다는 자신에게 가장 유리한 상품을 추천하
여 개인적 잇속을 챙겼다는 불쾌감을 떨칠 수가 없다. 아마도
그는 내 요구를 들은 뒤 나같이 덜렁거리는 고객을 위해 최선
의 상품을 찾아줄 수 있었을 것이다. 그랬더라면 나는 그와 평
생고객의 관계를 유지했을 테고, 그 보험회사를 신뢰하였을
것이다.

사업을 하다 보면, 마치 막 노란 신호등이 켜진 사거리에서
느끼는 것과 비슷한 갈등을 겪게 된다. 노란불이 켜질 때 어디
에 위치하느냐에 따라 설 수도 있고, 건널 수도 있다. 노란불은

정지하라는 표시지만, 노란불만 보면 오히려 질주하는 차량들
이 많다. 그들에게는 노란불이 가속을 하라는 사인이며, 빨리
통과하지 않으면 넋 놓고 다음 차례를 기다려야 한다는 경고이
며 강박관념인 셈이다. 그러나 노란불에 액셀러레이터를 밟고
질주하다 보면 빨간 신호를 넘는 경우가 있고, 그때는 후회하
게 마련이다. 메트라이프는 결국 빨간불에 사거리를 지나고
만 것이다.

어디에나 릭 어소 같은 인물들이 있게 마련이다. 성과는 탁
월하지만 좋은 기업의 가치관에 맞지 않는 인물들, 이런 인물
들이 늘 경영자를 시험한다. 윤리경영이란 단순히 한 회사가
윤리위원회나 윤리강령을 가지고 있는 것을 의미하지 않는다.
그것은 바로 릭 어소 같은 인물들이 만들어내는 단기적 성과와
현실적 기여 속에서 윤리적 위험을 읽어내어 그 방식을 거부하
는 수동적 방어뿐 아니라, 고객에게 도움을 주는 적합한 방식
이 아니면 택하지 않는다는 적극성을 의미한다. 바로 이 적극
성 때문에 윤리경영은 '적법경영'을 넘어, 한 기업이 본업을
통해 사회에 기여하는 훌륭한 역할을 할 수 있게 해준다.

이익, 지배 그리고 경영윤리

'인간은 어떻게 사는가' 라는 질문은 '인간은 마땅히 어떻게 살아야
하는가' 라는 질문과 아주 다르다. 사회에서 일반적으로 행해지는 것

을 하지 않고, 마땅히 해야 할 것을 고집하는 사람은 몰락할 수밖에 없다.

이것은 마키아벨리의 주장이다. 이런 견해는 다윈의 적자생존과도 맥을 같이한다. 자연은 강한 것을 남겨두며, 약한 것은 궤멸되고 사라진다. 그리고 변화에 적응한 것들이 대를 이어간다. 강하고 영리한 것들이 살아남고 결국 건강한 자연을 만들어낸다. 이것이 생물학적인 자연법칙이다. 공자가 '인간이 마땅히 해야 할 일'을 강조했다면, 마키아벨리는 인류의 역사를 생물학의 단편으로 이해했다. 그에 따르면 세상은 민첩하고 욕망으로 가득 차 있으며 그 욕망을 이룰 방법을 알고 있을 뿐 아니라, 다른 동료에 비해 경쟁적이고 정력적인 사람들이 번성하는 곳이다. 성공은 그런 사람들의 전유물이고, 부(富)는 그렇게 해서 만들어진다.

"지배란 동산이든 부동산이든 재산을 말하는 것"이며, "국왕은 국민에게 명령하고, 이해(利害)는 국왕에게 명령한다"는 마키아벨리의 지적은 강한 설득력이 있다. 이익은 한 개인과 집단, 국가에게 강렬한 동기가 된다. 지상에서 벌어지는 일상은 결핍으로부터 저주받고 있는 것이 아니라 풍요로부터 축복받고 있는 것이다. 부(富)는 만인이 열망하는 대상이다. 노동과 노고는 빈곤의 속성이 아니라 부의 원천으로 해석된다. 이익은 뿌리칠 수 없는 유혹이다. 이익은 인간의 역사를 이해하는 단순하고도 강력한 해석의 실마리이다. 마땅함을 따르는 대신 이익을 따른 사람들의 성공과 좌절의 이야기가 인류의 역사를 점철하고 있다. 볼테르나 로마사가인 기본이 역사를 '인류의 범죄와 어리석음의 기록'이라고 부른 이유가 여기에 있다.

경영은 직접 이익을 다루고, 이해의 바다를 항해하는 기술이다. 더욱이 저마다 개인적 사연과 이해를 가지고 있는 직원들을 조직 구성원으로 활용하고 있다. 기업은 하나의 조직으로서, 개인이 공동체 속에서 협력하고 자신의 재능과 노력을 조직의 비전을 위해 헌신적으로 활용해 줄 것을 기대한다. 기업은 조직원들 가운데서 영웅을 기대하며, 기업의 역사는 그런 영웅적 인재들이 만들어낸 이야기이다. 동시에 개인과 조직의 목표를 사이에 두고 벌어진 갈등과 협력의 장면들이다.

경영자와 리더는 다양한 개인적 목표와 욕망을 하나의 조직 목표와 공통의 비전 속으로 결집하고, 그 속에서 함께 번영할 수 있는 방법을 모색해야 한다. 지금은 인재의 시대이며, 사람이 경쟁력의 원천이 되는 시대이다. 다양한 재능과 개인의 끝없는 욕망을 다룰 때, 마키아벨리는 여러 가지 생각거리를 제공한다. 내가 마키아벨리를 경영의 영역으로 끌어온 이유는 간단하다. 그가 쓴 《군주론》은 부도덕한 정치론이지만, 그럼에도 인간을 적나라하게 비춰주는 매우 정직한 책이기 때문이다. 따라서 '군주' 대신에 '경영자'라는 단어를 대입하면, 부도덕하지만 정직한 '경영자론' 하나를 가지게 되는 셈이다.

정치와 마찬가지로 경영의 세계는 부, 명예, 권력이라는 재화의 상대적 희소성을 다룬다. 경영은 인간의 가치와 야심 및 이기심이 부단히 충돌하고 변하는 역동적인 현상 세계를 대상으로 한다. 경영은 변화가 동결되어 정지한 고정불변의 진리나 영구적으로 안정된 질서를 추구하지 않는다. 또한 정치와 마찬가지로 영원한 진리를 추구하지도, 영혼의 구원을 목적으로 하지도 않는다.

인간의 두 얼굴

우리 마음속에 자리 잡고 있는 왕성한 이익·지배 본능의 정체를 좀더 적절히 이해할 수 있도록 인간의 역사를 살펴보기로 하자. 역사를 이해하면, 운동과 변화를 설명하면서도 인간 사회에 공통적으로 적용할 수 있는 불변의 요인과 원칙을 소홀히 다루지 않는다는 장점을 얻을 수 있다. 구체적인 사례가 파노라마처럼 펼쳐지는 역동적 변화 속에서 변하지 않는 요소와 질서를 발견하는 것은, 안정된 지식체계를 제공함으로써 미래의 불확실성을 감소시킬 수 있다는 희망을 갖게 한다. 이것이 역사를 배우면서 얻는 훌륭한 보상이다.

'역사를 쓰는 철학자'로 알려진 윌 듀랜트(Will Durant)가 아흔이 넘은 나이에, 이제 세상을 떠나야 하는 사람의 초연한 심정으로 인류에게 선사한 훌륭한 책《역사 속의 영웅들 Heros of History》의 서문을 조금 길게 소개하고자 한다.

인간은 수없이 많은 생물학적 종들 가운데 하나이고, 다른 종들과 마찬가지로 생존을 위한 싸움에서 살아남기 위해 치열한 경쟁을 거쳐야 했다. 인류의 흔적은 약 100만 년 전으로 거슬러 올라가 발견된다. 그 중 농업의 흔적은 2만 5,000년 전 이상으로 올라가지는 않는다. 그러니까 인류는 땅을 경작하는 농부로 정착생활을 한 것보다 무려 40배에 가까운 97만 5,000년 동안 사냥꾼으로 살았다. 그것이 인간의 기본적인 성향이 되었다. 사냥꾼인 인간은 게걸스러웠다. 호전적이었고 늘 싸울 준비가 되어 있어야 했다. 음식과 짝짓기와 목숨을 위해서 그러지 않으면 안 되었다. 욕심과 사나움과 아무 때나 짝짓기를 할 수 있는 능력은 사냥꾼 시절의 미덕이었다. 생존을 위해 필수적인 자질이기 때문이다.

문명을 위한 최초의 토양인 농업은 아마도 여자가 발전시킨 것 같다. 남자들이 사냥을 나간 사이 여자들은 열매가 싹이 트는 것을 보고, 동굴과 움막 주위에 시험적으로 끈질기게 씨앗을 심었다. 그리고 남자들에게 불확실한 행운에 목숨을 거는 대신 씨를 뿌리고 열매를 거두어들일 것을 설득하였다. 그리하여 인류는 정착하였다. 여자들은 먼저 양, 개, 나귀, 돼지, 소들을 길들였다. 그리고 남자들을 길들였다. 남자들은 여자들이 길들인 마지막 가축이었다. 남자들은 마지못해 천천히 사회적 특질을 배워 익혔다. 가족에 대한 사랑, 친절, 절제, 협동, 공동체 활동 등이 그것이다. 이것이 문명의 시작이다. 문명이란 공동체의 구성원이 된다는 의미이다. 이때부터 인간은 자연과 문명 사이의 끈질긴 갈등 속에서 살았다. 인간의 역사는 길고도 긴 사냥 단계에서 아주 깊숙하게 뿌리를 내린 개인적 본능과 최근의 정착생활을 통해 생겨났지만, 아직 충분히 발전하지 못한 사회적 본능 사이의 갈등이다. 그리고 우리는 매일 이 갈등 속에서 살고 있다.

마키아벨리는 문명화한 인간의 내부에 여전히 길들지 않은 사냥꾼의 기질이 뚜렷이 각인되어 있으며, 상황에 따라 언제 분출될지 모르는 화산처럼 갈무리되어 있다는 것을 알고 있었다. 그것은 위험한 힘이고 어두운 욕망이며, 동시에 엄청난 에너지이고 본능적인 생존의 힘이다. 역사를 통해 아주 많은 사람들이 문명의 편에 섰다. 그러나 수없이 많은 다른 사람들은 또한 야만의 편에 섰다. 더 정확하게 말하면, 우리 모두는 거의 매일 문명과 야만 사이에 한 발씩을 걸치고 살아가고 있다. 야만과 문명은 인류의 두 얼굴이다. 이러한 양면성을 폭로하고 대낮의 환한 햇빛 아래로 끌어낸 낯두꺼운 인물 가운데 대표적인 사람이 마키아벨리이다. 그는 인류의 수치이기도 하고, 정직한 사제이기도 했다.

경영 속의 마키아벨리즘

마키아벨리의 주장을 경영에 적용해 본다면 대략 다음과 같을 것이다.

첫째, 경영 상황이 안정적일 때 경영자는 연민, 신뢰, 정직함, 인륜, 종교적 미덕을 따라야 한다. 그러나 어떤 '필연적인 상황'에 처할 때는 다른 종류의 미덕을 발휘해야 한다. 기독교적인 미덕이 아니라 로마적인 미덕 말이다. 그것은 남성적인 속성, 곧 용감함, 대담함, 원기 왕성함을 가리킨다. 심지어 한니발의 '비인간적인 잔인성' 또한 덕이다. 비유컨대 그때는 선과 악 가운데서 하나를 택하는 것이 아니라, 악(evil)과 작은 악(less evil) 가운데서 작은 악을 선택하라는 주문을 받고 있는 것이다. 외양상의 덕이 실제로는 악덕이 되고, 외양상의 악이 또한 미덕이 될 수 있다. 경영자의 연민과 냉혹함을 예로 들어보자. 개인적으로 연민은 미덕이고 냉혹함은 악덕이다. 그러나 경영자가 연민에 치우치면 기강이 문란해져 질서를 유지하기가 어려워진다. 결국 엄격하고 냉혹한 통제를 하지 않을 수 없게 됨으로써 이것은 악덕으로 전환된다. 그러나 초기의 적절한 냉혹함은 기강과 질서를 바로잡아 더 관대한 결과를 가져옴으로써 덕으로 전환될 수 있다.

둘째, 불안정하고 특수한 상황 아래서 경영자들은 '책임의 윤리(ethics of responsibility)'를 따르는 것이 현명하다. 다시 말해서 인간의 평균적 악을 전제하고 이를 감안한 채 행동해야 하며, 동기의 선함보다는 결과의 선함에 치중해야 한다.

셋째, 경영의 핵심은 상징과 외양이다. 경영자는 능란한 위선자요 가장의 달인이어야 한다. 성실함, 자비, 인간애와 신실함을 가지고 있는 것처럼 '보여야' 한다. 경영은 본질(what is)의 영역이 아니라 외양(what appear)의 영역에 속한다. 경영은 변화무쌍한 생성과 변화의 영역이며 현상의 영역이다. 그것은 철학적 진리나 종교적 진리를 거부한다. 경영자가 추구하는 것은 영혼의 완성이나 진리가 아니다. 경영자에게는 부의 획득이 우선적 목적이고 영광과 명예 또한 중요한데, 이것은 결국 현상과 외양의 문제이다. 따라서 적절한 위장과 기만, 위선이 지배를 위해서 필요하다. 위선이란 '악덕이 덕에게 바치는 공물'이다. 위선은 반도덕적이지만, 덕이 악덕에 비해 우월하다는 것을 시인하고 확인하는 긍정적 행위이기도 하다. 그러므로 개인으로서의 삶이 중요하고 영혼의 구원을 원하는 자는 경영의 영역에 들어서지 않는 편이 좋다. 경영자는 사자의 힘과 여우의 기만을 십분 활용하지 않으면 강력하게 지배할 수 없다.

마키아벨리는 책을 바침으로써 곤궁한 처지를 벗어나 메디치가의 중요한 인재로 등용되기를 바랐으나, 그의 바람은 이루어지지 않았다. 실망한 그는 피렌체 교외에 칩거했다. 그는 결국 '정치에 지치고, 시골의 은둔생활에 지치고, 심지어 선술집 친구들에게 지쳐' 세상을 등지고 말았다. 자신의 처세술을 자신에게 적용하는 데 실패했지만, 그는 우리의 생물학적 유전자 속에 여전히 살아 있다.

자, 이제 다시 생각해 보자. 경영은 윤리적이어야 하는가? 윤리경영은 장기적으로 강력하고 훌륭한 기업 전략이 될 수 있는가? 상징과 외양의 냉정한 관리를 통해 기업은 고객의 지지와 충성심을 얻어낼 수 있는가?

경영과 윤리의 적절한 관계 설정은 경영자에게 대단히 중요한 과제다. 어떤 기업도 엔론처럼 무너지기를 바라지 않는다. 그러나 기업의 목적은 자선이 아니며 도덕의 구현도 아니다. 경영자는 다양한 개인의 욕망과 이해를 통합하고 지배하는 기술을 익혀야 한다. 정치가 선전이나 상징조작을 통한 대중정치와 진정한 민주주의 사이에서 적절한 긴장과 조화를 이루어야 하듯이, 경영도 윤리와 현실적 이익 사이에서 부단히 단련되고 적절한 균형을 잡아가야 하는 과제를 안고 있다. 경영은 사냥꾼으로서 경영자의 동물적 미덕과 공동체 속에서 함께 번영해야 한다는 문명의 조건 사이에서 늘 적절한 균형과 조화를 모색하는 저울질 같은 것이다. 이것은 늘 고민거리이지만 한편으로 박진감 넘치는 진지한 놀이이기도 하다.

이제 회계부정과 관련하여 파산보호신청을 한 광케이블 통신업체인 글로벌 크로싱의 사례를 살펴보자. 이 회사의 부사장이었던 사람의 진술에 따르면, 최고경영진들은 수천 명의 직원을 해고하면서 파산보호신청을 하면 직원들에게 퇴직금을 지급하지 않아도 된다는 점을 알고 있었다. 결국 직원들은 퇴직금을 한 푼도 받지 못했다. 그러나 고위 간부들은 회사를 떠나면서 상당한 퇴직금과 보너스를 챙겨간 것으로 알려졌다. 그들의 행위가 합법적인지는 모르지만, 비윤리적 처사임이 분명하다. 누가 누구에게 등을 돌렸건, 우리가 '사람들 사이의 마땅한 신뢰관계'를 의미하는 윤리를 생각할 때 그 사이에 아주 간단한 방정식이 존재한다는 것을 알 수 있다. 돈이라는 경제적 힘과 지위라는 정치적 힘이 사람 사이의 관계라는 사회적 힘의 크기를 결정한다는 것이다. 돈이 사람 사이의 관계를 주도하면 타락한다. 그리고 지위가 사람 사이를 주도하면 한 사람은 명령하고 다수는 그 명령을 따르는 종이 된다.

인류 역사는 더욱 수평적인 사회를 향해 흘러왔다. 이제 법적으로 한 사람이 다른 사람의 소유인 경우는 거의 사라졌고, 인류의 대부분은 자유인이다. 조직 내에서도 더 많은 평등과 자유를 원하고 있고, 실제로 수직적이던 조직이 수평적 구도로 바뀌어가고 있다. 그러나 돈의 힘은 점점 커지고 있다. 돈이 차별을 만들어내며, 빈부의 차이는 더 심화되고 있다. 화폐는 생겨날 때부터 '모든 것을 같은 단위로 재어 균등화하는 하나의 척도'라는 역할을 해왔다. 그러나 이제 돈은 지위를 제치고 모든 것을 평가하는 유일한 잣대가 되어가고 있다. 돈의 논리에 따르면, 가난은 싼 것이다. 따라서 가난한 자는 싸구려 인생을 살고 있는 것이다. 부유함은 비싼 것이다. 따라서 부자는 고귀한 인생을 살고 있는 것이다. 돈이 싼 것과 비싼 것을 판단하고, 천박함과 고귀함의 기준이 되어버린 것이다. 이것이 돈이 만들어낸 차별이다. 그리고 이 차별은 더 심화될 전망이다. 이제 윤리를 다루는 함수는 더 간단해졌다. 사람으로서 마땅히 지켜야 할 도리와 끝없는 유혹인 돈과의 관계를 적절히 설정하는 것이 무엇보다 중요해진 것이다.

서구 문명의 모체인 《성경》에서는 돈과 인간의 관계를 다음과 같이 말한다.

잔치는 즐거움을 위해 베푸는 것이며, 포도주는 생명을 기쁘게 한다. 그리고 돈은 범사에 응용되느니라. (전도서)

공으로 얻은 재산은 날아가지만, 애써 모은 재산은 불어난다. (잠언)

이 인용문들은 돈에 대한 찬사다. 그리고 돈을 모으는 건강한 치부법의 기본을 말해준다. 그러나 돈에 대한 《성경》의 메시지는 상당한 절제를 요구하고 있다.

너희가 사는 땅에는 가난한 사람이 없어지지 않을 것이다. 너희가 사는 땅에는 너희 동족으로 억눌리고 가난한 사람이 어차피 있을 것이다. 그러므로 너희의 손을 뻗어 도와주라고 이르는 것이다. (신명기)

부자가 되려고 애쓰는 사람들은 유혹에 빠지고, 올가미에 걸리고, 어리석고도 해로운 온갖 욕심에 사로잡혀서 파멸의 구렁텅이에 떨어지게 된다. 돈을 사랑하는 것이 모든 악의 뿌리다. (디모데 전서)

거듭 말하지만 부자가 하나님의 나라에 들어가는 것보다는 낙타가 바늘귀를 빠져나가는 것이 더 쉬울 것이다. (마태복음)

《성경》은 부를 추구하는 행위를 사회라는 집단을 활성화하고 융화시키는 경제적 활동으로 인식하고 있지 않다는 것을 알 수 있다. 대신에 부의 추구는 도덕성을 희생하여 이루어낸 사적인 행위라는 가정을 하고 있다. 다시 말해서 《성경》은 부의 추구를 경제적 행위로 보는 것이 아니라, 상당한 대가를 치르고서야 얻을 수 있는 개인적 귀결로 보았다. 이것은 부를 추구하는 활동을 경제학이 아니라 윤리학으로 인식하고 있었음을 뜻한다. 그리고 아주 오랜 세월이 지난 뒤에 자본주의 경제사상의 원조쯤 되는 애덤 스미스도 《국부론》을 쓰기 전에 《도덕 감성론》이라는 베스트셀러를 쓴 윤리학자였음을 감안하면, 돈을 경제 이전에 윤리학의 대상으로 인식해 온 오랜 전통을 이해할 수 있을 것이다. 막스 베버 역시 자본주의를 프로테스탄트의 윤리와 연결했다. 돈, 곧 이익은 윤리의 대상이다. 윤리 없는 돈, 그것은 죄악이다.

지금까지 검토한 여러 가지 생각을 바탕으로 이제 '경영자 혹은 직장인은 모름지기 어떻게 행동해야 하는가' 라는 질문에 적절한 답을 정리해 보자. 기업경영의 첫 번째 과제는 이익을 추구하는 것이다. 따라서 먼저 윤리경영이 기업의 이익에 도움을 주는지를 검토할 필요가 있다. 다행스럽게도 대단히 긍정적이다. 다음의 자료들은 모두 윤리경영 자체가 전략적 관점에서도 장기적으로 직원이나 고객, 투자자 모두를 위해 매우 바람직한 가치를 가지고 있음을 보여준다.

경영컨설팅업체인 타워스 페린(Towers Perrin)은 윤리경영으로 명성을 날리는 기업을 매년 25개씩 뽑아 심층조사를 했다고 한다. 15년 동안 이 기업들의 실적을 분석한 결과 윤리경영을 하는 기업의 주주수익률이 43퍼센트인 데 반해, S&P에 등록된 500개 기업의 평균 주주수익률은 19퍼센트에 불과한 것으로 나타났다. 한편 직원만족도를 조사하는 전문기관인 위커 인포메이션(Worker Information)의 조사에 따르면, 자신의 회사가 윤리경영을 한다고 믿는 직원이 회사를 떠나지 않을 확률은 그렇지 않은 경우보다 6배나 높았다. 반면에 직장 상사의 윤리적 판단을 불신하고 회사의 활동에 수치심을 느끼는 경우에는, 직원 5명 중 4명이 직장에서 기만당하고 있다고 생각하며 조만간 회사를 떠날 가능성이 높다고 한다.

윤리경영은 기업의 명성에 매우 중요한 영향을 미친다. 홍보컨설팅회사인 힐 앤 놀턴(Hill & Knowlton)이 실시한 여론조사에 따르면, 고객과 투자자가 의사결정을 할 때 기업의 명성을 대단히 중시하고 있음을 알 수 있다. 미국인 5명 중 4명은 제품을 고를 때 그 제품을 만든 기업의 명성을 고려하며, 이들 가운데 36퍼센트는 구매 결정의 결정적 요인으로 기업의 명성을 꼽았다. 또한 70퍼센트 이상의 투자자들은 금융소득이 줄더라도 투자처를 결정하는 과정에서 기업의 명성을 중요시하는 것으로 나타났다.

그러나 우리는 윤리경영이 장기적으로 훌륭한 경영 성과에 기여한다는 실용적 관점 외에도, 더욱 근본적인 측면에서 왜 윤리경영이 기업의 생존에 필수적인지를 말해주는 대목에 주목할 필요가 있다. 제레미 리프킨은 자본주의의 성공에 필수적인 요소가 바로 사회적 신뢰에 있다는 점을 분명히 하고 있다. 특이하게도 사회적 신뢰는 비영리적 활동들에 의해 축적된다. 예를 들어보자. 동구권의 공산주의 정권이 무너지면서 엄청난 수의 서방 기업들이 이 거대한 예비 시장으로 몰려들었다. 그러나 대부분 실패하고 철수하였다. 이유는 하나였다. 그곳에는 계약을 준수할 수 있는 사회적 신뢰가 존재하지 않았기 때문이다. 그동안 공산주의 정권 아래서 존재했던 유일한 사회조직은 정치집단뿐이었다. 종교가 탄압받았고 종교적 활동과 집회는 위축되었다. 같은 취미를 가진 동호인의 모임도 없었다. 같은 생각을 나누는 사회적 공익집단도 없었고, 어떤 봉사집단도 없었다. 신뢰를 생산할 수 있는 모임과 활동이 없는 사회에서는 아무런 사회적 신뢰를 만들어갈 수 없었던 것이다. 역설적이게도 자본주의는 돈과 아무런 관련이 없는 사회적 신뢰라는 토양 위에서만 꽃필 수 있는 나무였다. 돈이 모든 것을 결정하는 사회는 아마도 정치가 모든 것을 결정하던 체제가 몰락하듯, 스스로를 지탱해 주는 신뢰의 땅을 황폐화함으로써 몰락할 수밖에 없을 것이다. 엔론과 월드컴의 파산은 이것을 증명하는 작은 경고에 지나지 않는다.

경영자의 도덕적 추락

2001년 11월 리처드 톰킨스(Richard Tompkins)는 〈파이낸셜 타임스〉의 '백 투 더 퓨처(Back to the Future)' 라는 기고에서 다음과 같이 썼다. "1980년대 미국인들은 탐욕과 소비중독에 취해 있었다. 시간이 흐름에 따라 자신들의 욕망에 염증을 느끼기 시작했지만 …… 1990년대까지 이어져 이 시기는 미국 역사상 가장 자아도취적인 시대로 변해갔다." 〈타임〉이 칼럼니스트 로저 로젠블래트(Roger Rosenblatt) 역시 1980년대와 1990년대 20년간에 대해 "미국인들은 현재에 극단적으로 탐닉했고 낙관론에 취해 있었다" 라고 지적했다.

미국의 경영자들은 지난 20년 동안 수단과 방법을 가리지 않고 이익을 추구해 왔다. 이 기간 동안 성공한 경영자들의 전설과 신화가 생겨나 사람들의 우상이 되기도 했지만, 엔론 사건 이후 줄지어 터지기 시작한 기업의 불법과 탈법 행위는 미국 경제계가 안고 있는 만성적 문제를 드러내고 있다. 이제 재무제표는 믿을 수 없게 되었다. 회사가 망해 직원들이 거리로 나앉고 투자자가 깡통을 차도 경영자는 스톡옵션의 거품으로 부를 이루는 터무니없는 사기, 신용평가회사를 비롯해 애널리스트와 회계법인들의 감사직무 태만, 금융당국의 무능이 백일하에 드러난 것이다.

엔론의 사례는 극단적인 경우가 아니었다. 글로벌 크로싱, 월드컴, 제록스, 임클론, 타이코 인터내셔널 등이 회계부정으로 인해 파산했다. 더욱이 GE, AOL 타임워너 역시 분식회계를 서슴지 않은 것으로 나타났다. 회계부정을 조사하는 위원회의 한 인물은《월스트리트 저널》과의 인터뷰에서 이렇게 말했다. "회계부정 사례는 해마다 급증하는 추세다.…… 놀라운 사실은 이 부정에 관여한 기업의 대부분이 대기업이라는 점이다. 우리가 조사한 기업 가운데는《포춘》지 선정 500대 기업의 상당수가 포함되어 있다." 실제로 〈뉴욕 타임스〉가 1998년 기업의 재무 책임자 160명을 상대로 조사한 결과, 3분의 2가 동료 임원들로부터 분식회계를 해야 한다는 압력을 받은 것으로 나타났다.

회계부정은 산업계만의 문제가 아니었다. 월스트리트의 메

릴 린치, 살로먼의 스미스 바니, 모건 스탠리의 딘 위터 등의 애
널리스트는 특정 종목의 주가를 끌어올리기 위해 기업의 재무
상태와 수익구조, 경영자의 능력을 과대평가하는 방식으로 투
자자들을 호도했다. 그리고 막대한 이익을 챙겼다. 거기에 그
치지 않는다. 기업의 회계 감사를 맡고 있는 세계 5대 회계법
인들 역시 거대 기업의 회계 감사와 컨설팅을 독식하면서 회계
부정을 눈감아주고 거금을 챙겼다.

경영자의 도덕적 추락은 단지 미국만의 현상이 아니다.
2002년 6월 《월스트리트 저널》 유럽판에 따르면, 유럽에서도
최고경영자들이 스톡옵션 거품을 이용하여 터무니없는 돈을
챙긴 사례가 속출했다. ABB, 보다폰, 도이체 텔레콤, 프루덴셜
보험, 알카텔 등의 최고경영자들이 받은 스톡옵션이 의회의
조사 대상이 되었다. 거의 같은 시기인 2002년 5월 영국의 경
제 주간지 《이코노미스트》에는 '무너진 우상, 유명 CEO의 몰
락(Fallen Idols, The Overthrow of Celebrity CEO)' 이라는 헤
드라인이 실렸다.

20세기의 마지막 20년 동안, 미국 정부와 의회는 특혜와 규
제 완화 및 세금 감면 등의 선물을 기업에 주었고, 당연히 해야
할 감독을 거의 하지 않았다. 이른바 '정치자금과 정책의 물물
교환' 이 정계와 재계 사이에서 공공연히 이루어진 것이다. 그
결과 미국 기업들은 경제윤리를 지키지 못했다. 엔론 사태 이
후 《비즈니스 위크》의 브루스 누스바움(Bruce Nussbaum)은

'더 이상 누군가를 믿을 수 있겠는가(Can You Trust Anybody Anymore)' 라는 기고문에서 다음과 같이 경고했다.

경영자들은 규제 완화를 요구해 왔다. 그러나 정작 자본주의의 바탕인 투명성, 공정성, 공개성 등에는 소홀했다. …… 투자가들이 그렇게 간절히 바랐던 리스크와 주식 가치에 대한 정확한 분석과 평가는 제대로 이루어지지 않았다.

이러한 사태는 결국 미국 국민과 투자자의 분노와 불신으로 이어졌다. 미국인들은 성공한 우상이었던 창의적 경영자들로부터 새로운 정신과 가능성을 전수받는 대신, 정경유착의 추잡한 커넥션과 뒷거래를 보게 되었다. 이런 결과 때문에 가장 큰 손해를 본 사람은 결국 경영자들이었다.

한국의 상황은 미국보다 나쁘다. 아니, 훨씬 더 나쁘다고 해도 좋을 것이다. 우리는 부정과 추악한 커넥션에 신물이 났다. 그러나 한국의 경영은 바로 이런 점에서 훨씬 더 가능성이 있다. 기업 자체적인 정화와 개혁을 통해 가장 투명한 세계적 기업으로 평가받을 수 있다면 오히려 윤리경영을 통한 차별화가 가능하기 때문이다. 기업의 투명성과 공개성, 공정성과 사회에 대한 기여는 결국 강력한 윤리적 프리미엄인 투자자의 신뢰와 애정 그리고 국민의 자부심으로 나타날 것이다.

개혁적 정부는 개혁적 기업에게 나쁜 것이 아니다. 깨끗한 정부는 윤리적 기업으로 가는 변곡점에 반드시 있어야 할 파트너다. 정부의 올바른 기능은 공정한 게임의 룰을 만들어 이를 지켜주는 것이다. 정부는 월권과 불법, 탈법 행위를 감시하고 제재하여 기업이 자유롭게 경쟁할 수 있는 시장을 지켜주어야 한다. 기업도 정부의 규제와 감시에 대해 무조건 반대하고 불평을 털어놓을 이유가 없다. 함께 지켜야 할 것은 민주주의와 자본주의의 원칙이기 때문이다. 그리고 특혜를 바라서는 안 된다. 그렇게 성장해 온 눈먼 시절은 흘러가야 하고 흘려보내야 한다.

필요한 규제는 당연히 있어야 한다. 환경은 보호해야 하고, 공정성과 투명성을 확보하기 위한 제약과 규제는 강화되어야 한다. 게임의 룰이 분명하고 단호히 지켜져야 좋은 실력을 갖춘 선수들이 명예로운 승자가 될 수 있다. 정부와 정치인들은 보조금을 주고, 세금을 감면해 주고, 환경과 독점에 대한 기준을 완화하고, 불법과 탈세를 눈감아주는 것을 미끼로 경제계를 적당히 주무르며 정치자금을 뜯어내는 조폭의 비즈니스 모델에서 벗어나야 한다. 경제계 역시 정치자금을 상납한 대가로 특혜를 받아내고 비즈니스 영토를 넓혀가는 거대해진 포장마차 모델에서 벗어나야 한다. 이것은 올바른 공생이 아니며 올바른 파트너십이 아니다. 좋은 파트너십은 투명한 협력관계이며, 건강한 긴장관계이다. 파트너십은 균형의 미학이다.

이제 윤리경영의 내용을 좀더 들여다보자. 윤리경영이란 무엇일까?《영혼이 있는 기업 Saving the Corporate Soul》의 저자인 데이비드 벳스톤(David Batstone)은 기업의 윤리경영에 관한 8가지 원칙을 제시하고 있다. 그러나 내가 보기에 이 원칙은 3가지 핵심 개념으로 압축될 수 있을 것 같다.

첫째, 자신의 이해관계를 조직의 이해관계와 일치시키는 것이다. 경영자는 경영자대로, 구성원은 구성원대로, 개인의 이해와 조직의 이해를 병존할 수 있는 정신적 태도와 방식으로 일을 해야 한다. 누구도 개인의 이해를 조직의 이해 위에 놓아서는 안 되고, 반대로 조직도 구성원의 희생을 강요해서는 안 된다. 조직의 구성원들은 조직 속에서 희생당하는 것이 아니라, 성장하고 번영해야 하기 때문이다. 코리아니티는 이 점에서 최고의 윤리경영 기업을 만들어내기에 적합한 구조를 가지고 있다. '우리'와 '나' 사이의 건설적인 동의와 유대를 만들어내기에 한국인보다 훌륭한 문화적 유산을 가지고 있는 민족은 없다.

둘째, 기업은 스스로 시장의 일부가 아닌 좀더 커다란 지역 공동체의 일부라는 점을 잊어서는 안 된다. 이 땅에서 벌었으니 그 이익을 이 땅에 있는 사람들과 나누어야 한다는 것이다. 따라서 훌륭한 직원은 반드시 먼저 훌륭한 기업 시민이어야 한다. 이것 역시 코리아니티에 매우 근접한 원칙이다. 한국인들은 '기업은 돈을 벌기 위한 이익집단'이라는 미국식 정의를 용납하지 않는다. 그런가 하면 '국가에 공헌하지 않는 기업은 기업이 아니다'라는 일본식 경직성에 대해서도 찬성하지 않는다. 오히려 기업은 '본업을 통해 사회에 기여한다'는 융통성 있는 중용적 정의를 선호한다. 홍익인간은 한국의 오래된 비전이었다. 훌륭한 윤리기업은 세계에서 가장 좋은 제품과 서비스를 제공함으로써 고객을 기쁘게 해주어야 한다. 이는 가장 어려운 일이면서 가장 기본이 되는 비전이다. 그리고 가장 간단한 법칙, 직원이 그 자식을 자신의 회사에 다니게 하고 싶은 자랑스러운 회사여야 한다. 이것이 도덕성이 주는 정신적 만족이다.

셋째, 기업의 활동에 관련이 있는 모든 사람들, 곧 직원, 고객, 주주, 관련 업체 종사자, 지역주민 등에게 자사의 제품과 서비스에 대한 정보, 경영 성과에 대한 정보, 환경보호와 관련한 정보 등 중요한 경영 정보를 투명하고 적절하게 공개하는 방식을 가지고 있어야 한다. 한국의 기업은 아직 이 점에서 많이 모자란다. 하지만 시민단체들이 이 분야에서 사회적 균형 장치로서 중요한 역할을 해주고 있다.

법을 어기지 않는다는 것이 윤리적이라는 말로 대체되어서는 안 된다. 세금을 낸다고 하여 지역사회에 대한 책임을 다하는 것은 아니다. 경영은 그 속에 경영의 도를 가지고 있는 어진 상술이어야 한다. 그 같은 경영모델을 모색하고 온갖 경영적 실험을 실행해야 한다. 이것이 세계의 혁명적 변화 속에서 기업이 번성할 수 있는 힘이다. 그러나 이러한 모든 실험은 반드시 하나의 원칙, 곧 사회적 신뢰를 증진시키는 방향으로 이루어져야 한다. 윤리경영은 기업을 이 방향으로 인도하는 등불이고, 경전이며, 행동철학이다. 기업가는 사회사업가가 아니라 경영자다. 다만 사회성을 통하여 기업의 가치가 실현된다는 믿음을 가져야 한다. 유한킴벌리 사장 문국현과 그라민은행 경영자 무하마드 유누스의 신념을 차례로 되새겨 보자.

기업이 사회적 책임을 인식하고, 적절한 사회적 기여를 선택하는 것은 기업 목표를 달성해가는 전략적 과정의 중요한 부분이다. 유한킴벌리가 사회성과 공공성을 추구하는 것은 하나의 가치창조 활동이며 차별화 전략이다. 유한킴벌리는 남들이 가지 않는, 혹은 남들이 험하고 이익이 없을 것이라고 생각했던 길로 갔지만 훌륭한 결과를 낳았다. 엄격하게 직원을 관리하고 통제할 때보다 연간 180일 일하고 출퇴근이 자유로운 지금의 생산성이 훨씬 더 높다. 사회성과 공공성을 강화한 이후 회사 순이익이 50억에서 900억으로 18배나 늘었다.

나는 그라민은행 활동을 통해서 이윤 추구만이 자유주의의 유일한 원동력은 아니라는 사실을 깨달았다. 거기에는 사회적 목표라는 참

가치가 반드시 포함되어야 한다. 우리가 이 점을 잊지 않고 기업 활동을 통해 사회적 목표를 향해 나아간다면, 이윤 추구만을 꾀하는 그 어떤 기업과도 경쟁해서 이길 수 있다.

어진 상술이 아니면 살아남을 수 없다

"화살을 만드는 사람이라 하여 갑옷을 만드는 사람보다 불인 (不仁)하다 할 수는 없다. 그러나 화살을 만드는 사람은 (자신이 만든 화살이) 다른 사람을 상하게 하지 못할까 봐 걱정하고, 갑옷을 만드는 사람은 (자기가 만든 갑옷이 화살에 뚫려) 사람이 상하게 될까 봐 걱정한다. 무당과 장인도 역시 그러하다(당시 무당은 의사와 같았기 때문에 사람의 병이 낫지 않을까 봐 걱정하고, 장인은 관을 만드는 사람이기 때문에 사람이 죽지 않으면 관이 팔리지 않을까 봐 걱정한다). 그러므로 직업의 선택은 신중하게 하지 않으면 안 된다." 맹자는 다시 스승 공자를 인용하여 이렇게 덧붙인다. "공자께서 말씀하셨다. 인(仁)에 거하는 것이 아름답다. 스스로 택해 인에 거하지 않는다면 어찌 그것을 지혜롭다 할 수 있겠는가?"

《맹자》에 나오는 이야기이다. 여기서 공자의 '이인위미(里仁爲美)' 라는 유명한 말이 등장한다. '인에 거하면 아름답다'는 뜻인데, 어진 사람이 되려면 어진 사람들 속에서 살아야 한다는 말이다. 맹자는 나아가 어떤 일을 직업으로 삼으면 밤낮 그 일을 생각하며 살아야 하니, 사람을 살리고 도울 수 있는 사회적으로 훌륭한 직업을 선택하는 것이 좋지 않겠느냐고 제안한다. 맹자는 이렇게 선(善)이란 관념적인 것이 아니라 일상이며, 생활이며, 먹고사는 문제이며, 사회적 문제라는 점을 분명히 밝히고 있다.

멀리 공자나 맹자까지 갈 필요도 없다. 한국인들에게 과거의 유산 가운데 가장 자랑스러운 것이 무엇이냐고 물으면 청빈과 기개의 선비정신을 가장 많이 꼽는다. 문제는 그동안 우리가 선비정신에서 멀어졌다는 점이다. 그러나 선비정신은 사라진 것이 아니며, 사라지게 놓아두어서도 안 된다. 윤리의식이 없는 돈벌이는 재앙이다. 부와 청빈은 같이 가야 하는 덕목이며, 이익과 정의는 함께 다루어져야 하는 '조화로운 갈등' 관계에 있다. 선비정신은 청빈과 기개라는 한국적 윤리성의 정신적 뿌리이다. 기억하자. 선비들은 명분과 실리를 조화시키기 위해 애썼다. 그렇지만 이익이 있을 때는 그 옳고 그름을 따져 불일치가 생기면 언제나 명분을 따랐으며, 그것이 선비로서 살아남을 수 있는 법도라고 여겼다. 훌륭한 경영자가 된다는 것도 이와 같다. 돈을 추구하되 그것이 올바른 방법을 통하지 않으면 경영자로 살아남을 수 없다. 나는 그렇게 무너지는 유능한 사람들을 수없이 보았다.

수평적 관계 고리를 강화하라

직장의 민주화가 관건이다

새로운 비즈니스 환경에서 승자가 되기 위해서는 인적자본, 핵심역량 그리고 조직의 능력을 향상시키지 않으면 안 된다. 이 3가지 요소는 모두 비즈니스의 인간적 측면과 관련이 깊다. 기업이 핵심역량과 조직의 능력을 강화하기 위해서는 올바른 인적자원의 관리와 계발이 필수적이기 때문이다.

이해를 돕기 위해 간단히 용어 설명을 하고 넘어가자. 핵심역량(core competency)이란 C. K. 프라할라드(C. K. Prahalad)와 게리 해멀(Gary Hamel)이 처음 사용한 이후 전략적 용어로 광범위하게 사용되었다. 핵심역량의 전형적인 예로는 혼다의 가솔린 엔진 제조능력, 듀퐁의 화학적 프로세스에 대한 능력, 인텔의 마이크로 전자공학 지식 등을 들 수 있다. 조직능력이란 고객에게 차별적이고 뛰어난 가치를 제공할 수 있는 조직적 수행능력을 의미한다. 예를 들면 시스코의 단골고객 관리능력, 사우스웨스트 항공의 저렴한 요금과 고객 중심 서비스능력 등이다. 이 2가지 능력은 모두 기업의 핵심경쟁력으로, 인적자본과 불가분의 관계에 있다.

조직은 이제 업무 중심의 접근에서 지식과 기술 중심의 접근으로 이동하고 있다. 그동안 우리에게 익숙한 관료적 모델은 '업무(job)'라는 개념 위에서 세워진 것이다. 그러나 이제 조직은 업무를 규정하는 대신 사람을 규정할 수밖에 없게 되었다. 사람을 규정한다는 것은 조직의 핵심역량과 조직역량을 최적화할 수 있는 인적자원을 채용하고 훈련하고 유지하는 과정이 중요해졌음을 의미한다. 관료적 조직은 이미 적절한 인적자원을 유치하는 데 실패하였고, 올바른 핵심역량과 조직역량을 창출하는 데도 실패하였다. 앞으로 조직은 정보기술, 네트워크, 공유된 리더십, 고용자의 경영 참여에 중점을 두는 새로운 조직으로 대체될 수밖에 없다. 한마디로 직장의 민주화가 불가피해졌다.

매킨지의 마빈 바워는 '공포의 위계질서'라는 말을 사용한다. 그는 이 말을 다음과 같이 정의한다. "위계질서 구조는 명령과 통제를 바탕으로 하며, 각 직원에게 서열을 매기고 상사가 부하직원에게 권위를 내세우는 구식 경영방식이다. 위계질서 구조에서 모든 직원들은 보스가 원하는 대로 행동한다. 아니, 더 정확히 표현하면 보스가 원하는 대로 생각한다고 할 수 있다."

오랫동안 경영 활동을 해온 경영자들은 통제와 관리를 잃어버리는 순간을 두려워한다. 그러나 이렇게 생각해 보자. 구소련은 가장 중앙집권적이고 통제적이었다. 그것은 자유롭고 혼란스러운 시장과는 매우 다르다. 그러나 구소련은 지금 사라지고 없다. 민주주의는 자유롭고 혼란스럽다. 그러나 인류가 찾아낸 가장 괜찮은 방법이다. 역사학자 새뮤얼 엘리엇 모리슨(Samuel Eliot Morison)의 말대로 "자유와 비효율성 그리고 번영은 종종 함께 간다"는 말을 이해하고 믿을 수 있을 것인가는 이제 경영자의 중요한 자격요건이 되었다. 자유와 혼란을 견딜 수 있다는 것, 그 속에서 번영을 기다리고 촉진할 수 있는 힘은 가장 중요한 경영능력이 된 것이다. 그렇지만 우리는 이 대목에서 코리아니티를 쉽게 버리고 미국적 평등과 수평의 정신을 우리 문화의 일부로 차용해 올 수 있다고 생각해서는 안 된다. 오히려 우리가 가지고 있는 특성 가운데 왜곡되어 있는 부분의 물꼬를 터줌으로써 훨씬 더 자연스럽게 부양될 수 있다는 점을 믿어야 한다.

서로에게 스승이 되는 관계

직위와 직급이 강하게 지배해 온 한국 기업들은 수직적 경직성을 깨기 위해 여러 가지 노력을 했다. 호칭을 파괴하는 시도도 있었다. 직위고하를 막론하고 모두 '~님'으로 통한다. 신입사원이 사장을 부를 때도 '~님'이고, 사장이 비서를 부를 때도 '~님'이다. 서로 이름만을 불러줌으로써 수평적 기업문화를 만들어 보겠다는 의도다. 히딩크의 표현을 빌리면 "그라운드에는 선후배가 없다. 다만 선수가 있을 뿐이다"라는 개념을 확대해 쓰고 싶은 것이다.

그러나 이 시도는 문화의 영향력을 과소평가한 점이 있다. 히딩크는 호칭을 바꾸었기 때문이 아니라 훌륭한 선수들을 발굴하고 키워냈기 때문에 성공한 것이다. 누구에게나 '~님'이라고 호칭하는 시도는 조직에서 쉽게 정착할 것으로 보이지 않는다. 얼굴 없는 만남인 인터넷 동호회원 사이의 호칭인 '~님'이 오프라인 조직에서 작동하기까지는 넘어야 할 문화적 장벽이 많기 때문이다. 우리에게는 오히려 자연스럽게 '형'이나 '선배'라고 부르지만, 서로 존중하고 배려하는 수평적 예의가 절실히 필요하다.

또 다른 예로 직급정년제를 들 수 있다. 예를 들어 입사 후 7년 내에 대리를 못 달면 만년 평사원으로 지내야 하며, 차장으로 승진한 뒤 4년 내에 부장이 되지 못하면 차장에서 끝이다. 이것은 치열한 경쟁을 통한 자리 찾기이며, 연공서열에 따른 적체와 불만족을 성과와 경쟁의 원리로 해결해 보려는 시도라고 할 수 있다. 그런데 역설적이게도 이 직급정년제를 사용하는 곳은 가장 위계질서가 강한 군대 조직이다. 이것은 성과가 약하거나 정치적 능력이 부족한 연장자를 합리적으로 제거하는 방식으로 쓰여왔다.

그 밖에도 수직적 직급을 파괴하여 수평적 관계를 보완하는 여러 가지 방식이 쓰이고 있다. 그것은 대략 승진 절차를 무시한 발탁인사, 성과와 능력에 따른 보상방식을 채택하여 부하와 상사의 급여 역전 현상을 만들어내는 방법 등이다. 특히 많이 쓰인 합리적 방식은 전통적인 관료제 속의 복잡하고 다층적인 직위의 층위수를 줄여서 관리의 층을 줄이는 것이다. 예를 들면 사장부터 신입사원까지 7개의 계층을 4개로 줄여서 조금 더 납작한 조직으로 만드는 것이다. 그런 조직은 일반적으로 사장 - 본부장 - 팀장 - 팀원의 위계를 이루고 있다.

권위주의는 한마디로 관계의 설정이 수직화한 데서 비롯되었다. 여기에다 관계의 수평화를 진작시킨다면 한국인들은 수직적으로는 연장자들에게서 지혜를 얻고, 수평적으로는 동료들 사이에서 매우 자유롭고 다양한 모색과 실험을 즐기게 될 것이다. 우리는 그간의 수직적 작동방식을 수평적 작동방식으로 보완하고 강화함으로써 적절한 균형을 이루게 해야 한다. 왜냐하면 창의력, 상상력, 실험과 모색, 현장의 목소리, 융통성, 열의와 몰입은 수평적이고 자발적인 환경의 산물이기 때문이다.

이렇게 수직과 수평관계를 모두 아우르는 '십자형' 관계 속에서 서구인들이 가지지 못하는 건강한 사회적 관계망을 구축할 수 있으리라는 기대가 바로 우리의 희망이다. 이 십자형 관계를 잘 나타내는 상징적 개념이 바로 '스승과 친구'의 융합이다. 중국의 학자 이탁오는 이를 이렇게 표현했다. "친구가 될 수 없다면 진정한 스승이 아니고, 스승이 될 수 없다면 진정한 친구가 아니다." 조직 속에서 이러한 십자형 관계를 계발하고 유지하는 것이 우리의 과제라 할 수 있다.

나는 나이와 직업에 관계없이 '서로가 서로에게 스승이 되는 관계'를 설정하여 다양한 직업의 사람들을 위한 프로그램을 진행해 보았는데 다들 좋아했다. 나이가 든 사람은 자신이 저 나이에 저렇게 하지 못했다고 감탄하며, 젊은 사람들은 나이든 사람들이 모색하는 새로운 경력에 대한 준비를 앞으로 자신이 걸어야 할 길로 진지하게 받아들이며 배우려고 했다.

매킨지의 2가지 방식

매킨지의 보드미팅에 가보면 이 회사가 세계적인 경영 컨설팅 회사인지를 의심하게 된다고 한다. 매킨지 라자 굽타(Rajat Gupta)의 말에 따르면, "참석자들 모두 왜 일을 그렇게밖에 하지 못하느냐는 불평으로 가득하다. 그렇지만 이 볼멘소리들은 경쟁자들과 우리를 비교해서 나오는 불평이 아니다. 모든 불평은 우리 자신에 관한 것들이다." 이처럼 자신의 현재 성과 수준과 방식을 적으로 삼아 성토하고 해결책을 찾는 것은 이 회사가 세계적인 회사임을 반증하는 힘이라고 생각한다. 매킨지는 가장 오래되거나 가장 큰 컨설팅회사가 아닌데도 마치 그런 회사처럼 인식된다.

라자 굽타는 인도 출신으로, 가장 우수한 경영 두뇌들이 모여 있다는 매킨지의 경영자가 되었다는 점에서 대단히 유명한 인물이다. 그는 매킨지의 '승진 아니면 퇴출(up-or-out)'이라는 가혹한 경쟁구조에서 살아남아 최정상까지 올랐다. 이 회사의 신입사원은 평균 6년 이내에 프린서펄(principal)로 진급해야 한다. 6명 가운데 1명 정도가 이 과정을 통과한다. 그리고 다시 6년 이내에 디렉터(director)가 되어야 하는데, 10명 가운데 1명꼴로 살아남는다.

매킨지는 스스로 최정예의 리더들을 키워내는 것을 조직의 가장 중요한 특징으로 꼽는다. 톰 피터스 같은 경영 관련 작가를 배출하기도 했고, IBM을 살려낸 루 거스너도 한때 이 회사에 다녔다. 매킨지는 매킨지 안에서 근무하든 떠나든 간에, 들어올 때보다 나은 사람이 되는 것을 발전이라고 생각하는 조직이다. 이것이 바로 매킨지의 힘이다. 어쩌면 매킨지를 떠나서 경영자나 컨설턴트로 활약하는 사람들에 의해 매킨지가 더 유명한 기업이 되었는지도 모른다. 어떤 산업 분야든 훌륭한 인재를 키워낸다는 것은 그 조직이 사회에 기여하는 가장 크고 아름다운 일 가운데 하나이다.

인재를 육성하기 위한 매킨지의 접근법은 크게 3가지로 정리할 수 있다. 첫 번째는 공식적인 훈련과 교육 프로그램을 운영해서 구체적인 직무교육부터 전체적인 리더십교육에 이르기까지, 입사하는 날부터 회사를 떠날 때까지 지원해 주는 계발 과정을 들 수 있다. 그러나 이것은 투자한 비용에 비해 효과가 적은 교육방법이다. 사실은 이보다 훨씬 중요한 2가지 접근법이 있다. 이 2가지 방법은 모두 개인적인 노력과 학습이라는 점에서 대단한 시사점을 가지고 있다.

그 하나는 도제방식이다. 여러 명이 하나의 팀이 되어 프로젝트를 수행할 때가 있다. 그 팀 속에는 여러 가지 전문성이 섞여 있고 그 경력의 깊이도 다르다. 바로 이때가 현장에서 자신의 전문성과 경험을 넓힐 수 있는 절호의 기회다. 그리고 이때 기술적 영역을 넓혀갈 수 있도록 직·간접적으로 도와준 선배는 좋은 멘토의 역할을 수행한 셈이 된다. 다른 하나의 계발방식은 어쩌면 도제방식과는 반대되는 접근법이다. 예를 들면 혼자 어떤 상황을 해결하도록 투입되는 경우가 있다. 이렇게 도와줄 사람도 별로 없고 어떻게 해야 하는지도 잘 모를 때, 스스로 실수를 전제로 한 여러 가지 '기업가적 모색과 실험' 을 시도해 볼 수 있는 것이다.

어떨 때는 선배에게서 배우고, 때때로 혼자서 실패에 대한 두려움을 안고 새로운 방법을 모색해 보는 이 2가지 접근법이 서로 보완작용을 하면서 한 사람의 직장인을 전문 직업인으로 계발해내는 것이다.

우리는 이 2가지 배움과 학습의 방법을 효과적으로 직장 안에 끌어들일 수 있다. 왜냐하면 그것은 코리아니티의 하나인 스승과 제자라는 '관계'를 정착시키고, 배움에 대한 역동성을 자극함으로써 '우리 속의 나'라는 공동체주의 속의 개인주의를 십분 발휘하게 할 것이기 때문이다. 이것은 코리아니티의 핵심 요소들을 작동시켜서 코리아니티의 부정적 측면인 수직적 권위주의를 공략하는 방식이다. 나는 실제로 현장에서 잘 적용할 수 있는 방법 가운데 하나가 직위승진과 자격승진을 분리해서 관리하는 것이라고 생각한다. 직무수행능력이나 관리자로서 우수한 인력들은 관리자의 경력을 밟게 하는 반면, 전문성의 향상을 통해 성과를 내고 조직에 기여하는 사람들은 경력에 따라 승진시키는 제도를 병행하는 것이 코리아니티에 적합한 경영방식이라고 본다.

에드거 샤인(Edgar H. Schein)은 직장인들이 업무와 경력에 적응해 가는 5가지 다른 방식의 '경력 지향성(career anchor)'을 가지고 있다고 주장한다. 첫 번째 유형은 우리에게 가장 익숙한 사람들로서 관리 지향적이다. 이들은 사다리를 타고 승진하여 더 많은 사람들을 관리하는 것을 성공과 동일시하고 선호한다. 그러나 두 번째 유형의 사람들은 특정 영역에서 전문성을 쌓아가기를 원한다. 이들은 외부에서 주어지는 직책보다는 자신을 전문화하는 데 더 많은 관심을 가지고 있다. 세 번째 유형의 사람들은 대규모 조직 속에서도 마치 스스로 기업가처럼 행동하고 싶어 한다. 그들을 자극하는 것은 창의력이다. 네 번째 유형의 사람들은 안정을 추구한다. 그들은 오랫동안 한 조직에서 뿌리를 내리고 살 수 있기를 바란다. 다섯 번째 유형의 사람들은 자율성의 보장을 원한다. 스스로 결정하고 책임질 수 있는 자유로운 근무환경을 선호한다.

그의 주장이 시사하는 바는 좋은 조직을 운영하려면 다양한 유형의 사람들을 발굴하기 위한 다양한 경력계발과 보상의 방식이 필요하다는 것이다. 예를 들어 야망이 크고 성취동기가 높은 사람들이 올라가야 할 사다리도 중요하지만, 기술혁신이 중요한 첨단산업의 기업은 관리적 보상방식과 더불어 전문 기술에 대한 보상방식을 함께 제공할 필요가 있다. 또한 앞으로는 창조성과 정신적 기민성에 바탕을 둔 기업가 정신을 진작시키고, 다이내믹한 내부 기업가들을 보상할 방식이 절대적으로 필요해질 것이다. 한편 안정성을 추구하는 보수적 경향을 가진 사람들은 앞으로 보상 면에서 불리해질 것이다. 그러나 야망이 작고 성실한 사람들 역시 기업의 중요한 자산이기 때문에 안정성을 높이는 보호적 보상방식도 역시 계속 발전시켜야 할 것이다.

전문가 커리어 패스

나는 에드거 샤인의 다양한 경력의 길(career path)이 필요하다는 제안에 동의한다. 모든 사람이 조직의 꼭대기만을 향해 달려간다는 것은 우스운 일이다. 성향에 따라 여러 가지의 대체 커리어 패스를 만들어내야 할 것이다. 그 가운데 우선적으로 전문가의 길이라는 제2의 커리어 패스를 신속히 구축할 필요가 있다고 생각한다. 전문가제도가 잘 정착하려면 핵심역량으로 분류할 수 있는 지식과 기술이 분명히 정의되어야 하고, 그것을 보유한 인재들에 대해 차등적 보상이 이루어져야 한다.

우선 자신이 종사하는 산업 분야에서 가장 중요한 핵심역량이나 조직역량이 무엇인지 10개 정도로 정리해 보자. 이것이 시작이다. 일단 핵심역량이 정의되면 2차로 2가지 작업을 더 해보자. 첫 번째 할 일은 조직 내에서 현재 이 핵심역량이나 조직역량을 가진 사람들이 누구인지 가려내는 것이다. 그리고 역량의 완숙도에 따라 등급을 정해두자. 예를 들어 최고의 마이스터라면 '레벨 5', 그보다 못하지만 꽤 높은 경지에 올라 있다면 '레벨 4'로 분류하자. 이렇게 기술과 지식의 정도에 따라 전문성의 정도를 가늠하는 기준을 정해서, 핵심역량이나 조직역량별로 어느 정도의 레벨에 어떤 사람들이 몇 명이나 있는지를 데이터베이스화하자.

그 다음은 조금 더 정교한 작업인데, 기업이 차별적 경쟁력을 가지기 위해서는 각 핵심역량별로 어느 정도의 기술력을 가진 사람들을 얼마나 확보하고 있어야 하는지를 플로팅하는 것이다. 이 작업은 역량평가위원회 같은 태스크포스 팀을 결성해서 추진할 수도 있다. 이는 일종의 핵심역량과 조직능력 평가 프로세스라고 할 수 있다. 이 과정을 거치면 앞에서 정의한 10가지 정도의 핵심역량과 조직능력별로 각각 필요한 적정 역량의 데이터가 만들어진다. 이 정도면 기초작업은 수행했다고 할 수 있다.

이제 아주 간단한 비교, 즉 '필요한 경쟁력 대비 현재 보유한 경쟁력'에 대한 기초 데이터를 가지게 된 셈이다. 필요한 핵심역량과 조직능력에 비해 현재 얼마나 뒤떨어져 있는지, 앞으로 얼마나 많은 핵심역량과 조직능력을 갖춘 인력을 배양해야 하는지 파악했기 때문에 이 간격을 채우기 위한 중장기 교육과 계발 계획을 수립할 수 있다. 이제 어느 정도의 기간을 두고 어떤 교육과 훈련 그리고 현장 체험을 통해 얼마나 많은 인재를 길러내고 확보해야 할지를 기획할 수 있게 된 것이다.

한국 IBM의 전문가제도

핵심역량과 조직능력을 가지고 있는 레벨 5의 마이스터들은 특별한 관리가 필요하다. 이들은 핵심인력으로 편성되어 특별한 보상을 받고, 프로젝트나 일상의 업무를 통해 멘토로서 활용되어야 한다. 대체로 이런 마이스터들은 승진의 사다리를 타고 위로 올라가는 경력관리의 대상이 아니다. 별도의 전문가제도에 따라 그 핵심역량과 조직능력으로 평가받아야 한다. 그 이유는 자명하다. 핵심역량을 가지고 있다고 해서 좋은 관리자가 되는 것은 아니다. 오히려 핵심역량을 가진 사람들을 인사관리자로서의 무거운 책임과 의무에서 자유롭게 해줌으로써, 자신의 전문성을 회사를 위해 십분 발휘할 수 있도록 길을 열어두어야 한다. 예를 들어 한국 IBM의 경우, 전문가제도를 통해 인정을 받은 기술 인력들이 전문가 경력을 따라 승진하여 최고가 되면 관리의 책임을 지지 않는 중역의 대우를 받는다. 예를 들어 홍길동 전문위원은 비록 자기 밑에 부하직원이 한 명도 없지만, 조직 내에서 이사나 전무의 대우를 받는다. 호칭도 '홍길동 전문위원/전무대우' 등으로 불린다.

나는 이 전문가제도가 갖는 조직 측면에서의 강점을 자세히 지켜볼 기회가 있었다. 우선 젊고 유능한 전문가들이 관리자들로부터 필요 이상의 통제와 관리를 받지 않고 전문성을 마음껏 발휘할 수 있는 환경이 만들어질 수 있다는 것을 알았다. 그들은 프로젝트나 특별한 서비스를 통해 역량을 발휘함으로써 자신의 가치를 충분히 증명할 수 있다. 전문성이 이들을 지키는 힘이고, 그들은 조직의 위계로부터 비교적 자유로운 전문가의 세계에서 자신의 꿈과 능력을 키워갈 수 있다.

반대의 효과도 있었다. 나이가 들어감에 따라 조직에서 그에 합당한 자리를 차지하는 것이 소박한 직장인의 꿈이다. 특히 한국인들에게는 이것이 명예로운 일이고 자신의 체면을 지킬 수 있는 일이다. 그러나 젊고 유능한 인물들이 초고속 승진 가도를 거쳐 사다리 위로 치고 올라갈 때, 대부분의 직장인들은 후배에게 보고해야 하는 초라한 신세가 된 자신을 보며 좌절하기도 한다. 이는 관리자의 길만이 유일한 신분상승의 방법인 경우의 모습이다. 그러나 전문가제도라는 또 하나의 길을 열어두면, 정치적 스킬이 부족하거나 사회성이 좀 떨어지지만 스스로 배우고 학습하여 전문가의 자리를 지켜가는 사람들에게 기업은 별다른 관리상의 고충을 느끼지 않고 제자리를 찾아줄 수 있다. 나이가 들었지만 여전히 해당 분야의 전문성을 가지고 있는 사람들은 전문가제도에 따라 조직에 관리적 부담을 주지 않고 중역의 자리에 오를 수 있기 때문이다.

실제로 한국 IBM에는 나이가 많지만 전문성을 확보하여 여러 사람에게 존경받는 사람들이 있었다. 그들은 누구에게나 선생님이었고 그렇게 불렸다. 고객들도 그들의 연륜과 신뢰할 수 있는 전문성에 만족했다. 그러나 그들은 누구의 관리자도 아니었다. 오히려 관리자들의 지원을 받는 전문가들이었다. 나는 그중 한 사람과 친하게 지냈는데, 그는 나이 어린 보스와 일하는 데 아무런 어려움도 느끼지 않았다. 그는 전문 중역으로서 자신의 세계를 가지고 있었으며, 그보다 나이 어린 보스는 그가 일을 잘하도록 도와주는 충실한 지원자며 스폰서였기 때문이다.

조직 속에서 관리자와 직원의 가장 대표적인 형식관계는 상사와 부하직원이라는 수직적 관계이다. 경직된 조직일수록 이 관계는 딱딱한 고체처럼 요지부동이다. 그러나 유연한 조직은 서로 비공식적인 관계망을 통해 유동적이고 다양한 관계 설정을 할 수 있다. 예를 들어 공식적으로는 상사와 부하직원의 관계이지만 동시에 같은 분야에서 종사하는 팀원이며, 멘토와 멘티이거나, 경력관리를 위한 스폰서와 선수 같은 비공식적 관계 속에서 인간관계가 이루어진다.

조직 속에서 사람들의 관계를 '좋은 만남'으로 이끌기 위해서는 '만남의 기술'에 대해서 알 필요가 있다. 그리고 만남의 기술을 이해하려면 질 들뢰즈(Gilles Deleuze)와 펠릭스 가타리(Félix Guattari)를 조금 이해하는 것이 좋다. 이들은 이 분야에서 매우 중요한 사상가들이다. 이들의 생각을 읽어낸다는 것은 참으로 난해한 과제이지만, 다행스럽게도 젊은 학자 이진경이 이들의 대표작인 《천의 고원》을 쉽게 풀어놓은 《노마디즘》이라는 역작을 냈다. 그의 주석을 빌어, 나와 고객과의 만남의 기술을 음미해 보자.

좋은 만남도 있고 나쁜 만남도 있다. 예를 들어 사람이 독사에게 물리면 위험하다. 이때 '독'과 '사람'의 만남은 나쁜 만남이다. 그러나 뱀은 독을 이용해 먹이를 구하고 자신을 보호한다. 따라서 '독' 과 '뱀' 의 만남은 좋은 만남이다. 50년 전 한반도에 전쟁이 일어났다. 종전 후, 남한에 있던 한국인들에게 미군은 역해방군이었고 우방이었고 주둔군이었다. 한국과 미국의 관계는 대체로 좋은 만남이었다. 그러나 한국전쟁이 발발한 지 50년이 지나 두 여중생이 궤도차에 밟혀죽고 그 책임을 져야 할 미군 두 명이 무죄판결을 받자, 전국은 촛불 시위장으로 변했다. 한국과 미국의 관계는 이제 새로운 관계로 전환해야 할 시점에 이르렀다. 관계의 변곡점에 이른 것이다. 이처럼 '좋다' '나쁘다' 는 고정적인 것이 아니라 무엇과 무엇 사이의 관계맺음, 즉 '배치' 에 의해 이해되고 결정되는 것이다.

한 가지만 더 예를 들어보자. 사람의 입은 다른 것과의 관계를 통해 그 기능적 성격이 달라진다. 입이 음식과 만나면 '먹는 도구' 가 된다. 그러나 다른 사람의 입과 만나면 '사랑이나 우호적 표현 도구' 가 된다. 그리고 입이 문자를 만나면 '커뮤니케이션 도구' 가 된다. 혹은 악보와 만나면 '노래하는 도구' 가 된다. 따라서 입의 본질과 기능은 다른 것들과의 '관계' 속에서 다르게 정의될 수 있다.

인간의 관계 역시 다양한 배치를 통해 수직적 관계에서 나아가 더욱 유연한 수평적 관계로 만들어갈 수 있다. 미국식 평등주의는 개인주의를 바탕으로 한 수평성이다. 그들의 수평적 관계는 접착력이 약하다. 개인이 중심이기 때문이다. 한국인들의 공동체적 수직관계에는 강한 접착력이 있지만 평등은 없

다. 개인이 독립적이지 못하고 조직의 관계망 속에 있는 한 그
물코이기 때문이다. 우리가 변해야 할 방향은 수직적 일방성
에 쌍방향의 가치 교류를 만들어냄으로써 수평적 관계를 만들
어내는 것이다. 예를 들면 상사와 부하직원이 자신들의 경험
과 강점을 서로 지도해 줌으로써 상하관계의 일방적 경직성을
유연한 관계, 곧 '스승과 친구'의 관계로 재정립하는 것이다.

좀더 자세히 들여다보자. 상사와 부하직원의 관계는 조직도
상에서 가장 경직된 수직적 관계이다. 이 관계만 존재한다면
숨 막힐 정도의 권위주의가 팽배할 수밖에 없다. 관리자는 인
사권을 쥔 폭군이고, 주관적 판단자이며, 명령과 지시를 내리
는 잔소리꾼이 될 수밖에 없다. 그러나 형식적인 관계를 떠나
서는 인생의 선배이며, 업무 처리 요령을 터득한 훌륭한 멘토
의 역할을 해줄 수 있다. 이들 사이에는 스승과 제자라는 좋은
비공식적 관계가 만들어진다. 그런가 하면 전통적인 연령의
상하관계를 완전히 뒤집어 놓는 새로운 회사정책이 마련될 수
도 있다. 이것을 '역지도(reverse mentoring)'라고 부른다. 미
국의 《이코노미스트》는 다음과 같이 썼다. "프록토 겜블에서
지멘스에 이르기까지 전통적인 대기업에서 중년의 간부들이
젊은 신입사원들에게 인터넷의 신비를 배우는 역지도 프로그
램을 시작했다."

한국에서도 젊은 신세대 사원들이 중간간부들을 위해 해줄
수 있는 것들이 많이 있다. 인터넷뿐 아니라 간부들에게 신세

대를 다루는 법을 가르칠 수도 있다. 또한 토익 900점을 넘고 현지에서 영어를 익힌 젊은 사원들은 상사를 위한 훌륭한 영어 교사가 될 수도 있다. 나는 이러한 다양한 방식을 통한 수평적 교류나 밑에서 위로 올라가는 역지도 운동이 자율적이고 수평적인 조직을 만들어내는 데 매우 효과적이라고 생각한다. 그리고 이것은 조직의 민주화를 촉진하는 훌륭한 디딤돌이 된다. 결국 다양한 의견을 자유롭게 개진할 수 있는 창조적 집단으로 전환하는 데 성공하는 것이다.

수평적 언어를 영입하라

변화는 늘 '사고의 혁명'에서 비롯한다. 생각이 바뀌지 않으면 변화도 없다. 그 생각을 담아내는 그릇이 바로 언어다. 언어는 우리의 가정과 생각을 표현하고 투사하는 상징이며 기호다. 따라서 일상에서 사용하는 언어를 들으면 그 조직이 어떤 조직인지 금방 알 수 있다. 예를 들어 관공서에 가면 그 집단을 대표하는 사람의 말을 '훈시'라고 표현하는 것을 흔히 듣는다. '훈시'라는 단어는 이 말을 사용하는 조직이 수직적 권위주의의 조직이라는 점을 보여주는 상징어이다.

물론 조직마다 특성을 가지고 있으므로 수직적 조직이라고 해서 반드시 나쁜 것은 아니다. 한 예로 군대는 일사분란함, 통제, 명령 등이 중요한 조직이기 때문에 상하가 계급으로 엄격하게 구별되어 있다. 명령이 곧 행동이어야 하기 때문이다. 중요한 것은, 우리가 만들려고 하는 조직이 어떤 것인가에 따라 거기에 합당한 조직구조와 조직언어를 선택해야 한다는 점이다. 훈시라는 단어가 힘을 얻는 조직에서는 그 대칭점에 서 있는 수평적, 자율적, 창의적, 실험적 그리고 다양한 사고 같은 말은 설 자리가 없다.

우리 기업에서 일반적으로 사용하는 상사, 부하직원, 관리자라는 단어는 수직적 위계가 지배하는 권위주의적 배치를 가정한다. 상사와 부하라는 말은 두 사람 사이의 관계를 '명령을 하는 자' 와 '명령을 듣는 자' 로 가정한다. 관리자 역시 그 대칭점에서 관리당하는 대상을 가정하는 단어이다. 우리가 만들려는 조직이 자유롭고 수평적이며 실험정신이 강한 창의적 조직이라면, 거기에 어울리는 조직에 대한 가정과 그 가정을 가장 잘 표현할 수 있는 언어구조를 갖출 필요가 있다.

관료주의라는 말은 지금 대부분의 조직에서 부정적 함의로 쓰인다. 그러나 막스 베버가 이 말을 만들어낼 때는 일상적 직무를 늘 같은 방법으로 조직화하고 체계화하는 매우 혁명적인 개념으로 사용되었다. 말하자면 늘 정해진 일상성을 만들어낼 수 있는 질서유지 방안으로 활용된 것이다. 이 단어가 지금 부정적 의미로 사용되는 이유는 '안정적인 질서 위에서 어제가 반복되는 구조' 가 아니라 '급속한 변화 속에서 새로운 기회를 만들어내야 하는 변화와 변혁의 시대' 가 되었기 때문이다. 급속한 변화에 적절히 대처하고 나아가 변화를 주도하는 문화를 만들어내기 위해서는 조직이 비관료화되어야 한다. 이 말은 조직이 훨씬 더 느슨하고 경계가 유동적이어야 한다는 것을 뜻한다.

로자베스 모스 캔터(Rosabeth Moss Kanter)는 세계의 기업들이 경쟁과 적대 관계에서 점점 더 연합(pooling), 제휴(allying), 연계(linking)의 길을 걸어가고 있다고 말한다. 법인과 국경을 넘어 네트워크가 만들어지고, 위험을 공유하고, 연구개발을 위해 협력하고, 전략적 제휴를 활발하게 실행하고 있다. 조직 내부의 역학관계도 달라지고 있다. 중앙집권적 권력은 분산되어 현장으로 위임되고, 명령과 지시는 협력과 자율로 이행하고 있다. 앞으로의 조직은 다소 혼란스럽고 무질서한 일터가 되겠지만, 일상의 놀라움으로 가득한 조직을 향해 발전해갈 것이다. 그렇지 않고서는 창의성을 활용하여 끊임없이 기업의 목적을 재정립해가며 새로운 시장과 수요를 창출하는 혁신기업이 될 수 없기 때문이다.

그간 관리자 대신에 리더와 리더십이라는 말을 사용하려는 추세는 이러한 정신을 반영한 것이다. 관리자는 직무기술서에 규정한 과업들이 성공적으로 수행될 수 있도록 관리하는 사람이다. 따라서 정해진 일을 착오 없이 수행하는 효율성(do things right)이 관리자의 미덕이다. 그러나 리더는 추종자들과 비전을 공유함으로써 그들이 올바른 길을 갈 수 있도록 선도해야 한다. 따라서 효과성(do the right things)이 리더의 중요한 덕목이다. 그리고 특히 사람이 경쟁력의 핵심인 사회에서는 직원들이 창의적이고 자율적으로 업무를 처리할 수 있도록 지원하는 스폰서(support them to do right thing right)의 개념이 중요하다. 이제 명령하지 않고 경영하며, 지시하지 않고 과업을 이루는 새로운 방법을 찾아내지 않으면 안 된다. 이런 흐름 속에서 과거의 언어가 새로운 현재를 지배하게 해서는 안 된다. 조직의 비전을 이루는 미래의 언어를 일상 속으로 끌어들이고 생활화해야 한다.

언어의 쇄신을 위해 거대한 프로젝트를 만들 필요는 없다. 새로운 가치에 위배되는 단어 10개를 골라 새로운 가치를 표현하는 10개의 일상어로 대체하는 일부터 가볍게 시작할 수 있다. 이 일은 간단한 e캠페인으로도 가능하다. 우리 회사 직원들이 가장 싫어하는 단어 10가지를 공모하여 새로운 대체어를 찾아주는 캠페인 말이다. 우리는 이렇게 가볍고 즐겁게 시작할 수 있다. 새로운 언어가 일상에 도입되면 이것이 기존의 단어들과 대립하고 갈등하며 얼마간 공존하다가, 조직의 실제 정서가 발전하는 방향에 따라 힘을 얻기도 하고 잃기도 할 것이다. 사용하는 단어를 보면 그 뒤에 숨은 조직의 정서를 읽어낼 수 있는 이유가 여기에 있다. 새로운 단어가 도입되어 생활화되면 그 단어가 내포한 개념도 일상에 뿌리내린다. 자, 지금 당장 10가지 일상 언어를 대체해 줌으로써 기업 내에 새로운 개념이 뿌리내리고 꽃필 수 있도록 스폰서링해 보자.

존재의 든든함에 감사하는 칭찬

칭찬은 좋은 것이다. 그러나 다른 모든 좋은 것들과 마찬가지로 과도함의 병폐가 있다. 남용하면 사람을 피노키오로 만든다. 링컨이 한 말을 기억하자. "우리는 찬사에 민감하다. 옳은 말이다. 우리는 인정받기를 원한다. 그러나 진심에서 우러나오는 인정을 받는 경우는 드물다. 모든 인간은 이러한 인정에 대해 끊임없는 허기를 느끼고 있다."

　사람은 이상한 동물이다. 누군가와 관계를 맺을 때 마음을 받지 못하면 금방 그것을 감지한다. 그래서 원래의 마음과 사회적 당위성은 자주 부딪힌다. 예를 들어 우리가 누군가를 격려하는 것이 리더의 중요한 조건이라는 것을 누차 배우다 보면, 설령 자신의 마음이 썩 내키지 않아도 어깨를 쳐주며 더 잘할 수 있다고 말하게 된다. 사회가 부여한 심리적 강요에 따른 행동이다. 그러나 격려하는 사람이 마음을 실어주지 않으면 받는 사람은 그것이 껍데기라는 것을 이내 감지한다. 고맙다고 응답하지만 스스로 그것 역시 껍데기라는 것을 안다. 이러면 둘의 관계는 형식이 지배하게 된다. 형식적인 관계 속에서는 어떤 열정적 작품도 만들 수 없다. 신뢰, 인간적 애정, 팀워크, 시너지, 뛰어난 성과, 새로운 모색같이 조직이 진정으로 갈망하는 것들은 결코 생겨나지 않는다.

한국인들은 칭찬에 인색하다. 직장마다 '서로 칭찬합시다. 더 많은 칭찬이 더 나은 우리를 만들어 줍니다' 라는 표어와 포스터들이 나붙고, 작은 일에도 칭찬하고 어깨를 두드려 주는 것이 리더의 좋은 습관이라는 말을 귀가 따갑도록 듣는다. 그러나 지나친 강조는 그 일이 잘 되지 않고 있다는 반증이기도 하다. 우리가 칭찬을 강조하는 이유는 칭찬에 익숙하지 않기 때문이다.

한국인들이 칭찬에 익숙하지 않은 이유는 크게 2가지다. 첫 번째, 당연히 해야 할 의무와 역할을 했다고 해서 고맙다는 치하를 받는 것은 경박한 처세로 인식되었기 때문이다. 우리는 남이 몰라준다 해도 당연히 해야 할 일을 묵묵히 하는 것, 그것이 성숙한 사람의 자세라고 믿어왔다. 동양에서는 주어진 사회적 상황에서 개인을 분리시켜 생각하지 않는다. 아버지와 아들, 같은 고향 출신, 상사와 부하, 선배와 후배 등은 모두 개인을 둘러싸고 있는 사회적 조건이며 이 조건에 따라 당연히 해야 할 역할과 처세가 달라진다.

반대로 서양에서는 '고맙다' 는 말을 일상적으로 쓴다. 사소한 호의에도 당연히 고맙다는 말을 한다. 가족끼리도 고맙다는 말을 아주 흔하게 한다. 그렇다고 해서 미국인들을 예의바른 문명인이라고 생각할 필요는 없다. 그곳에서 모든 인간은 독립적인 존재이고, 다양한 삶의 주인공이다. 미리 정해진 사회적 역할이 있다기보다, 개인은 자신의 생각과 취향에 따라 거취를 선택할 수 있는 자유로운 존재라는 인식이 뿌리 깊다. 따라서 밖에 나가서 놀 수도 있는데 어머니를 도와 접시를 닦는 딸에게 어머니는 당연히 고맙다는 말을 해야 하는 것이다. 이것은 문화의 차이다.

한국인들이 칭찬에 인색한 두 번째 이유는 마음의 표현을 좀처럼 쉽게 하지 않는 특성 탓이다. 말이 많은 사람은 수다스럽고 경박한 사람으로 취급되기 십상이다. 우리는 사람 사이에 깊이 흐르는 감정의 강을 중요시한다. 나는 나이가 좀 지긋한 사람들 가운데 영화 〈러브 스토리〉에 나오는 한 대사를 오래도록 기억하고 좋아하는 사람들을 많이 보았다. "사랑하는 사람들끼리는 고맙다는 말을 하지 않는 거야." 나 역시 예전에 이 영화를 보면서 이 대사가 참 인상 깊었다. 왜 그랬을까? 지금 생각해 보니 그것은 당시 서양이라는 매력적인 세상에서 동양의 마음을 발견했기 때문인 듯하다. 'I love you. thank you' 가 일상인 세계 속에서 '말없이 통하는 것이 가장 지순한 사랑의 관계라는 것'을 확인했기 때문에 마음이 편해지고 가슴에 와 닿았던 것 같다. 우리는 굳이 말하지 않는다고 해서 고마움을 모르는 것이 아니며, 바로 그 마음의 깊이로 사귐의 깊이가 결정된다고 믿기 때문에 고마움은 마음에 묻어두는 것이라고 생각한다. 이것이 한국인의 마음이다.

프로이트는 칭찬이 자유를 말살한다고 말했다. 공격에는 저

항할 수 있지만 칭찬에는 무기력하기 때문이다. 칭찬을 기대함으로써 자칫 수동적이고 의존적인 인격장애가 만들어질 수도 있다. 타인에 대한 의존이 커지면 그들이 내 행복을 지배한다. 그들이 나에게 동기를 불어넣을 수도 있고 동기를 빼앗아갈 수도 있다. 예를 들어 동기 유발을 위해 투입되는 돈, 승진, 칭찬은 영양주사 같은 것이다. 지나치면 자율성과 일에 대한 정열, 선택과 책임이라는 건강함을 상실하며, 퍼포먼스가 끝날 때마다 생선을 바라는 '쇼 장의 물개 증후군' 환자를 양산할 수도 있다.

모든 칭찬은 나쁜 것인가? 그렇지 않다. 모든 비난은 나쁜 것인가? 역시 그렇지 않다. 칭찬과 비난은 모두 얼마나 진지한가의 문제다. 다른 사람을 인정하는 가장 중요한 코리아니티는 그 사람을 느끼는 것이다. 이것은 그 사람에 대한 관심과 친절한 마음에서 나온다. 솔직한 인정과 긍정적인 애정이 중요하다는 것이다.

누군가를 칭찬할 때 성과를 칭찬해서는 안 된다. 성과를 칭찬받는다면 그 사람은 인형으로 쉽게 전락하고 만다. 정말 중요한 것은 그 사람의 피와 열정과 영혼을 얻어내는 것이다. 그것은 성과를 칭찬하는 것이 아니라 그의 존재를 인정해 줄 때 비로소 가능하다. 존재를 인정받을 때, 우리는 열정을 가진 창조자가 된다. 또한 하나의 인격체로 인정받을 때, 우리는 비로소 자존심과 명예를 보존할 수 있다. 작은 일에도 수없이 감탄하고 고마워하면서도, 그를 조종하기 위한 모이와 떡밥이 아닌 그 존재의 든든함에 감사하는 칭찬이 중요하다.

격려는 마음을 주는 것

'격려하다' 라는 뜻의 영어단어는 'encourage' 이다. 이 단어 속에는 라틴어로 심장 또는 마음이라는 의미를 가진 '-cor-' 라는 단어가 들어 있다. 그러니까 격려한다는 뜻은 심장을 주거나 마음을 준다는 의미이다. 다시 말해서 단순히 말로 하는 행위가 아니라는 뜻이다. 그러나 인간은 마음을 전하는 일에 서툴다. 머뭇거리고 주저한다. 역시 똑같이 '-cor-' 라는 라틴어 어원이 들어가 있는 용기(courge)가 없어서 그런지도 모른다. 왜 우리는 마음을 전하는 일에 그렇게 서툰 것일까? 콜로라도 스프링스 크리에이티브 리더십센터(CCL)에서 실시한 몇 가지 조사 결과를 토대로, 마음을 전하는 행위인 격려의 허와 실을 들여다보자.

첫째, 우리는 유능한 경영과 관련하여 이성의 우월성에 대한 이상한 편견에 사로잡혀 있다. CCL의 조사에 따르면, 대기업의 상위 세 직위에서 가장 차별적인 성공 요인은 '부하직원과의 인간관계' 라는 사실이 밝혀졌다. 또한 업무성취도가 높은 상위 25퍼센트의 관리자와 성취도가 낮은 하위 25퍼센트의 관리자 사이의 현저한 차이는 바로 애정을 원하고 요구하는 애정지수였다. 이 2가지 조사 결과는 '완벽한 이성적 관리자' 나 '통제에 능한 냉정한 관리자' 가 유능한 관리자일 것이라는 추측이 허위라는 점을 말해준다. IQ보다는 EQ의 중요성을 강조하는 대니얼 골먼 같은 사람은 공감능력이야말로 가장 중요한 경영의 자질이라고 주장한다.

둘째, 우리는 애정을 주는 것보다 받는 것을 더 좋아한다. CCL이 몇 년에 걸쳐 3만 명 이상의 리더들에 관한 데이터베이스를 구축했는데, 이 사람들 가운데서 자신이 원하는 것보다 더 많은 애정을 표현한 리더는 없었다고 한다. 즉 모든 사람은 '누군가가 자신에게 애정을 표현해 주기를 기다리고 있다' 는 것이다.

셋째는 굉장히 웃기는 결과인데, 아주 많은 관리자들은 '사람들이 나를 어떻게 생각하든 신경 쓰지 않는다' 고 짐짓 말한다는 사실이다. 이것은 우리 모두 사랑받기를 기다리지만, 그 사실을 다른 사람들이 알아서는 안 되는 비밀로 간직되기를 바란다는 뜻이다. 왜냐하면 누군가의 사랑을 간절히 기다리는 것은 '유약한 모습' 이며, 유약함을 보여주는 것은 경쟁 사회에서 매우 두려운 일이 아닐 수 없기 때문이다

격려는 마음을 전하는 매우 사회적인 행위라고 말할 수 있다. 누군가가 성과에 실망하고 있을 때, 일과 자신의 취향을 일치시키지 못해 고민할 때, 실수에 당황하거나 되풀이되는 실수 때문에 의기소침해졌을 때, 미래의 불확실성 때문에 불안

할 때, 그들의 곁에서 진무해 주는 것이다. 반대로 아주 멋진
일을 해냈을 때, 어떤 돌파구를 찾아냈을 때, 문제를 한방에 날
려 보내는 유레카의 발견이 이루어졌을 때, 어제로부터 훨훨
날아 도약을 이루어냈을 때, 함께 기뻐하고 안아주는 것이다.

관심과 배려의 기본자세

칭찬과 격려를 통해 함께 성숙한 사람으로 나아가는 것은 결코
유치한 일이 아니다. 특히 정신적 성숙도가 다른 여러 사람이
모여 공동의 과제를 수행하는 조직에서 마음을 나누는 격려는
서로를 이어주는 훌륭한 접착제이다. 하버드 비즈니스 스쿨의
로자베스 모스 캔터는 이렇게 말한다. "혁신적인 조직에서는
그렇지 않은 조직보다 '고맙다' 는 말이 훨씬 더 흔하다." 그러
나 그것은 양의 문제가 아니라 질의 문제라는 것을 알아야 한
다. 한국에서는 특히 그렇다.

　격려의 또 다른 기본은 관심을 가지는 것이다. 그러니까 그
사람 개인에 대한 관심과 더불어 그가 하고 있는 일에도 관심
을 가지고 지켜보는 것이다. 유능한 관리자는 관심을 가지고
다가가 질문하고 이야기한다. 그러다 보면 상대방과 속 깊은
이야기를 나눌 수 있다. 다시 말해서 그 사람의 개인적 역사를
알게 된다는 뜻이다. 무엇을 원하고, 무엇을 잘하며, 어디에 관
심이 있고, 어떤 생각을 하고 있는지를 알게 된다. 안 만큼 이

해하고 그 사람이 자기다운 장점으로 빛날 때 감탄하는 것, 이
것이 진정한 칭찬이고 격려다. 이때 관리자는 스폰서의 역할
을 가장 멋지게 해낼 수 있는 것이다.

이 점에서 한국의 전통이 서구적 전통보다 훨씬 유리하다.
서구인들의 관심은 자신이다. 자신에 대한 관심이 다른 것에
우선한다. 그러나 한국인들은 자신을 '다른 것들과의 관계'
속에서 이해해 왔다. 자연과 인간, 조직과 개인, 너와 나는 어
떤 우주적 질서 속에서 인연을 맺고 연관되어 있다고 전제한
다. 동료에 대한 관심, 부하에 대한 관심, 인간이 다른 인간에
게 보이는 관심은 모든 격려의 구체적 내용이 된다. 곧 그에게
맞는 그 사람만을 위한 의미 있는 격려가 가능해진다는 뜻이
다. 이 구체적인 인간적 관심이 우리를 연결하고 한 팀이 되게
한다. 한국인에게는 다른 사람에 대한 관심과 배려가 'none of
your business' 가 아닌 것이다.

마음을 여는 것은 쉬운 일이 아니다. 개인에 따라 특히 어려
운 기질을 가지고 있는 사람도 있다. 그러나 어렵다고만 생각
할 일이 아니다. 인간적 애정의 표현은 외향적인 사람이든 내
향적인 사람이든 누구나 할 수 있다. 다만 그 방식이 다를 뿐이
다. 자기만의 애정 표현방식을 찾아내는 것은 살면서 우리가
터득해야 할 가장 중요한 과제다. 자신의 매력을 믿고 다른 사
람을 향해 마음을 여는 것이 마음을 전하는 격려의 기본자세라
고 할 수 있다. 결코 포기해서는 안 된다.

수평적 관계를 조직 밖으로

수평적 관계의 구축이 조직 내부에만 국한되어서는 안 된다. 이것은 조직 밖으로도 확산되어야 한다. 기업과 기업, 기업과 고객, 기업과 사회, 기업과 정부, 기업과 지방자치단체, 기업과 학교 등이 수평적이고 우호적인 관계로 발전해나갈 수 있어야 한다. 수평적 관계의 성공 사례로 교토식 경영을 들 수 있다. 일본 기업들의 비즈니스는 대체로 수직계열화를 통해 거래가 일어나는 폐쇄적인 수직형 구도 속에서 이루어진다. 소비자에 대한 브랜드 파워를 가진 대기업이 중소기업들과 다시 폐쇄적이고 수직적인 하청관계를 맺고, 이에 따라 장기적인 계약관계가 이루어지는 것이다. 그러다 보니 대기업에 대한 하청업체의 충성심이 파트너십의 중요한 기준이 될 수밖에 없었고, 동질적인 문화 속에서 계열 내 거래를 통해 서로 먹고사는 경영모델이 만들어졌다. 그러나 교토식 경영은 수평적 분업구조를 가진 열려 있는 경영모델이다. 교토의 IT 부품 기업들은 모두 한정된 사업 분야의 특화된 영역에서 세계적인 기술력을 가지고 있다. 그들의 거래관계는 개방적이고 수평적인 경쟁원리 속에서 이루어진다.

예를 들어 삼코인터내셔널 연구소의 경우, 창업 당시 범용 반도체 제조장치에서 높은 기술력을 가지고 있었다. 그러나 영업력은 가지지 못한 상태였다. 그들의 제품을 사주어야 하는 대기업들은 '기술력은 인정하지만 거래 실적이 없기 때문에 믿을 수 없다' 는 태도를 취했고 결국 거래는 성사되지 않았다. 삼코인터내셔널 연구소가 대기업 중심의 계열(게이레쓰)에 속하지 않았기 때문이다. 삼코는 결국 기술력을 인정해 주는 미국 기업과 거래를 맺었다. 그 뒤 삼코의 해외 납품 실적을 보고서야 일본의 대기업들은 삼코에 납품을 요청하였다.

삼코가 해외 기업들과의 거래를 통해 '기업 간의 열린 수평적 관계' 를 체득함으로써 핵심역량으로 경쟁하는 체질을 얻게 되었다는 점은 한국 기업들의 경우와도 다르지 않다. 휴맥스는 처음에 OEM 방식으로 이탈리아와 남아공의 주문을 받아 디지털 위성방송 수신기를 생산하여 판매했다. 그러나 그들은 수출 지역을 확대하는 과정에서 독자 브랜드를 사용하는 비중을 높여나갔다. 현재는 미국, 일본, 중동, 호주 등 전 지역에서 휴맥스 상표를 사용하고 있다. 이것은 휴맥스가 기업 간의 관계에서 독립적으로 수평적인 자리를 찾아갔음을 의미한다.

캐릭터 완구업체인 오로라 월드의 경우도 마찬가지다. 이 회사는 1997년 국내 브랜드로는 처음으로 영국의 해롯백화점에 진출한 것을 계기로 매출의 95퍼센트를 해외에서 이루어냈다. 그리고 이 실적을 바탕으로 하여 2002년 국내 시장에 역진입하였다. 결국 한 분야에서 특화하여 핵심역량을 가진 기업으로 남으면 수요 기업들과 대등한 파트너 관계를 형성할 수 있는 것이다.

교토 기업들의 또 한 가지 특징은 그 지방의 대학 그리고 지자체 정부와의 클러스터다. 이것은 한 기업의 관계가 내부에만 머물지 않고 수평적으로 확대되어 나가면서 핵심역량을 융합해가는 협력 모델의 좋은 예라 할 수 있다. 교토 대학은 일본의 자연과학 분야 노벨상 수상자 7명 가운데 6명을 배출해냈다. 삼성경제연구소의 자료에 따르면 교토 지역 대학의 수는 모두 36개이며, 이 지역의 대학 소속 벤처기업 수는 44개에 이른다. 절대수치는 결코 많은 것이 아니다. 그러나 도쿄 지역을 제외한 다른 지역, 예를 들어 오사카 12개, 나고야 7개, 후쿠오카 14개 등과 비교할 때는 교토의 대학들이 벤처기업을 압도적으로 많이 소유하고 있음을 알 수 있다.

교토 지역 대학들은 1995년 '교토벤처비즈니스연구소'를 설립하여 특허와 창업 관련 상담 서비스를 제공하고 있다. 그뿐 아니라 시는 '교토시 벤처선정위원회'를 설립하여 선발된 벤처기업들에게는 자금을 지원해 주고 있다. 그들은 또한 '교토기업가학교'를 설립하여 호리바 회장, 교세라 명예회장, 일본전산 사장 등이 무보수로 창업 희망 기업들의 경영모델을 평가해 주기도 한다. 무라타 제작소나 호리바 제작소, 교세라 등은 대학에 필요한 첨단 연구장비를 지원하여 '대학 연구실에서의 일상적 접촉'을 유지하고 있다. 말하자면 교토 지역에서는 기업과 대학 그리고 지자체 정부가 서로 핵심역량들을 교환하고 지원함으로써 함께 성장하는 모델을 성공적으로 체험하고 있는 것이다.

상생과 협력

한국에서도 최근 대기업과 중소기업 사이의 상생 협력에 대한
논의가 활발히 진행되고 있다. 대기업 퇴직자의 중소기업 활
용 방안을 비롯하여 대기업·중소기업 간의 성과 공유제도, 자
금의 지원과 결제방식의 개선, 인력 파견제, 공동 기술개발, 글
로벌 중견기업 육성 등 실질적이고 구체적인 방안들이 검토되
고 있다.

GS 칼텍스는 협력업체가 납품을 하면 일주일 이내에 현금
으로 대금을 결재한다. 그리고 우수 협력업체로 지정되면 3년
에서 7년까지 장기계약을 맺어 협력업체가 안정적으로 경영
할 수 있도록 지원하고, 거래대금의 30퍼센트를 선급금으로
지급하기도 한다. 그들은 또한 협력업체와 본사 직원들이 공
동체라는 의식을 공유하도록, 회사 창립기념일이나 명절 등에
사내 임직원들에게 지급하는 선물을 우수 협력업체에까지 확
대하여 나눈다. 이런 마음가짐과 배려가 '함께 나누고 공존하
는 하나' 라는 의식을 키우는 데 훌륭한 접착제 역할을 한다는
점을 잘 알고 있기 때문이다.

포스코는 중소기업과 제휴를 통해 중소기업 자금지원 펀드
1,000억 원을 조성했다. 이 펀드는 포스코 협력업체에게 연 5

퍼센트대의 금리로 신용대출된다. 또한 2004년부터는 협력업체와 공동으로 품질혁신과 비용절감을 위한 활동을 펼치면서 그 성과를 서로 공유하는 '이익 공유(benefit sharing)' 제도를 채택하였다. 2004년을 기준으로 12개 협력업체가 이 운동에 참여하여 212억 원에 이르는 성과를 냈다.

신세계는 그동안 업계의 관행처럼 되어온 연고를 통한 입찰 청탁을 막기 위해, 자사와 신규거래를 시작할 때는 인터넷으로 신청할 것을 원칙으로 하는 프로세스를 만들었다. 2004년 기준으로 신세계와 신규거래를 튼 537개 사는 모두 온라인 상담센터를 통해 협력업체가 된 것으로 보고되었다. 이는 '줄 닿고 백 좋은' 연결 고리를 가지고 있지 않아도 수평적 관계를 맺을 수 있다는 새로운 코리아니티 고리를 인터넷을 통해 만들어내고 있는 사례라 할 수 있다.

이러한 시도는 아직 시작 단계이지만 기업과 기업, 기업과 정부, 기업과 학교 사이에 서로의 강점과 차별성을 나눌 수 있는 수평적 연계와 클러스터가 만들어지고 있다는 점에서 고무적이다. 훌륭한 진전이 있기를 기대한다.

세상이 만들어 주는 대로 살지 않는 사람들, 스스로 만들어가는 세상에 참여한 사람들, 그 주역이 바로 한때 평범했던 우리라는 인식의 전환이 중요하다. 어제의 나에 갇히지 말자. '한국을 넘어선 한국인'이 되자.

세계를 받아들이고 내 것을 활용하라

누군가 말했다.

"한국형 모델은 없다. 다만 한국의 역사만이 있을 뿐이다."

천만에.

"한국의 역사가 있다. 따라서 한국적 차별성도 있다."

1

지금 코리아니티(Coreanity)가 중요한 단 하나의 이유를 대라면, 그것이 세계화 시대 차별화의 원천이기 때문이다. 이제 글로벌리제이션은 우리가 익혀야 할 가장 중요한 개념의 하나가

되었다. 그러나 우리는 한국인이며 동시에 세계인이어야 한다
는 당위성에 정신적 불편함을 느끼고 있다. 세계인이 되는 만
큼 우리는 한국인일 수 없고, 한국인임을 고집하는 순간 세계
인으로부터 멀어지는 모순적 관계를 두려워한다. 다음과 같은
어두운 환상을 따라가 보자.

한국은 세계로 퍼져 나가며 거의 무한에 이르기까지 희석된다. 거꾸
로 나머지 세계는 한국의 안으로 침투한다. 한국은 어두운 별이 되면
서 나머지 세계의 낯설고 색다른 모든 요소들을 끌어안는다. 한국인
들은 사라지지 않겠지만 자신들의 나라에서도, 해외에서도 낯선 존
재가 된다. 국내에서는 이질성 때문에 무너질 것이고, 해외에서는 고
립 때문에 무너질 것이다. 한국인들은 타자의 세계가 침입해 올수록
타자의 세계 속에서 고립될 것이다. 스스로에게서 소외되는 것, 순수
한 타자의 세계 속에서 살아가는 것, 이것이 한국인들이 가장 두려워
하는 것이다. (C. Fred Alford, 'Think No Evil')

나는 2가지 이유로 이 어두운 환상에 동의하지 않는다. 첫 번
째 이유는, 이원론에서 벗어나지 못하는 서양인들의 시선으로
는 불가능하다고 여겨지는 모순의 공존이 한국인들의 정신세
계 속에서는 조화와 균형의 문제로 인식되기 때문이다. 모순
되기 때문에 존재하지 않는 것은 아니다. 동양의 인문학적 지
혜 위에 뿌리를 두고 독자적인 문화를 이루어 온 한국은 언제

나 음과 양의 상극과 모순의 공존을 다루어 왔으며, 그것이 상생의 원리로 진보해간다는 믿음을 가지고 있다.

두 번째 이유는, 낯설고 이질적인 것을 두려워하지 않는 인간은 없으며 스스로에게서 소외되는 것을 두려워하지 않는 인간도 없다는 점이다. 그러므로 이것을 한국인에게만 고유한 두려움으로 채색하는 것은 의도적 왜곡을 전제로 한 가정이라고 믿기 때문이다. 또한 두려움이 없이는 진정한 용기도 없다. 두렵지만 무릎을 꿇지 않는 자들이 용기 있는 사람들이다. 그들은 도전하고 실험하고 모색하고 혁신한다. 그리고 성공한다.

2

세계화 시대의 치열한 경쟁에 효과적으로 대응할 수 있는 글로벌 역량을 제고하기 위해서는 새로운 역량을 계발해야 한다. 동시에 이에 못지않게 중요하고 급박한 일은 기존의 자산과 역량에 다시 활력을 불어넣고 강화하는 것이다. 이것은 코리아니티라는 문화적 잠재력을 활용하는 방식이어야 한다. 이미 한국이 가지고 있는 잠재적 특성, 곧 코리아니티야말로 가장 빨리 그리고 현장 속에서 가장 완벽하게 구현해낼 수 있는 특별한 자원이다. 그동안 우리는 이 점을 간과해 왔다. 이제는 우리가 가지지 않은 새로운 문화적 요소의 도입이나 약점의 보완을 통한 추격이 아니라, 이미 한국인의 정신세계를 구축하고

있는 문화적 특성을 강점으로 전환함으로써 강력한 현장 실천
력을 가진 강점경영이 절실히 요청된다. 나는 이것을 '코리아
니티 경영'이라고 불러보았다.

한국의 자산은 한국인밖에 없다. 광대한 영토도 매장된 자
원도 쌓아둔 부(富)도 없다. 한국은 사람밖에 없는 나라이며,
인적자원을 가지고 경쟁하여 먹고살고 번영해야 한다. 그것이
우리의 기본 가정이다. 다행스러운 것은 21세기가 '사람의, 사
람에 의한, 사람을 위한' 세기라는 점이며, 따라서 우리는 역사
의 어느 순간보다 유리한 지점에 서 있다. 한국인에게는 사람
이 바로 블루오션인 것이다.

가장 훌륭한 전략은 싸우지 않고 번영하는 것이다. 특화된
차별성은 경쟁의 공간을 넘어 아무도 들어오지 못하는 독점적
세계를 창조한다. 다른 사람들이 감히 들어올 수 없는 특수성,
이 특수성의 보편적 가치화가 바로 우리가 가야 할 세계화의
전략적 방향이 되어야 한다. 한국이 전략적으로 선택할 수 있
는 길은 중국과 일본 사이에서 상대적 지위를 키워가는 것이
아니다. 중국과 일본 사이에 끼어서 우리 자신을 좁게 규정해
서는 안 된다. 오히려 우리는 '동양과 서양의 사이'에 존재해
야 한다. 한국은 아시아와 유럽, 아시아와 아메리카 대륙의 다
리가 되고 길이 되어야 한다. 동양과 서양이 만나는 장소, 화해
의 공간, 두 문명의 길과 다리로서의 역할에서 차별적 틈새를
찾아야 할 것이다. 우리는 이 일에 적합하다.

3

결국 성공의 축은 2가지이다. 하나는 세계를 향해 항상 열려 있어야 하며 세계적 수준의 배움에 늘 배고파해야 한다는 점이다. 곧 '세계적 보편성의 한국화' 가 하나의 날개이다. 또 다른 성공의 축은 그 반대편에 있다. '우리' 라고 하는 수수께끼를 풀어냄으로써 자신이 가진 차별적 강점을 활용하는 것이다. 우리를 개조하고 성형하여 그들이 되는 것이 아니라, 개성을 살리고 특화하여 우리의 매력을 찾아야 한다는 뜻이다. 곧 '한국적 특수성의 보편화' 가 또 하나의 날개이다. 이 두 개의 날개를 통해 한국은 세계적 보편가치로 인정받을 수 있는 브랜드 이미지를 만들어낼 수 있다. 이것이 지금 코리아니티 경영이 필요한 이유이다.

7년 전에 나는 《익숙한 것과의 결별》이라는 책을 통해 한국이 세계적 차원의 단계로 도약해야 한다고 주장했다. 그리고 2년 뒤에는 《월드 클래스를 향하여》를 쓰면서 아메리칸 스탠더드에 대한 고찰을 시도했다. 이제 나는 앞으로 10년간 100명의 연구원들과 함께 '한국과 세계' 라는 주제를 가지고 그 어울림의 방식을 다루어 보려 한다. 이것은 10년간 신나게 놀아볼 만한 재미있는 놀이이며 의미 있는 과제가 될 것이다. 이 책은 그 첫해의 수확이다.

경영학과 인문학의 접점을 찾아내는 것은 나의 지속적인 관심
사이다. 지금을 인재전쟁의 시대라고 불러도 좋다. 이제 사람
이 경쟁력의 핵심 중의 핵심이 되었다. 따라서 사람을 모르면
경영도 없다. 인문학은 사람에 대한 인류의 누적된 지혜이다.
이것이 내가 인문학과 경영학의 결합과 접목에 천착하는 이유
이다. 이 책도 그 같은 시도 중의 하나이다.

　내게 열한 번째인 이 책은 가장 쓰기 힘든 책이었다. 한국인
이면서도 나는 코리아니티라고 불릴 수 있는 한국적 특성과 잠
재력에 대해 확실히 정리하기 어려웠다. 그것은 수수께끼였
고, 깊고 어두운 무의식의 신비한 숲이었다. 쓰기 전에 먼저 많

이 읽어야 했기 때문에 여러 사람들에게 빚을 졌다. 특히 한국의 미의식이라는 생소한 분야에 입문하면서 본 첫 번째 책이 강영희의 《금빛 기쁨의 기억》이라는, 부담 없고 재미있는 '잡서(雜書)' 였다(그녀는 자신의 책을 이렇게 불렀다). 이 책은 이 분야와 관련하여 어떤 책들을 보아야 하는지에 대해 즐거운 가이드 역할을 해주었다. 햄프턴 터너와 A. 트롬페나르의 《The Seven Culture of Capitalism》은 경영과 관련하여 주요 국가의 문화적 특수성에서 무엇을 주목해야 할지를 일러주는 기초 참고서 역할을 해주었다. 나는 적어도 이 책보다는 객관적이고 좋은 책을 쓰고 싶었다.

변화경영연구소의 박노진 연구원과 홍승완 연구원은 각각 유한킴벌리와 그라민은행의 사례를 정리해 주었다. 이 기회를 빌어 고마움을 전한다.

"개인적으로 나를 잘 모르는 유명인들의 평가보다는 가까운 사람들
이 객관적으로 내 책에 대해 어떻게 읽었는지 알고 싶었다. 그래서 내
연구원들에게 이 책에 대한 평설을 실어 달라 했다. 그들은 객관적일
수 있을까? 나는 그들이 그럴 수 있기를 기대한다. '애정이 있는 객관
성.' 나는 이것이 공부하는 사람의 자세라고 생각한다." ― 구본형

1

뉴욕에서 공부할 때 처음으로 들었던 수업 가운데 하나가 인류
학 과목이었다. 그 수많은 난해한 이론들 중 아직도 기억에 남
는 것은 '민족성'과 '민족의 개념'이 실제로 존재하느냐 하는
베니딕트 앤더슨의 이론이었다. 그 수업이 마무리될 무렵 내

준 과제물이 각각 자기 나라의 '정체성'과 '주체성'에 대해서 연구해보고 결과를 제출하라는 것이었다. 나는 '한국인의 주체성'과 '한국인의 정체성'에 대해서 힘겨운 씨름을 해댔지만, 끝내 만족할 만한 과제물을 제출할 수 없었다.

그 이후로 뉴욕에 머무는 동안 지속적으로 나를 따라다녔던 질문이 '한국인은 미국인과 무엇이 다른가?'였다. 그리고 일본인 친구를 보며 나와 다른 기질적인 차이는 무엇인지에 대해 생각했다. 가끔씩 다른 점이 발견되면 이것을 '한국적인', '미국적인', '일본적인' 것으로 규정할 수 있는가, 혹시 개인적인 차이를 '국가'의 차이로 잘못 해석하는 것은 아닐까 하는 의문을 품었다. 이러한 의문을 가지고 '한국적인 것', '미국적인 것', 그리고 '일본적인 것'들에 대한 책들을 읽어보았으나 하나같이 단편적인 사건을 개인적으로 느낀 점만 기술한 '즉석식품'과도 같은 책들이 주류를 이루었다. 간혹 접하게 된 다른 종류의 책들은 '인류학적' 관점에서 기술한 '지극히도 학술적인' 책이었다.

결국 나는 학위를 마치고 돌아올 때까지 나를 구성하는 '한국적인 것', 또는 '내가 가지고 있는 한국에 대한 정의'에 대한 답을 찾을 수가 없었다. 그러던 나에게 이 책 《코리아니티》는 신선함으로 다가왔다. '코리아니티'의 개념과 '경영'의 만남이라……. 언젠가 경영학을 인문학적으로 풀어낸 책을 내고 싶었던 나에게 한마디로 '군침 도는' 책이었던 것이다.

2

코리아니티(Coreanity)란 무엇인가? 코리아니티는 진부한 '한국적'이라는 표현 대신에 저자가 만들어낸 신조어이다. 그의 표현에 의하면 '다수의 한국인이 공유한 문화적 동질성'을 뜻한다. 코리아니티는 '이데올로기'가 아니라 한국인 대다수의 생활 속에서 작동하는 '일상적 취향'이다. 비유적으로 표현하면, 코리아니티는 한국인 다수의 정신적 기상도이며 문화적 DNA라는 것이다.

평소 자신의 내면에 있는 기질과 장점을 알고, 이를 토대로 자신을 계발하기 위해서는 자신에 대한 탐구에서 시작한다는 전작의 핵심과 마찬가지로, 이 책 또한 한국인과 한국인의 내면을 구성하는 인자가 무엇인지를 파악하고, 이를 토대로 자신만의 장점을 살리게 하려는 그의 노력의 일환이다.

이 책을 읽어가면서도 지속적으로 들었던 나의 질문이 책의 내용과 더불어 넘실거렸다. 한국인들은 왜 '우리'라고 부르면서 '나'를 앞세울까? 서양인들이 '관계'보다는 '개인'을 중시한다는 것은 잘 알려진 사실이다. 동양은 그와는 다르지만, 같은 동양이라고 해서 그 성향까지 같은 것은 아니다. 이것이 우리에게 혼란스러움을 주는 부분일 것이다. 일본과 우리는 차이가 있다는 것, 같은 동양이더라도 각 국가만의 DNA는 다를 수 있다는 것이다. 즉, 일본인들은 개인이 관계에 완전히 매몰

된다. 물론 한국인들도 관계를 떠나서는 살기 어렵다. 그러나 그 관계 속에 묻혀 살기에는 한국인들은 너무도 역동적이다.

정작 미국과 프랑스에 머무를 때는 몰랐던 사실을 나는 이 책을 통해서 알게 되었다. 그 점이 이 책을 읽는 또 하나의 즐거움이었다. 미국과 프랑스, 일본과 한국에 대해서 간결하게 설명한 그의 내공에 감탄을 보낸다.

이 책의 문화경영과 인재경영 부분을 읽으면서 지난해 경영전략실 주도로 미국에서 개발된 프로그램을 들여와 사내 관리 프로그램에 적용한 경험을 떠올리게 되었다. 그 프로젝트를 추진하면서 가장 어려웠던 점은 국내 현실에 맞게 프로세스를 바꾸어 실천하게 하는 것이었다. 프로그램 자체는 얼마든지 들여올 수 있지만, 우리 회사의 특유의 가치체계와 정서를 모르는 상태에서 단순한 소프트웨어는 의미가 없었다.

외국에서 만든 제도와 시스템, 프로세스와 조직을 빌려온다고 해도 막상 한국에서 사용하려면 여러 가지 난제가 발생하는 이유가 바로 여기에 있음을 알게 되었다. 문제해결의 열쇠는 다수의 가치체계, 즉 '코리아니티'에 의해서만 가능한 것이다. '코리아니티 경영의 필요성'이 가장 설득력 있게 느껴지는 대목이었다.

코리아니티 인재경영에서 매우 실용적인 대목은 직장인의 경력개발에 대한 제안이었다. 신생 제조회사를 본궤도에 올려야 하는 나는 직원들이 회사에서 경력을 개발할 수 있는 제도를 도입하는 것을 심각하게 고려하고 있다. 나는 우리 회사 모든 사람들이 관리자로 성장하는 길 외에 전문직, 사내 기업가로 성장할 수 있는 길을 제시하고 싶다. 누구나 관리자로 성장할 수 있는 재능을 갖고 있지는 않다는 사실을 인정하고, 본인의 강점을 최대화하여 회사에 기여할 수 있다면, 그에 합당한 지위와 보상을 보장해주어야 한다는 것을 배웠기 때문이다.

이 책은 한국인을 알고 적절한 방법들을 찾을 수 있는 토대를 마련하기 위한 실험적인 제안이다. 저자 자신도 이 책이 매우 어렵게 쓰인 책임을 고백했다. 한국의 세계화, 지식기술, 인재전쟁이라는 새로운 경영환경 속에서 제2의 도약과 성장을 이루려면 한국인의 내면에 잠재해 있는 문화적 DNA를 깊이 성찰하여 기질과 특성에 맞는 한국형 경영 모델을 창조해야 한다는 그의 주장에 깊은 공감을 보낸다. 그 과정이 다소 안개 속을 헤매는 것 같기도 하고 미로를 헤매는 것 같기도 하겠지만 말이다.

3

구본형 소장은 이 책이 향후 10년 동안 100여 명의 연구원들과 함께 풀어나가야 할 장기적인 주제임을 밝혔다. 그러기에 이 책이 무리인 듯한 두 개의 주제 ― 한국인 대다수의 '일상적 취향'에 관한 주제와 기업의 성공사례 ― 가 왜 같은 책 안에 공존하는지에 대한 해답을 제시한다. 왜냐하면 이 책은 어찌 보면 그가 앞으로 연구원들과 계속해서 연구할 만한 주제를 소개한 입문서적 특징을 띄고 있기 때문이다.

나는 이 책이 이제 막 한국에 도착해 한국에 대해서 알고자 하는 외국인들이나, 쫓기는 시간 동안 한국인에 대해서 명쾌하게 알고 싶어하는 모든 분들이 공항이나 고속도로 휴게실 같은 곳에서 마음껏 집을 수 있었으면 좋겠다. 한국에 대한 대표 브랜드로 자리 잡았으면 하는 바람인 것이다. 그리고 앞으로 지속적으로 연구될 모든 연구원들의 저작들도 코리아니티에 관해 일관성 있는 시리즈로 제작되었으면 좋겠다. 이 주제는 우리가 지금, 이 시대에 느끼고 있는 한국인의 일상성이므로, 늘 변화와 함께 호흡해야 하기 때문이다. 한 가지 덧붙이자면, 이 책이 영어로, 프랑스어로, 일본어로, 나아가 아랍어와 스페인어로 번역되어 전 세계인들과 함께 읽을 수 있기를 바란다. 이 책이 이야기하는 '세계를 받아들이고 내 것을 활용하기 위한' 것이다. 한국의 대표 브랜드로 자리 잡기를 바라는 마음을 품은 이 책의 표지를 덮은 순간, 나는 '코리아니티' 라는 이름의 꽃씨를 손에 한 움큼 쥔 듯한 설렘을 느낀다.

정재엽 변화경영연구소 연구원

| 참 고 문 헌 |

《가자, 아메리카로》, 리오 휴버만, 비봉출판사, 2003

《강대국의 흥망》, 폴 케네디, 한국경제신문사, 1988

《경영의 교양을 읽는다》, 박기찬 외, 더난출판, 2005

《경영파괴 Crazy Times call for Crazy Organizations》, 톰 피터스,

안중호 옮김, 한국경제신문사, 1995

《군주론》, 니콜로 마키아벨리, 강정인 옮김, 까치, 1994

《꿀벌과 게릴라 Leading the Revolution》, 게리 해멀, 이동현 옮김,

세종서적, 2001

《금빛 기쁨의 기억》, 강영희, 일빛, 2004

《기업의 역사 The Company》, 존 미클스 웨이트 외, 유경찬 옮김,

을유문화사, 2004

《노마디즘》, 이진경, 휴머니스트, 2004

《논어》, 이수태 편, 생각의 나무, 1999

《르네상스를 만든 사람들》, 시오노 나나미, 김석희 옮김, 한길사, 2001

《메가트렌드 아시아》, 존 나이스빗, 홍수원 옮김, 한국경제신문사,
1996

《피 말리는 마케팅 전쟁이야기 Marketing is War》, 로버트 F. 하틀러,
김민주 외 옮김, 아인앤컴퍼니, 2004

《화인열전》, 유홍준, 역사비평사, 2001

《완당평전》, 유홍준, 학고재, 2002

《열자, 관자》, 이원수 역, 현암사, 1978

《노키아 Nokia》, 장 마크 괴테르트, 룩스북, 2003

《당신들의 대한민국》, 박노자, 한겨레신문사, 2001

《디지털시대의 간부진화론》, 가재산 외, 한언, 2003

《오리엔탈리즘》, 에드워드 사이드, 박홍규 옮김, 교보문고, 1999

《익숙한 것과의 결별》, 구본형, 생각의 나무, 1998

《한국인의 심리에 관한 보고서 Korean Values in the Age
of Globalization》, C. 프래드 앨버트, 남경태 옮김, 그린비, 2000

《한국인 트렌드》, 김경훈 외, 책바치, 2004

《멋의 연구》, 조지훈, 《지훈전집 8 - 한국학 연구》, 나남출판, 1996

《미래의 경영 Rethinking the Future》, 로언 깁슨 외, 손병두 옮김,
21세기북스, 2000

《착한 미개인 동양의 현자》, 프레데릭 불레스틱스, 이향 외 옮김,
청년사, 2001

《Made in USA》, 기 소르망, 민유기 외 옮김, 문학세계사, 2004

《중국이 미국 된다 Thunder from the East:Portrait of a Rising Asia》,

니콜라스 크리스토프 외, 신무영 외 옮김, 따뜻한 손, 2005

《강의》, 신영복, 돌베게, 2004

《삼국유사》, 일연, 김원중 옮김, 을유문화사, 2002

《성공하는 기업들의 8가지 습관 Built to last》, 제임스 콜린스·제리 포라스,

워튼 포럼 옮김, 김영사, 1996

《생각의 지도 The Geography of Thought》, 리처드 니스벳,

최인철 옮김, 김영사, 2004

《세계화 이후의 세계화 Race for the World》, 로웰 브라이언 외, 황진우 옮김,

매킨지 감수, 세종서적, 2000

《숨막히는 기업 경영 이야기 Business is War》, 로버트 F. 하틀러,

김민주 외 옮김, 아이앤컴퍼니, 2004

《슬픈 아일랜드》, 박지향, 새물결, 2002

《이탈리아 르네상스의 문화》, 야콥 부르크하르트, 이기숙 옮김, 한길사, 2003

《좋은 기업을 넘어 위대한 기업으로 Good to Great》, 짐 콜린스, 이무열 옮김,

김영사, 2002

《매킨지 McKinsey》, 클라우스 발처, 한경희 옮김, 룩스북, 2003

《First, Break All the Rules》, 마커스 버킹엄 외, 한근태 옮김, 시대의 창, 2000

《멋과 한국인의 삶》, 최정호 편, 나남출판, 1997

《미래 기업의 조건 Seeing What's Next》, 클레이튼 크리스텐슨 외,

이진원 옮김, 비즈니스북스, 2005

《미래생활 사전 Dictionary of the Future》, 페이스 팝콘 외,

인트랜스 번역원 옮김, 을유문화사, 2003

《발칙한 한국학》, J. 스콧 버거슨, 주윤정 외 옮김, 이글리오, 2002

《언젠가 우리 모두 이렇게 경영하게 될 것이다 Management 21C》,
수비어 차우더리 외, 형선호 옮김, 뜨인돌, 2001

《영국 노동계급의 형성 The Making of the English Working Class》,
E. P. 톰슨, 나종일 외 옮김, 창작과 비평사, 2000

《영혼이 있는 기업 Saving the Corporate Soul》, 데이비드 벳스톤,
신철호 옮김, 거름, 2003

《월드클래스를 향하여》, 구본형, 생각의 나무, 2000

《인재전쟁 The War for Talent》, 에드 마이클스 외, 최동석 외 옮김,
세종서적, 2002

《사기열전》, 사마천, 김원중 옮김, 을유문화사, 2002

《톰 피터스 Tom Peters》, 로버트 헬러, 정준희 옮김, 황금가지, 2001

《티핑 포인트》, 말콤 글래드 웰, 임옥희 옮김, 이글리오, 2000

《퓨처 리더십 The Future of Leadership》, 워렌 베니스 외, 최종옥 옮김,
생각의 나무, 2002

《한국의 문화코드 열다섯 가지》, 김열규, 마루, 1997

《한국인의 신화》, 김열규, 일조각, 2005

《회사와 개인생활의 조화 Work and Life Balance》, 스튜어트 프리드만 외,
이상욱 옮김, 21세기북스, 2002

《Wow 프로젝트 3, 우리는 프로페셔널 팀이다》, 톰 피터스, 양명국 옮김,
21세기북스, 2002

《잭 웰치, 위대한 승리 Winning》, 잭 웰치, 김주현 옮김, 청림출판, 2005

《구별 짓기 : 문화와 취향의 사회학》, 피에르 부르디외, 최종철 옮김, 새물결, 1995

《국화와 칼》, 루스 베네딕트, 김윤식 외 옮김, 을유문화사, 1974

《동양과 서양, 그리고 미학》, 장파, 유중하 외 옮김, 푸른숲, 1999

《동양문화사》, 존 K. 페어뱅크 외, 김한규 외 옮김, 을유문화사, 1992

《백남준 이야기》, 이경희, 열화당, 2000

《서양철학사》, 버트란트 러셀, 최민홍 옮김, 집문당, 2002

《일본을 걷는다》, 김정동, 한양출판, 1997

《조선을 생각한다》, 야나기 무네요시, 심우성 옮김, 학고재, 1996

《한국미의 탐구》, 김원룡, 열화당, 1996

《한국의 풍수사상》, 최창조, 민음사, 1984

《선비의 의식구조》, 이규태, 신원문화사, 1984

《경영전략》, 짐 콜린스 외, 임정재 옮김, 위즈덤하우스, 2002

《블루오션 전략》, 김위찬 외, 강혜구 옮김, 교보문고, 2005

《숨겨진 힘》, 제프리 페퍼 외, 김병두 옮김, 김영사, 2002

《휴먼 이퀘이션》, 제프리 페퍼, 윤세준 외 옮김, 지샘, 2001

《깊이와 넓이 4막 16장》, 김용석, 휴머니스트, 2002

《역사 속의 영웅들》, 윌 듀란트, 안인희 옮김, 황금가지, 2002

《주식회사 한국의 구조조정》, 신장섭 외, 장진호 옮김, 창비, 2004

《위대한 이인자들》, 워렌 베니스 외, 최경규 옮김, 좋은책 만들기, 2000

Leaders, Warren Benis · Burt Nanus, Harperbusiness Essentials, 2003

Sixty Trends in Sixty Minutes, Sam Hill, John Willy & Sons, Inc., 2002

The Seven Culture of Capitalism, Charles Hampden-
Turner · Alfons Trompenaars, Doubleday, 1993

Thou Art That, Joseph Cambell, New World Library, 2001

Asian Business Wisdom, Dinna Louise C. Dayao (edited),
John Willy & Sons, 2000

코리아니티

지은이 | 구본형

1판 1쇄 발행일 2005년 12월 5일
1쇄 발행부수 3,000부
개정판 1쇄 발행일 2007년 2월 20일
개정판 1쇄 발행부수 2,000부 총 5,000부 발행

발행인 | 김학원
편집인 | 한필훈 이재민 선완규
크리에이티브 디렉터 | 김영철
기획 | 황서현 유소영 유은경 박태근 유소연
마케팅 | 이상용 하석진
저자·독자 서비스 | 조다영(humanist@hmcv.com)
조판 | 텍스트
출력 | 이희수com.
용지 | 화인페이퍼
인쇄 | 청아문화사
제본 | 정민제책

발행처 | (주)휴머니스트 퍼블리싱 컴퍼니
출판등록 제313 - 2007 - 000007호(2007년 1월 5일)
주소 | 서울시 마포구 연남동 564-40호 121-869
전화 | 02-335-4422 팩스 | 02-334-3427
홈페이지 | www.hmcv.com

ⓒ 구본형, 2005

ISBN 978-89-5862-171-3   03320

만든 사람들

편집주간 | 한필훈(hph2001@hmcv.com)
책임편집 | 김선경 정은미
아트디렉터 | AGI 양시호